따라하기만 해도 은혜 받는
가정예배

따라하기만 해도 은혜 받는 가정예배

저자 김대동

초판 1쇄 발행 2025. 12. 5.

발행처 도서출판 브니엘
발행인 권혁선

책임교정 조은경
책임영업 기태훈

등록번호 서울 제2006-50호
등록일자 2006. 9. 11.

서울특별시 송파구 백제고분로28길 25 B101호 (05590)
마케팅부 02)421-3436
편 집 부 02)421-3487
팩시밀리 02)421-3438

ISBN 979-11-93092-52-1 03230

독자의견 02)421-3487
이 메 일 editorkhs@empal.com

북카페 주소 cafe.naver.com/penielpub.cafe
인스타그램 @peniel_books

이 책은 저작권법에 따라 보호받는 저작물이므로 무단전제 및 무단복제를 금합니다.
이 책의 전부 또는 일부를 이용하려면 반드시 사전에 저작권자와 도서출판 브니엘의 동의를 받아야 합니다.

도서출판 브니엘은 독자들의 원고를 설레는 마음으로 기다리고 있습니다.
위의 이메일로 간단한 기획 내용 및 원고, 연락처 등을 보내주십시오.

도서출판 브니엘은 갓구운 빵처럼 항상 신선한 책만을 고집합니다.

[다음세대를 양육하고 대를 이어 은혜 받는 가정예배를 위하여]

따라하기만 해도
은혜 받는
가정예배

김대동 | 지음

| 프롤로그 | 대를 이어 은혜 받는 가정예배를 위하여

"가정예배는 흉내만 내도 복을 받는다." 이 말은 필자가 목회를 하며 끊임없이 강조한 내용입니다. 이것은 사실입니다. 가정예배는 흉내만 내도 복을 받는 이유는 세 가지로 정리할 수 있습니다. 첫째로 우리는 가정예배를 통해서 통합세대 전체의 신앙을 새롭게 할 수 있습니다. 특별히 이 책을 통해 가정예배를 드리면 성경의 큰 흐름을 이해할 수 있고 성경의 가치관을 따라 우리의 신앙을 새롭게 할 수 있습니다. 둘째로 우리는 가정예배를 통하여 다음세대를 신앙으로 잘 양육할 수 있습니다. 이스라엘의 신앙은 가정을 통해 자녀들에게 전수되었습니다. 그래서 이 책의 가정예배를 따라 하기만 하면 자녀들의 신앙을 새롭게 할 수 있습니다. 셋째로 우리는 가정예배를 통하여 행복한 가정을 이룰 수 있습니다. 가정예배를 드릴 때 삶과 신앙의 대화를 주고받을 수밖에 없는데, 바로 이 대화를 통해서 가족들이 서로 이해하고 사랑하며 참 행복한 가정을 이룰 수 있게 되는 것입니다. 그래서 "가정예배는 흉내만 내도 복을 받는다"라는 이 말은 진리입니다.

이 책은 기존에 나와 있는 다양한 가정예배문의 형식과 구성을 자세

히 조사하고 각각의 장단점을 분석하여 완전히 새롭게 구성하였습니다. 특히 필자는 가정예배야말로 이 시대 우리의 신앙을 지켜내는 가장 중요한 신앙 행위임을 마음 깊이 자각하였고, 그 뒤로 연구에 연구를 거듭하여 오늘 이와 같은 가정예배서를 펴내게 되었습니다. 그러므로 이 책을 잘 활용하기만 하면 멈추지 않는 가정예배를 통하여 기존 통합세대의 신앙 지키기와 다음세대의 신앙 양육에 큰 도움을 주리라 확신합니다.

이 책만이 가진 몇 가지 특징과 장점을 기술하면 다음의 5가지로 요약할 수 있습니다. 첫째, 이 책의 가정예배문은 전체가 풀텍스트(full-text)로 구성되어 있어서 읽기만 해도 은혜가 됩니다. 장년은 물론 노년에도 풀텍스트의 내용은 크게 은혜를 끼칠 수가 있고, 특히 글을 떠듬떠듬 읽는 어린 자녀들도 가정예배문의 내용을 읽어나가는 중에 쉽고 재미있게 그 메시지를 체득할 수 있습니다. 둘째, 이 책의 가정예배문은 쉽고 이해하기 쉬울 뿐만 아니라 아주 흥미 있는 풀텍스트로 구성되어 있어서 자녀들도 주체가 되어 가정예배를 인도할 수 있습니다. 이것은 우리 자녀들의 인성과 사회성 발달에 큰 훈련이 될 것입니다. 셋째, 이 책의 가정예배문은 기독교적 가치관을 익히는 데 탁월한 내용으로 구성되어 있습니다. 포스트모더니즘이 가득하고 탈종교화 및 배교가 밀려오는 시대 속에서 이 세태에 휩쓸리지 않고 기독교적 가치관을 잘 지켜내는 것은 이 시대에 너무나 중요한 실천이 아닐 수 없습니다. 그런데 바로 이 가정예배문은 이와 같은 가치관 훈련에 적격이어서 우리 가정을 믿음으로 지켜내는 데 대단히 유용합니다. 넷째, 이 책의 가정예배문에 사용된 성경은 개역성경 개정판이며 찬송은 장년예배 시에 사용하는 찬송가입니다. 그래서 이 가정예배문을 통하여 개역성경의

정신을 알려주고, 또 함께 찬송가를 부르며 나아갈 때 우리 가정의 신앙은 후대에 아름답게 전수될 수 있습니다. 다섯째, 이 책의 가정예배문 내용은 '성경의 153개 핵심 주제'를 따라가고 있습니다. 그러므로 이 책을 따라 가정예배를 드리면 성경의 큰 흐름을 이해할 수 있게 되고, 신학과 신앙의 균형을 갖도록 도와주며, 무엇보다 기독교적 가치관을 체득할 수 있도록 이끌어 줍니다. 그러므로 이 가정예배서의 순서를 따라 가정예배를 성실히 진행하기만 하면 그 신앙적 유익은 실로 엄청날 것입니다.

오늘날 이 시대 그리스도인들은 물신주의(mammonism), 세속주의(secularism), 쾌락주의(hedonism), 이기주의(egoism), 포스트모더니즘(postmodernism)의 도전 앞에 무방비로 노출되어 있습니다. 더더군다나 우리의 자녀들은 점점 더 신앙에서 멀어지고 있고 다음세대의 신앙문제는 큰 위기 상황이 아닐 수 없습니다. 바로 이와 같은 시점에 필자는 가정예배야말로 이 시대 기성세대와 우리 다음세대의 신앙을 새롭게 하는 가장 중요한 실천이라고 확신합니다. 그래서 이 책을 잘 활용하여 독자 여러분의 가정이 믿음의 명품 가문이 되고 다음세대 신앙 양육에 성공하여 참으로 행복하고 아름다운 가정을 꼭 이루시기를 기원합니다.

이 책이 나오기까지 기꺼이 가정예배를 실천해주신 분당구미교회의 교우들에게 진심으로 감사를 드립니다. 날마다 아름다운 목적을 향해 함께 걸어가 주신 당회원과 동역자들의 사랑과 섬김에도 깊은 감사를 드립니다. 이 시대 가정예배가 얼마나 중요한지 알아주시고 기꺼이 이 책을 출판해 주신 브니엘 출판사 직원들께도 깊은 감사를 드립니다. 이 책을 쓸 수 있도록 언제나 곁에서 지지와 격려를 아끼지 않는 아내와 두

딸에게 온 마음을 다해 감사를 전합니다. 무엇보다 이 책이 나오기까지 날마다 선한 길로 인도해 주신 하나님께 모든 영광을 올려드립니다.

간절히 바라기는, 이 책을 통하여 이 땅의 교회들이 꼭 회복되었으면 참 좋겠습니다. 이 책을 통하여 그리스도인들의 가정들이 진정으로 행복해졌으면 정말 좋겠습니다. 이 책을 통하여 우리의 다음세대가 진실로 신앙의 사람들이 되었으면 정말 좋겠습니다.

안타깝게도 지금 세계교회는 자꾸만 영적 불씨가 꺼져가고 있습니다. 포스트모더니즘의 시대에 탈종교화와 배교의 현상은 전 세계교회를 강타하고 있습니다. 그래도 아직도 남아 있는 한국교회의 불씨가 다시금 되살아나 세계교회를 살리는 역사가 일어나기를 간절히 소망합니다. 이처럼 한국교회를 살리는 불쏘시개의 역할을 이 작은 책이 감당할 수 있게 되기를 바랄 뿐입니다.

글쓴이 김대동

C·O·N·T·E·N·T·S
차례

프롤로그 _ 대를 이어 은혜 받는 가정예배를 위하여 _ 004
들어가면서 _ 가정예배, 이렇게 드리면 은혜 받는다 _ 011

| PART 1 | **분열왕조시대**   _ 037

001. 엘리사와 나아만 / 왕하 5:8~14 / 회복되어 깨끗하게 되었더라
002. 히스기야의 기도 / 왕하 20:1~7 / 네 기도와 눈물을 보았노라
003. 요시야의 종교개혁 / 왕하 22:3~13 / 곧 그의 옷을 찢으니라
004. 왕국의 멸망 / 왕하 25:1~7 / 바벨론으로 끌고 갔더라

| PART 2 | **역대기 역사**   _ 063

005. 야베스의 축복 / 대상 4:9~10 / 그가 구하는 것을 허락하셨더라
006. 언약궤 안치 / 대상 15:25~29 / 여호와의 언약궤를 메어 올렸더라
007. 다윗의 감사 / 대상 29:10~19 / 여호와여 송축을 받으시옵소서
008. 성전 중심의 신앙 / 대하 7:11~18 / 내 눈과 마음이 여기에 있으리라

| PART 3 | **포로기 이후 시대**   _ 089

009. 성전의 재건 / 스 3:8~13 / 성전의 기초가 놓임을 보았더라
010. 에스라의 개혁 / 스 10:1~4 / 율법대로 행할 것이라

011. 느헤미야의 헌신 / 느 1:4~11 / 종의 기도를 들으시옵소서
012. 느헤미야의 개혁 / 느 13:15~22 / 안식일을 거룩하게 하라
013. 민족의 회복 / 에 4:13~17 / 죽으면 죽으리이다

| PART 4 | 시가서 _ 121

014. 고난의 신비 / 욥 1:13~22 / 하나님을 원망하지 아니하니라
015. 주권적 섭리 / 욥 42:1~10 / 주여 내게 알게 하옵소서
016. 복 있는 사람 / 시 1:1~6 / 모든 일이 다 형통하리로다
017. 하나님께 탄식함 / 시 13:1~6 / 여호와여 어느 때까지니이까
018. 목자와 양 / 시 23:1~6 / 여호와는 나의 목자시니
019. 하나님을 갈망함 / 시 42:1~11 / 여전히 찬송하리로다
020. 하나님을 의지함 / 시 56:1~13 / 나의 눈물을 주의 병에 담으소서
021. 성전을 사모함 / 시 84:1~12 / 주의 집에 사는 자들은 복이 있나니
022. 인생의 지혜 / 시 90:1~12 / 지혜로운 마음을 얻게 하소서
023. 신앙가정의 복 / 시 128:1~6 / 복되고 형통하리로다
024. 지혜에 관한 교훈 / 잠 3:1~10 / 범사에 그를 인정하라
025. 성실에 관한 교훈 / 잠 6:6~19 / 개미를 보고 배우라
026. 말에 관한 교훈 / 잠 15:1~7 / 온순한 혀는 생명나무니라
027. 겸손에 관한 교훈 / 잠 16:1~9 / 너의 행사를 여호와께 맡기라
028. 인생무상 / 전 1:1~11 / 헛되고 헛되니 모든 것이 헛되도다
029. 사랑의 노래 / 아 2:10~17 / 일어나서 함께 가자

| PART 5 | 대예언서 _ 219

030. 이사야의 소명 / 사 6:6~13 / 내가 여기 있나이다 나를 보내소서
031. 메시아 예언 / 사 11:1~9 / 여호와를 아는 지식이 충만할 것이라
032. 하나님의 초청 / 사 55:1~5 / 목마른 자들아 물로 나아오라

033. 하나님의 선지자 / 렘 28:1~11 / 여호와께서 보내신 선지자라
034. 새 언약 / 렘 31:31~34 / 새 언약을 맺으리라
035. 경건한 사람들 / 렘 35:1~11 / 명령한 대로 행하였노라
036. 슬픔의 노래 / 애 3:19~26 / 내 고초와 재난을 기억하소서
037. 마른 뼈 환상 / 겔 37:1~10 / 너희가 살아나리라
038. 생명 강 환상 / 겔 47:6~12 / 그 물이 성소를 통하여 나옴이라
039. 뜻을 정한 사람들 / 단 1:8~21 / 자기를 더럽히지 아니하니라
040. 하나님의 묵시 / 단 12:1~4 / 마지막 때까지 이 말을 간수하라

| PART 6 | 소예언서   _ 287

041. 인애와 긍휼 / 호 6:1~11 / 여호와께로 돌아가자
042. 영적 회복 / 욜 2:28~32 / 내 영을 만민에게 부어주리라
043. 하나님의 공의 / 암 5:21~27 / 정의를 물같이, 공의를 강같이
044. 에돔의 심판 / 옵 1:1~9 / 에돔에 대하여 심판하시니라
045. 니느웨의 구원 / 욘 4:1~11 / 내가 어찌 아끼지 아니하겠느냐
046. 정의와 사랑 / 미 6:6~8 / 여호와께서 네게 구하시는 것
047. 니느웨의 심판 / 나 1:1~8 / 니느웨에 대한 경고의 말씀이라
048. 하박국의 노래 / 합 3:16~19 / 여호와로 말미암아 기뻐하리로다
049. 여호와의 날 / 습 3:14~20 / 너로 말미암아 기뻐하시리라
050. 성전의 영광 / 학 2:1~9 / 이 성전의 나중 영광이 더 크리라
051. 하나님의 영 / 슥 4:1~10 / 오직 나의 영으로 되느니라
052. 심판과 구원 / 말 4:1~6 / 율례와 법도를 기억하라

들어가면서

가정예배,
이렇게 드리면 은혜 받는다

>> 들어가면서 _ 1

가정예배, 왜 드려야 하는가?

심각한 신앙의 위기

오늘날 한국교회는 성장이 둔화되고 오히려 빙하기를 맞이하고 있습니다. 교인들의 숫자는 감소하고 있으며 사회적 영향력도 크게 줄어들고 있습니다. 이와 같은 모습은 우리나라가 경제적으로 많은 성장을 이루고 주 5일제가 실시된 2004년부터 본격적으로 시작되었으며, 특히 최근 국민소득 3만 달러를 달성한 이후부터는 더욱더 가속화되어 가고 있습니다. 이것은 이미 서구 기독교 국가에서 공통으로 일어난 현상이며, 국민소득 3만 달러를 달성한 이후에도 계속해서 교회가 부흥 성장한 예는 찾아보기 힘듭니다.

그래서 지금 많은 현대의 그리스도인들은 교회생활이나 믿음생활을 자신들의 여러 생활의 한 영역에 불과한 것으로 생각하고 있습니다. 그야말로 피자파이 한 조각의 신앙이 되고 말았습니다. 결국 한 세대 전에 우리 선배들의 신앙이 절대적인 신앙이었다면 지금은 상대적인 신

앙이 되고 만 것입니다. 바로 이와 같은 현상이 지난 20년 동안 한국교회에 물밀듯이 밀어닥쳐 왔습니다. 그 결과 한국교회도 서구교회들처럼 성장이 멈춰버렸고, 신앙의 빙하기를 맞이하고 있는 것입니다.

이미 우리는 서구 기독교의 흥망성쇠 과정을 통하여 많은 교훈을 받아왔습니다. 성도들이 썰물처럼 사라지고 무늬만 교회인 건물들, 심지어는 예배당이 매각되어 쇼핑센터나 식당이나 술집으로 변해 버린 곳도 많습니다. 한국교회는 서구교회의 전철을 밟지 않을 것이라고 호언장담하던 때도 있었지만 지금은 한국교회도 급격하게 쇠락의 길을 걸어가고 있습니다. 최근에는 부도가 나서 교회 문이 닫히고 건물이 매각되는 사례도 상당히 늘어나고 있습니다.

이런 분위기 속에서 기독교에 찬물을 끼얹는 일들이 계속해서 언론매체에 보도되고 있습니다. 종교 관련 설문조사를 할 때마다 사람들이 한국교회에 크게 바라는 점이 있다는 것을 알 수 있는데, 그것은 다름 아닌 교회의 도덕성 회복입니다. 안타깝게도 오늘날 한국교회는 도덕성의 약화로 인하여 온전히 교회의 사명을 감당하지 못하고 있는 것이 현실입니다. 그래서 지금 한국교회는 오히려 사회로부터 지탄의 대상이 되고 있습니다. 교회가 사회를 걱정해야 하는데 거꾸로 사회가 교회를 걱정하는 상황이 되고 말았습니다.

이러한 혼란스러운 상황을 타개하기 위해서 우리는 현실을 직시할 필요가 있습니다. 그리고 무엇이 우리 한국교회를 쇠락하게 하는지 명확하게 분별해야 합니다. 그 후에야 이 어려움을 극복할 수 있는 바른 가치관을 제시해 줄 수 있기 때문입니다.

오늘날의 시대상을 한 단어로 말한다면 포스트모더니즘 시대라고 할 수 있습니다. 포스트모더니즘은 인류가 지금까지 구축한 지극히 합리

적이고 이성적인 가치관의 집대성인 모더니즘을 해체하는 사조입니다. 그래서 근대의 이성 중심 사조에 반하는 반이성적인 사조이고 기존의 절대적 가치 체계를 거부하고 모든 것을 상대주의적 관점에서 바라보는 개념이 그 특징입니다. 그렇기에 이런 상대주의적 관점은 기존의 가치체계, 도덕, 윤리, 종교 등을 거부하고 각자의 감각과 만족을 중요시하는 지극히 개인주의적 성향을 갖게 만드는 것입니다.

바로 이와 같은 풍토가 사회 전반에 밀어닥침으로 인하여 오늘날 기독교적 가치관은 크게 위협받고 있습니다. 왜냐하면 우리 기독교는 절대 가치의 신앙을 붙들고 있는데, 포스트모더니즘은 모든 것을 다 상대화시킴으로 기독교 신앙에 큰 위협이 되는 것입니다. 그래서 오늘날은 마치 사사 시대처럼 사람들이 자기 소견에 옳은 대로 행하고 있는 포스트모더니즘의 시대이므로 우리가 기독교 신앙의 가치를 지켜내기는 무척 어려운 일이 아닐 수 없습니다.

그뿐만 아니라 오늘날은 오직 돈이면 다 된다는 생각을 가지고 물신(mammon)을 섬기는 맘몬이즘(mammonism)의 도전도 아주 거셉니다. 사람들은 마치 돈을 하나님처럼 섬기며 잘 먹고 잘사는 일에 몰두하고 있습니다. 그리고 세속주의(secularism)는 영적인 세계를 무시하고 이 세상이 전부라고 생각하는 가치관인데 기독교의 복음도 세속주의를 만나면서 복음의 절대성과 순수성을 잃어버리고 혼합주의로 변질되고 있습니다. 또 한 가지, 쾌락주의(hedonism)는 인생은 그저 행복하고 즐거워야 한다고 생각하는 가치관인데 기복주의의 모습으로 나타나 우리 기독교에 큰 도전이 되고 있습니다. 쾌락주의에 빠지면 영적인 눈이 멀게 되고 지극히 세속적인 것만 추구하게 되는 것입니다. 마지막으로 이기주의(egoism)는 그저 자신의 욕심을 채우고 오직 자기의 유

익을 도모하며 지극히 자기중심적으로 살아가는 가치관입니다. 이것은 하나님 사랑과 이웃 사랑의 하나님의 원래 계획(original design)을 거부하는 참으로 심각한 도전이 아닐 수 없습니다.

이렇게 거대 시대풍조가 밀려오는 세상 가운데서 우리가 참된 그리스도인이라면 깊은 영적 고민을 감당할 수밖에 없습니다. 그래서 거대 시대풍조에 잠식당하는 나의 신앙을 바라보며 고뇌해야 합니다. 탈종교화로 말미암아 교회가 위축되고 쇠락하는 모습을 바라보고 아파해야 합니다. 한국교회가 하나님의 영광을 잃어버리고 있는 모습을 바라보며 탄식해야 합니다.

특히 우리는 이제 이러한 상황 속에서 가치관의 문제에 집중할 수밖에 없습니다. 오늘날 그리스도인들과 교회가 절실히 회복해야 하는 것은 바로 기독교적 가치관입니다. 우리가 지향하는 기독교적 가치관을 회복하려면 오직 예수님을 붙들고 '예수님이라면 어떻게 하실까' 하는 마음으로 이 거대한 시대적 흐름을 거슬러 올라가는 용기와 지혜가 필요합니다. 그래야만 그리스도인들이 세상 풍파에 휩쓸리지 않고 묵묵히 믿음의 길을 걸어갈 수 있는 것입니다. 지금 우리가 기독교적인 가치관을 회복하지 못한다면 우리의 다음세대인 자녀들 세대에는 기독교적 가치관 자체가 아예 찾아볼 수 없는 유물이 되어버릴지도 모르는 일입니다. 진실로 지금은 영적으로 대오각성해야 할 때가 아닐 수 없습니다.

그리고 또 한편 참 중요한 것은 기성세대의 신앙뿐만 아니라 신앙의 계승문제 역시 지금의 한국교회가 당면한 가장 중요하고도 시급한 과제입니다. 청소년들과 대학생들을 대상으로 한 최근 조사에 따르면 기독교를 자신의 신앙으로 고백하고 교회에 출석하는 비율이 3~5%라는 충격적인 결과가 나왔습니다. 참으로 안타까운 지표가 아닐 수 없습니다.

한국교회 성도들의 분포도가 전에는 삼각형 구조였는데 이제는 역삼각형 구조가 되고 말았습니다. 최근에는 이것이 더욱더 가속화되어 요 몇 년 사이에 이제는 아주 T자형으로 빠르게 변형되고 있습니다. 이것은 한국교회가 신앙의 대잇기에 실패하고 있음을 잘 알려주는 지표들입니다. 이를 해결하기 위해 한국교회는 다음세대의 신앙 계승문제를 놓고 많은 고심을 하고 있지만 뚜렷한 대안을 제시하지 못하고 있습니다.

사실 교회학교에서 진행하는 주일 1시간의 신앙교육으로는 우리의 다음세대 신앙 양육의 문제를 해결하기에는 역부족이라 할 수 있습니다. '168:1'이라는 숫자가 말해주듯이 교회 교육 1시간으로는 일주간의 168시간을 이길 수는 없습니다. 우리의 다음세대 신앙 양육은 교회 교육만이 아니라 우리의 각 가정 안에서도 반드시 이루어져야 합니다. 바로 이런 의미에서 가정은 핵심적인 신앙교육의 장이 되어야만 하고 신앙교육의 주체는 부모가 되어야만 하는 것입니다. 바로 이와 같은 가정 신앙교육을 통해 자녀들은 부모의 신앙을 배우게 되고 말씀 속에서 기독교적 가치관을 배우게 되는 것입니다. 그렇게 될 때 우리의 자녀들은 사사기 2장 10절에서 안타까이 외치는 말씀대로 '다른세대'(another generation)가 아니라 신앙으로 세워지는 진정한 '다음세대'(next generation)로 일어설 수 있게 되는 것입니다.

가정예배를 드려야 하는 이유

가정은 하나님께서 직접 만드신 가장 기본적인 인간 최초의 기관입니다. 하나님은 가정을 통하여 인간의 삶이 영위되도록 하셨고 가정을

통하여 자손이 번성하도록 하셨습니다. 무엇보다 하나님은 가정을 통하여 신앙의 유산이 자손 대대로 물려지도록 계획하셨습니다. 그러므로 기독교 가정은 예수 그리스도를 주로 영접한 공동체로서 그 자체가 살아있는 작은 교회이며 선교의 역할까지 감당하는 축소된 교회라 할 수 있습니다. 이와 같은 기독교 가정에서 가족들이 함께 하나님께 드리는 예배가 바로 가정예배입니다.

특별히 가정예배는 오늘날 무너져 가는 다음세대를 회복하여 신앙으로 양육하는 가장 중요한 영적 도구라 할 수 있습니다. 물론 교회가 다음세대 양육을 위하여 최선을 다하는 것이 필요하지만 이것만으로는 여전히 큰 한계가 있고 어떡하든지 각 가정에서 가정예배가 살아나야 다음세대 신앙 양육에 성공할 수 있습니다. 이 말의 의미는 다음세대 신앙 양육의 현장은 가정이 되어야 하고 다음세대 신앙 양육의 주체는 부모가 되어야 한다는 말입니다.

바로 이런 의미에서 가정예배는 가족 구성원들의 믿음 표현의 현장이라 할 수 있고 가족 구성원들이 죄로부터의 용서를 얻고 구원을 체험할 수 있는 가장 소중한 구원의 장이라 할 수 있습니다. 그래서 가정예배를 통하여 가족 구성원들이 수직적으로는 창조주이신 하나님을 경외하고 수평적으로는 가족들 간의 신앙적 교제를 나눌 수 있게 되는 것입니다. 이처럼 가정예배는 하나님의 말씀을 통하여 온 가족 구성원들이 그리스도인으로서의 성숙을 이루게 할 뿐만 아니라 서로에게 사랑을 나타내며 아름다운 대화가 넘치게 함으로써 행복한 가정을 이루게 하는 원천이 되는 것입니다.

그래서 거대 시대풍조가 밀려오는 심각한 신앙의 위기 상황 속에서 통합세대 전체가 신앙으로 새로워질 수 있는 것도 바로 가정예배이며,

나아가 우리의 다음세대를 신앙으로 양육할 수 있는 가장 좋은 방법도 바로 가정예배입니다. 우리는 가정예배를 통하여 우리의 신앙을 새롭게 할 수 있고 교회의 부흥을 가져올 수 있고 다음세대 신앙 양육에 성공할 수 있게 되는 것입니다. 진실로 가정예배는 흉내만 내도 복을 받게 되는 것입니다.

가정예배의 유익함

① 신앙의 가정을 이루는 가정예배

인간은 가정에서 태어나 가족과 함께 생활합니다. 가정은 우리가 태어나면서 가장 처음으로 만나게 되는 신앙공동체입니다. 가정은 가장 작은 신앙공동체이지만 가족들의 신앙의 토대를 만들어 주는 가장 큰 사역의 장(場)이라 할 수 있습니다.

한 개인은 부모로부터 태어나 자라나며 가정에서 가장 많은 시간을 보냅니다. 유아기부터 성인이 되어 독립할 때까지 인간은 부모로부터 언어와 기본예절을 비롯하여 삶에 필수적인 지식을 습득합니다. 나아가 인생을 어떻게 살아야 하는지, 무엇이 옳고 그른지, 어떤 삶이 진정으로 아름답고 가치 있는 삶인지, 가치와 기준을 배우고 자신의 정체성을 형성하며 하나의 온전한 인격체로 자라갑니다. 이처럼 가정은 가장 기초적인 공동체인 동시에 한 개인의 인격과 삶의 태도에 절대적인 영향을 미치는 가장 중요한 공동체인 것입니다. 따라서 하나님은 자기 백성이 가정에서부터 신앙을 배우고 전수하도록 명령하셨습니다.

하나님은 아브라함을 부르셨을 때 "내가 그로 그 자식과 권속에게

명하여 여호와의 도를 지켜 의와 공도를 행하게 하려고 그를 택하였나니 이는 나 여호와가 아브라함에게 대하여 말한 일을 이루려 함이니라"(창 18:19)고 말씀하셨습니다. 또한 이스라엘의 가장 핵심적인 가르침인 '쉐마 이스라엘'의 본문인 신명기 6장 4~5절에서 먼저 "이스라엘아 들으라. 우리 하나님 여호와는 오직 유일한 여호와이시니 너는 마음을 다하고 뜻을 다하고 힘을 다하여 네 하나님 여호와를 사랑하라"는 명령을 주신 후에, 이어서 다음과 같이 말씀하셨습니다. "오늘 내가 네게 명하는 이 말씀을 너는 마음에 새기고 네 자녀에게 부지런히 가르치며 집에 앉았을 때에든지 길을 갈 때에든지 누워 있을 때에든지 일어날 때에든지 이 말씀을 강론할 것이며 너는 또 그것을 네 손목에 매어 기호를 삼으며 네 미간에 붙여 표로 삼고 또 네 집 문설주와 바깥 문에 기록할지니라"(신 6:6~9). 이처럼 하나님은 이스라엘 민족의 시작에서부터 신앙교육의 핵심기관으로 가정을 지정해 주신 것이고, 또 가정을 통해 모든 신앙의 양육과 전수가 이루어도록 계획하신 것입니다. 그러므로 오늘날 우리가 우리 가정을 신앙공동체로 세워나가는 것은 이 시대 우리에게 주신 가장 중요한 영적 사명이 아닐 수 없습니다.

　이렇게 우리의 가정을 신앙의 공동체로 세워가기 위해서는 무엇보다 말씀이 기초가 되어야 합니다. 그리고 말씀의 기초를 세워나가는 가장 좋은 방법이 바로 가정예배입니다. 자녀들은 가정예배를 통하여 하나님의 말씀을 배우고 부모로부터 하나님의 말씀을 묵상하며 삶에 적용하는 것을 자연스럽게 배우게 됩니다. 이처럼 가정예배를 드리는 것은 단순히 가정 안에서 예배한다는 차원을 뛰어넘어 가족 구성원들이 그리스도인이라는 정체성을 세우게 하고, 세상의 가치관이 아닌 기독교적 가치관으로 살아가며 옛적 길(올람)을 걸어가는 온전한 그리스도인

으로 자라나게 하는 가장 중요한 일이 되는 것입니다.

② 행복한 가정을 이루는 가정예배

가정예배의 유익함에는 신앙의 가정을 이루고 다음세대를 신앙으로 양육하는 것 외에 또 하나의 아주 중요한 내용이 있습니다. 그것은 우리 가정의 행복에 관한 것입니다.

모든 사람은 다 행복하기를 원합니다. 남녀노소를 막론하고 모든 사람이 추구하는 것이 바로 행복입니다. 하지만 자신의 만족만을 추구하는 세상의 방식은 온전한 행복을 우리에게 주지 못하고 공허함만 느끼게 합니다. 이런 과정을 통해 우리는 결국 진실한 관계 안에서 참된 행복이 주어진다는 것을 깨닫게 됩니다. 따라서 행복한 가정을 이루는 데 있어서 가장 중요한 요소는 가족 구성원들이 서로의 마음을 나누는 진솔한 대화라 할 수 있습니다. 그러나 현대 사회는 가족이 함께 모여 대화하기가 참 어려운 시대입니다. 어린 자녀는 학업으로, 청년 자녀는 취업과 진로에 대한 고민으로, 부모는 생업 등으로 바쁘게 살아가느라 함께 모여 유의미한 대화 한마디 나누기가 참 어렵습니다. 이러한 이유로 가족 간의 대화는 줄어들고 서로 이해하기 위해 힘쓰기보다 짜증을 내고 화를 내는 모습으로 치닫곤 합니다. 바로 이러한 시대 속에서 가정예배는 온 가족이 함께 모여 하나님의 말씀 안에서 서로의 삶을 나누고 소통할 수 있는 아주 훌륭한 방편이 되는 것입니다.

가정예배는 먼저 하나님의 말씀을 통해 은혜를 나누고 말씀을 중심으로 서로 이야기할 수 있도록 돕습니다. 가정예배를 드릴 때 부모는 자녀들이 평소에 무슨 생각을 하고 있는지, 어디에 관심을 두고 있으며, 또 어떤 문제로 어려워하고 있는지 등의 이야기를 자연스럽게 들을

수 있게 되고 자녀는 부모가 가진 가치관과 삶을 살아가는 태도가 무엇인지를 배우게 됩니다. 특히 하나님의 말씀대로 살기 위해 발버둥 치는 부모의 모습과 생각을 공유하는 것은 자녀들에게 큰 깨달음을 주게 되는 것입니다.

그뿐만 아니라 가정예배를 드리는 것은 단지 예배를 드리는 것을 뛰어넘어 가족 구성원들이 서로의 생각을 나누고 서로를 이해하고 수용하는 시간을 통해 진정한 관계로 발전하게 만들어 줍니다. 또한 이러한 관계 안에서 이루어지는 진솔한 대화와 소통은 참된 행복을 느끼는 중요한 요소가 됩니다. 무엇보다 가정 안에서 서로를 이해하고 수용하는 관계는 든든한 지지자로 서로를 인식하게 하여 세상에서 경험하는 수많은 갈등과 어려움 속에서도 든든히 서 나가는 큰 힘이 되는 것입니다. 바로 이런 의미에서 가정예배는 신앙 양육은 물론이고 행복한 가정을 이루게 하는 데 있어 참 중요한 방편이 되는 것입니다.

그래서 가정예배는 첫째로 신앙의 가정을 이루게 하고, 둘째로 다음 세대 신앙 양육을 성공하게 만들고, 셋째로 대화가 넘치는 행복한 가정을 이루게 하는 가장 중요한 영적 도구가 아닐 수 없습니다. 바로 이런 의미에서 "가정예배는 흉내만 내도 복을 받는다"라고 말할 수 있습니다. 이 말은 필자가 목회하면서 수도 없이 반복한 표현인데, 이것은 진실로 진리가 아닐 수 없습니다.

>> 들어가면서 _ 2

가정예배, 어떻게 준비할까?

이렇게 중요한 가정예배를 잘 드리려고 하면 몇 가지 준비가 필요합니다. 이 준비를 잘해야만 우리는 가정예배에 성공할 수 있고, 나아가 통합세대의 신앙 지키기와 다음세대의 신앙 양육에 성공할 수 있습니다. 그러므로 다음의 준비 사항을 잘 감당하여 이 책으로 말미암아 가정예배에 성공하고, 통합세대와 다음세대의 신앙 양육과 행복한 가정을 이루길 바랍니다.

이 가정예배서의 특징과 장점

지금까지 서점가에는 수많은 가정예배서가 출간되어 나름대로 목회자와 성도들에게 큰 은혜를 끼쳐왔습니다. 하지만 그 구성과 내용이 가정예배를 계속 지속할 수 있도록 만드는 힘은 부족하여 나름대로 한계를 지니고 있음을 발견하였습니다. 특히 기존의 가정예배서들은 가정

예배에 참석하는 어린 자녀들에게는 큰 울림과 흥미를 주기가 어렵다는 것도 깨닫게 되었습니다. 기존의 가정예배문 대다수는 특별한 주제가 없이 해당 주차의 찬송이나 성경 본문을 배열하고 있거나, 주제가 제시되어 있다고 해도 인도자가 따로 준비하지 않으면 진행이 쉽지 않은 경우가 많았습니다. 그래서 나눔과 적용, 함께 기도하기를 위한 공간을 빈칸으로 제공하기도 하지만 가족들의 적극적인 참여가 없이는 풍성한 나눔을 갖기가 어렵다는 것을 발견하였습니다.

그래서 이 책의 가정예배문은 기존에 나와 있는 다양한 가정예배문의 형식과 구성을 자세히 조사하고 각각의 장단점을 분석하여 완전히 새롭게 구성하였습니다. 특히 필자는 가정예배야말로 이 시대 우리의 신앙을 지켜내는 가장 중요한 신앙 행위임을 마음 깊이 자각하였고, 그 뒤로 연구에 연구를 거듭하여 오늘 이와 같은 가정예배서를 펴내게 되었습니다. 그러므로 이 책을 잘 활용하기만 하면 멈추지 않는 가정예배를 통하여 기존 통합세대의 신앙 지키기와 다음세대의 신앙 양육에 큰 도움을 주리라 확신합니다.

이 책은 가정예배문의 기본 방향을 다음의 몇 가지 원칙으로 설정하였습니다. 즉 가정예배문 하나만 가지고도 예배 인도와 진행, 나눔과 적용이 모두 쉽고 풍성하게 진행되도록 기획하고 구성한 것입니다. 이는 가족 구성원의 수에 맞게 성경과 찬송가를 구비하고 있지 못한 가정도 있고, 아직 신앙을 갖지 않은 가족 구성원이 있는 경우라도 언제든지 쉽고 편하게 함께 참여하는 것이 가능하게 한 것입니다. 이와 같은 목적을 이루기 위해서는 가정예배문을 풀텍스트(full-text)로 작성하는 것이 참 중요하다고 생각하였습니다. 그래서 가족 구성원 누구든지 순서를 따라 인도를 할 수 있고, 가정 구성원들이 각 부분을 돌아가며

읽기만 해도 은혜가 되는 훌륭한 가정예배가 이루어질 수 있도록 하였습니다.

이처럼 이 가정예배문은 단순한 순서지가 아니라 그 자체로서 하나의 완전한 인도문이 되게 하였고, 그래서 가족 구성원 중에 누구든지 인도를 맡아 진행할 수 있게 하였으며, 그리고 같이 읽어나가기만 해도 은혜가 될 수 있도록 깊은 고민 끝에 창안되었습니다.

그리고 여기서 중요한 것은 그 내용을 진부하지 않고 참신하고 의미 있고 이해하기 쉬운 내용으로 구성하였다는 점입니다. 그래서 누구든지 어느 가정이든지 매주의 주제를 잘 소화할 수 있도록 하였고, 이를 통해 기독교적 가치관을 자연스럽게 습득할 수 있도록 하였습니다. 그래서 이와 같은 가정예배문을 가지고 3년 동안 훈련을 감당한다면 이를 통해 신앙의 가정, 행복한 가정, 다음세대 신앙 양육을 동시에 이룰 수 있게 될 것입니다.

이 가정예배서가 가지고 있는 몇 가지 특징과 장점을 서술하면 다음의 5가지 정도로 요약할 수가 있습니다.

① 풀텍스트(full-text)로 구성

이 책의 가정예배문은 전체가 다 풀텍스트로 구성되어 있어서 읽기만 해도 은혜가 됩니다. 장년은 물론 노년들에도 풀텍스트의 내용은 크게 은혜를 끼칠 수가 있고, 특히 글을 떠듬떠듬 읽는 어린 자녀들도 가정예배문의 내용을 읽어나가는 중에 쉽고 재미있게 그 메시지를 체득할 수 있습니다. 이것은 모든 나이의 가족들에게 복음을 접하여 경험할 수 있게 만드는 가장 큰 장치가 아닐 수 없습니다.

② 쉽고 흥미로워 자녀들도 인도 가능

이 책의 가정예배문은 쉽고 이해하기 쉬울 뿐만 아니라 아주 흥미 있는 풀텍스트로 구성되어 있어서 자녀들도 주체가 되어 가정예배를 인도할 수 있습니다. 흔히 가정예배 시에 자녀들은 말씀을 듣기만 하는 소극적인 자리에 머물기 쉬운데, 이 책의 가정예배문은 읽기만 해도 은혜가 되고 쉽고 재미있게 구성되어 있어서 어린 자녀들도 충분히 가정예배를 인도할 수 있습니다. 이것은 우리 자녀들의 인성과 사회성 발달에 큰 훈련이 될 것입니다.

③ 기독교 가치관 훈련에 적격

이 책은 기독교적 가치관을 익히는 데 탁월한 내용으로 구성되었습니다. 통합세대나 다음세대나 포스트모더니즘이 가득하고 탈종교화 및 배교가 밀려오는 시대 속에서 이 세태에 휩쓸리지 않고 기독교적 가치관을 잘 지켜내는 것은 이 시대에 너무나 중요한 실천이 아닐 수 없습니다. 그런데 바로 이 가정예배문은 이와 같은 가치관 훈련에 적격이어서 우리 가정을 믿음으로 지켜내는 데 대단히 유용합니다.

④ 성경과 찬송가에 익숙

이 책의 가정예배문에 사용된 성경은 개역성경 개정판이며 찬송은 장년 예배 시에 사용하는 찬송가입니다. 흔히 어린 자녀들에게는 더욱 쉽게 번역된 성경을 많이 사용하고 찬송가 대신 찬양곡을 많이 부르는 것이 오늘날의 현실입니다. 그러나 개역성경은 한국교회 신앙의 원천이며 찬송가는 오고 오는 세대에도 계속해서 불리어져야 할 신앙의 노래라고 필자는 확신합니다. 그래서 이 가정예배문을 통하여 개역성경

의 정신을 알려주고 어려운 말이 있으면 해설해 주고, 또 함께 찬송가를 부르며 나아갈 때 우리 가정의 신앙은 후대에 아름답게 전수될 줄로 믿습니다.

⑤ 성경의 153개 핵심 주제에 충실

이 책의 가정예배 내용은 성경의 153개 핵심 주제를 따라가고 있습니다. 필자는 이 책을 집필하면서 가장 먼저 작업한 것이 성경의 153개 핵심 본문을 선정한 것인데 이렇게 선정된 말씀을 일주일에 한 번, 3년 동안 성경 전체를 핵심 주제로 예배드릴 수 있도록 했습니다.

그러므로 이 책 가정예배문은 153개의 핵심 주제를 따라 3년 동안 진행하도록 3권으로 구성되어 있습니다. 이 153개의 핵심 주제 내용은 성경의 큰 흐름을 따라 성경의 맥을 습득할 수 있게 해주고, 신학과 신앙의 균형을 갖도록 만들어주며, 무엇보다 기독교적 가치관을 체득할 수 있도록 해줍니다. 그러므로 이 가정예배서의 순서를 따라 가정예배를 성실히 진행하기만 하면 그 신앙적 유익은 엄청날 것입니다.

가정예배 요일과 시간 정하기

① 온 가족의 결심 유도

위와 같은 가정예배의 특성과 유익함을 인지하고 가장 먼저 해야 할 일은 온 가족이 함께 가정예배 드릴 것을 결심해야 합니다. 그래서 믿음의 가장은 어떡하든지 이제부터 가정예배를 드려야 함을 설득도 하고, 혹은 아주 큰 보상도 내 걸기도 하고, 그것도 안 되면 협박까지 해

서라도 가정예배를 함께 드릴 것을 약속해야 합니다.

　어린 자녀들을 둔 가정이나 또 예수님을 잘 믿는 자녀들이 있는 가정은 아무 어려움이 없을 것입니다. 가정예배 드린다고 하면 오히려 더 좋아할 테니까 말입니다. 문제는 좀 장성한 자녀들이나 또 신앙이 잘 없는 자녀들이 있는 경우인데 그야말로 온갖 방법을 다 동원해서 마음을 돌이켜 놔야 합니다. 잘 구슬리든지, 선물 공세를 하든지, 아니면 뭐 협박을 하든지 해서라도 꼭 가정예배 드리자고 강권해야 합니다.

　그렇게 해서 온 가족의 마음이 정해졌다면 이 책에 예시된 '가정예배 결심서'에 온 가족이 서명하는 것이 좋습니다. 이 행위는 말로만의 약속이 아니라 문서로 남는 서명이기 때문에 온 가족이 끝까지 함께 가정예배에 동참한다는 약속을 지켜내는 데 있어서 아주 훌륭한 장치가 될 것입니다.

　② 일주일에 한 번
　이 예배서의 가정예배문은 일주일에 한 번 예배드리는 것으로 구성되어 있습니다. 사실 매일이라면 바쁜 현대 사회 속에서 어느 정도 부담도 될 수 있겠지만 일주일에 한 번은 마음만 먹으면 얼마든지 기쁨으로 동참할 수 있으리라 생각합니다. 그렇기에 이것을 가지고도 온 가족에게 호소하여 반드시 가정예배를 드리자고 강권할 수 있는 것입니다.

　③ 가정예배의 요일과 시간 정하기
　이렇게 가족이 함께 가정예배 드리는 것을 결심하였다면 그다음에는 가정예배를 드리는 요일과 시간을 정해야 합니다. 그래서 일주일 중에 가족이 다 모일 수 있는 요일과 시간을 딱 정해두고 이 시간만큼은 온

가족들이 생명처럼 지키겠다고 결심하는 것이 참 중요합니다. 바로 여기에 가정예배의 성공과 실패 여부가 달려 있습니다. 아무 때나 시간 날 때 가정예배를 드리는 것으로 하면 이것은 대번에 흐지부지하게 되고, 결국은 흐지부지 가정예배는 사라지고 말 것입니다.

그래서 우리 가정의 가정예배를 위한 시간과 요일을 반드시 정하고, 이 시간만큼은 다른 약속도 잡지 않고 온 가족이 꼭 지켜서 이 시간에 충실하게 만들어야 합니다. 물론 시간 날 때마다 드리는 것도 안 드리는 것보다는 낫지만, 그런데 그런 식으로 시작하면 이것은 하나님께 대한 정성도 아니고 신앙의 결단도 안 되며, 또 시간 날 때마다 드리면 나중에는 가정예배가 흐지부지하게 되는 것입니다. 그러므로 시간과 장소를 결정하는 바로 이것에 가정예배의 성공 여부가 달려 있습니다.

한편 요일과 시간을 분명히 정해두면 부득이한 사정으로 가족들이 멀리 떨어져 있는 경우에도 얼마든지 함께 가정예배를 드릴 수 있습니다. 먼 거리에 있는 가족에게는 휴대폰을 통해 가정예배문을 주중에 미리 보내고 줌(zoom)이나 영상통화를 하면서 함께 가정예배를 드릴 수가 있습니다. 만일 이것조차도 여의찮다면 약속한 시간에 함께 가정예배문을 읽는 것으로도 동참할 수 있습니다. 그래서 어떡하든지 모든 가족이 함께 가정예배를 드릴 수 있도록 요일과 시간을 분명히 정하는 것이 참 중요합니다.

흉내만 내도 복을 받는 가정예배

필자는 가정예배의 중요성을 역설하면서 성도들에게 가정예배는 흉

내만 내도 복을 받는다는 사실을 수도 없이 많이 강조하였습니다. 그렇습니다. 이것은 사실입니다. 가정예배는 우선 통합세대의 가치관을 새롭게 하여 기독교적 가치관으로 우리 가정을 무장할 수 있게 하므로 우리의 신앙을 새롭게 할 수 있습니다. 나아가 가정예배는 심각한 다음세대의 신앙 양육을 위한 가장 훌륭한 방법이므로 이를 통해 우리 자녀들을 신앙으로 양육할 수 있습니다.

그리고 가정예배를 드리면서 함께 나누는 대화 가운데서 가족의 친밀감을 느끼게 하고 서로의 마음을 알아차리게 만들어 주어서 진실로 행복한 가정을 이룰 수 있게 하는 것입니다. 이 책의 가정예배문은 이와 같은 목적을 가지고 충분히 대화할 수 있게 만들었기 때문에 이를 통해 진정으로 행복한 기독교 가정을 이룰 수 있게 하는 것입니다.

>> 들어가면서 _ 3

가정예배, 이렇게 드려라

가정예배의 준비를 마치고 정한 요일, 정한 시간에 가족들이 다 함께 모이면 이제 이 책의 가정예배문을 따라 가정예배를 드리면 됩니다. 이 책의 가정예배문은 ① 함께 찬양하기 ② 함께 본문 읽기 ③ 함께 생각하기 ④ 함께 관찰하기 ⑤ 함께 나눠보기 ⑥ 함께 기도하기 ⑦ 함께 축복하기의 7개 항목으로 구성되어 있습니다. 이것은 귀납법적 성경 공부의 핵심인 관찰-해석-적용을 확장해 놓은 것입니다. 그리고 가정예배문은 풀텍스트로 작성되어 있어서 가정예배문의 진행을 따라가기만 하면 누구나 쉽게 가정예배를 드릴 수 있습니다.

이제 다음의 각 항목의 설명을 잘 읽고 숙지하여서 축복받는 가정예배를 드릴 수 있기를 소망합니다.

1. 함께 찬양하기

'함께 찬양하기'는 말씀으로 들어가기 전에 가족이 함께 찬양하면서

마음 문을 여는 시간입니다. 찬양할 때 중요한 점은 하나님의 말씀을 접하기 전에 내 마음을 하나님께 고정하고, 하나님께서 나에게 뭐라고 말씀하시는지를 기대하며 찬양하는 것입니다.

  이러한 마음으로 찬양할 때 우리는 보다 더 깊이 하나님의 음성에 민감하게 반응할 수 있게 됩니다. 바로 이런 의미에서 찬양은 내 마음을 하나님께로 열고 하나님께 내 마음을 고정하는 참 중요한 영적 도구가 됩니다.

2. 함께 본문 읽기

  '함께 본문 읽기'는 성경의 핵심 153주제를 따라 그 주간에 제시된 성경 본문을 읽는 것입니다. 성경 본문을 읽을 때는 무엇보다도 하나님께서 나와 우리 가족들에게 뭐라고 말씀하시는지 기대하는 마음으로 본문을 읽는 것이 대단히 중요합니다. 본문을 읽는 방법에는 여러 가지가 있는데, 대표로 한 사람이 읽어도 좋고(봉독), 인도자와 가족들이 교대로 읽어도 좋고(교독), 가족들이 한 절씩 돌아가며 읽어도 좋고(윤독), 온 가족이 모두 한목소리로 읽어도 좋습니다(합독).

  이렇게 본문을 읽을 때 가장 중요한 것은 단지 활자를 읽는 것이 아니라 하나님께서 나에게 뭐라고 말씀하시는지 생각하며 읽도록 하는 것이 참 중요하므로 이와 같은 경각심을 주기 위해 인도자는 "하나님께서 우리에게 주시는 말씀"이라는 표현을 사용하기도 하고, 부모가 자녀들에게 주의 깊게 성경을 읽자고 안내의 말을 주는 것도 좋을 것입니다.

3. 함께 생각하기

'함께 생각하기'는 성경 본문으로 들어가기 전에 마음을 예열하는 차원에서 읽는 예화 중심의 도움글입니다. 이것도 여러 가지 방법으로 읽을 수가 있는데 무엇보다도 중요한 것은 은혜를 사모하는 마음으로 읽는 것입니다.

특별히 '함께 생각하기'는 가정예배문의 근간이 되는 핵심 가치와 정신에 부합하는 글을 선정하기 위해 큰 노력을 기울였습니다. 왜냐하면 함께 생각하기의 도움글이 너무 교리적이거나 혹은 너무 신비적일 경우 다양한 가족 구성원의 공감을 불러일으키기 어렵기 때문입니다. 그래서 이 도움글은 생활 속에서 누구나 공감할 수 있는 예화를 싣는 것이 중요하고, 이 글만 읽어보아도 큰 은혜가 될 수 있도록 예화 선정과 문장 구성에 있어 정성을 들였습니다.

그리고 함께 생각하기를 다 읽은 후에는 다음 단계로 바로 넘어가지 말고 이 글을 읽은 느낌이 어떠했는지 그 느낀 점을 서로 말해보는 것도 좋습니다. 다만, 본 메뉴를 즐기기 위한 전채 음식에 비유되는 순서이므로 너무 많은 시간을 할애하거나 지나치게 무거운 토론으로 흐르지 않도록 하는 것이 좋습니다.

4. 함께 관찰하기

'함께 관찰하기'는 본문 가운데서 중요한 구절들을 익히기 위해서 네모 표(□) 안에 적당한 말을 찾아 넣는 단계입니다. 이것은 하나도 어렵지 않은 작업인데 그냥 정답을 찾아본다는 마음으로 하지 말고 이

런 작업을 통해서 하나님께서 우리에게 말씀하시는 음성을 들어야 하는 것입니다. 찾은 말씀을 잘 각인시키기 위해서 어린 자녀들의 경우에는 퀴즈처럼 흥미롭게 진행하는 것도 좋은 방법입니다.

5. 함께 나눠보기

'함께 나눠보기'는 제시된 2개의 질문을 두고 서로의 생각과 느낀 점을 함께 나눠보는 것입니다. 이렇게 함께 나누고 이야기할 때 하나님의 뜻이 우리 안에 각인되고 이때 믿음이 강한 사람이 믿음이 약한 사람에게 좋은 믿음의 영향력을 끼칠 수가 있게 되는 것입니다.

두 개의 질문 중에서 첫 번째 질문은 개인적이면서도 구체적인 사례를 떠올리기 쉽도록 질문하는 것이므로 일상의 사건, 경험을 아주 깊이 생각하지 않아도 쉽게 이야기를 꺼낼 수 있도록 하였습니다. 두 번째 질문은 첫 번째 질문을 통해 나눈 내용을 디딤돌 삼아 조금 더 깊은 묵상과 적용으로 나아가도록 이끌어 주는 질문입니다. 이 질문들은 가장 중요한 본문의 핵심 주제와 정신을 담고 있으면서 가정의 변화와 회복, 은혜 안에서의 성장을 추구하도록 방향을 제시하고 격려하는 것이 질문 작성의 원리입니다. 그런데 이때 내 생각을 무조건 강압적으로 강요하지 말고 서로 나누는 마음으로, 좋은 말로 부드럽게 애정을 가지고 서로 대화하며 나누는 것이 필요합니다.

사실은 각각의 생각을 나눈다는 차원에서 바로 이 항목, '함께 나눠보기'가 가정예배에 있어 가장 중요한 핵심 항목이라 할 수 있습니다. 이 나눔을 통하여 서로 간의 생각을 공유할 수 있고 나아가 가족 간에 공감을 불러일으킬 수도 있습니다. 그리고 서로가 어떤 생각을 하고 있

는지, 혹은 어떤 고민이 있는지를 함께 나눌 수 있어서 바로 이 대화의 시간을 잘 활용하면 자녀에게 신앙의 가치관을 잘 심어줄 수 있고 문제의 해결까지도 할 수 있게 되는 것입니다.

그렇게 서로 나눈 다음에는 그 밑에 오늘 말씀의 핵심 설명이 있는데 그것을 함께 읽습니다. 바로 이 설명문이 어쩌면 그날 가정예배의 핵심 내용을 담고 있다고 할 수 있습니다. 이 글을 통해 본문의 핵심 정신과 주제, 묵상과 적용을 종합적으로 정리할 수 있도록 하였습니다. 바로 이 설명문이 오늘의 본문이 전해주는 가장 중요한 핵심 가치관을 설명하고 있기에 또박또박 정독하며 읽도록 하는 것이 좋습니다.

6. 함께 기도하기

'함께 기도하기'는 앞서 나눈 내용들을 가지고 함께 기도하며 하나님의 도우심을 구하는 시간입니다. 기도문을 함께 읽으며 기도하는 것도 좋고 인도자가 대표로 읽거나 혹은 자녀들이 읽도록 하는 것도 좋습니다. 제시된 기도문 외에 주기도문으로 기도하는 것도 좋은 방법입니다.

7. 함께 축복하기

가정예배의 마지막 순서는 '함께 축복하기'입니다. 가정예배문에 제시된 악보를 가지고 찬양을 부르는데 이때 가족 상호 간에 사랑의 눈빛을 교환하며 서로 안아주고 좋은 말로 축복을 해주면 참 좋겠습니다. 가족을 향한 축복의 말은 반드시 이루어진다는 것을 믿어야 합니다. 우리가 축복할 때 사람이 변화되고 축복할 때 힘이 생기고 축복할 때 살

소망이 넘쳐나게 되는 것입니다.

함께 축복하기는 누구나 아는 쉬운 복음성가 중에서 축복의 내용을 담은 두 소절(8마디) 정도의 찬양을 선정하여 수록하였습니다. 이 찬양은 익숙한 곡으로 축복의 마음을 충분히 전달할 수 있도록 너무 자주 바꾸지 말고 분기에 한 번씩 바꾸는 정도로 구성하였습니다.

그리고 이렇게 축복의 시간을 가진 후에는 마지막으로 오늘 말씀에서 가장 중요한 성경 요절을 암송하도록 하면 좋습니다. 가족들이 함께 암송해도 좋겠고 혹은 흩어져서 암송하도록 해도 좋을 것입니다. 무슨 수를 써서라도 꼭 암송시키는 것이 필요합니다. 왜냐하면 이렇게 암송해 놓은 구절은 우리가 살아갈 때 정말 피가 되고 살이 되는 너무나 중요한 말씀이 되기 때문입니다. 그러므로 자녀들을 사랑한다면 꼭 말씀을 암송시켜야 합니다.

가정예배를 다 드린 후에는 '우리집 가정예배 일지'에 일시와 참석자를 기록하고, 현재 각 가족 구성원이 기도하고 있는 구체적인 기도 제목을 메모하도록 하였습니다. 이로써 응답된 내용, 하나님의 구체적인 인도하심을 경험한 게 있다면 서로 나눌 수 있도록 구성하였습니다. 기도 제목과 응답 내용을 기록하는 것은 실생활에서 하나님과 동행하는 매우 실제적이고 구체적인 훈련이자, 우리 가정을 신실하게 인도하시는 하나님의 놀라운 은혜를 기억하게 만드는 참 중요한 도구입니다.

PART_1

분열왕조시대

>> 엘리사와 나아만 왕하 5:8~14

회복되어
깨끗하게 되었더라

001

1. 함께 찬양하기   찬송가 549장

〈 내 주여 뜻대로 〉

1) 내 주여 뜻대로 행하시옵소서 온몸과 영혼을 다 주께 드리니
   이 세상 고락간 주 인도하시고 날 주관하셔서 뜻대로 하소서
2) 내 주여 뜻대로 행하시옵소서 큰 근심 중에도 낙심케 마소서
   주님도 때로는 울기도 하셨네 날 주관하셔서 뜻대로 하소서
3) 내 주여 뜻대로 행하시옵소서 내 모든 일들을 다 주께 맡기고
   저 천성 향하여 고요히 가리니 살든지 죽든지 뜻대로 하소서 (아멘)

2. 함께 본문 읽기   열왕기하 5:8-14

(8) 하나님의 사람 엘리사가 이스라엘 왕이 자기의 옷을 찢었다 함을 듣고 왕에게 보내 이르되 왕이 어찌하여 옷을 찢었나이까 그 사람을 내게로 오게 하소서 그가 이스라엘 중에 선지자가 있는 줄을 알리이다 하니라

(9) 나아만이 이에 말들과 병거들을 거느리고 이르러 엘리사의 집 문에 서니

(10) 엘리사가 사자를 그에게 보내 이르되 너는 가서 요단강에 몸을 일

곱 번 씻으라 네 살이 회복되어 깨끗하리라 하는지라
(11) 나아만이 노하여 물러가며 이르되 내 생각에는 그가 내게로 나와 서서 그의 하나님 여호와의 이름을 부르고 그의 손을 그 부위 위에 흔들어 나병을 고칠까 하였도다
(12) 다메섹 강 아바나와 바르발은 이스라엘 모든 강물보다 낫지 아니하냐 내가 거기서 몸을 씻으면 깨끗하게 되지 아니하랴 하고 몸을 돌려 분노하여 떠나니
(13) 그의 종들이 나아와서 말하여 이르되 내 아버지여 선지자가 당신에게 큰 일을 행하라 말하였더면 행하지 아니하였으리이까 하물며 당신에게 이르기를 씻어 깨끗하게 하라 함이리이까 하니
(14) 나아만이 이에 내려가서 하나님의 사람의 말대로 요단강에 일곱 번 몸을 잠그니 그의 살이 어린아이의 살같이 회복되어 깨끗하게 되었더라

 **3. 함께 생각하기**   인도자가 읽어줍니다

　함경남도 서호진이라는 어촌에 고기잡이배 40여 척을 가진 부유한 집안이 있었습니다. 그런데 어느 날 큰 폭풍을 만나 모든 배들이 침몰당하고 말았습니다. 가산을 다 잃은 가족들은 산속으로 들어가 화전민 생활을 하려고 하였습니다. 그때 마침 그곳을 방문한 선교사님이 그들의 딱한 사정을 듣고서 그 집의 어린 아들을 자신이 데려가 머슴으로 삼아 키우겠다고 하였습니다.
　부잣집 아들로 자란 소년이 하루아침에 머슴이 되어 남을 섬기는 것은 너무나 힘이 들었습니다. 고된 일과 외로움으로 눈물 흘릴 때도 많

았습니다. 그러나 소년은 선교사님의 말씀에 불평 한마디 없이 늘 순종함으로 섬겼습니다. 한번은 선교사님의 집에 큰 불이 난 적이 있었는데 그때 소년은 죽음을 무릅쓰고 불길 속으로 뛰어 들어가 선교사님을 구출해내기도 하였습니다.

선교사님은 이렇게 순종 잘하는 소년을 자신의 양아들로 삼았습니다. 그리고 그를 연희전문학교와 평양신학교에 보내서 공부하게 하였습니다. 뿐만 아니라 일본과 미국으로 유학도 보내주었습니다. 그 소년이 바로 우리나라 최초의 신학박사이자 남대문교회의 담임목사를 지내고, 대한신학교를 창설한 김치선 목사님입니다. 순종이 한 소년의 인생을 바꾸었습니다.

4. 함께 관찰하기   성경 본문을 보며 빈칸을 채웁니다

① 엘리사가 ☐☐를 그에게 보내 이르되 너는 가서 ☐☐☐에 몸을 ☐☐ 번 씻으라 네 살이 회복되어 깨끗하리라 하는지라

② 그의 종들이 나아와서 말하여 이르되 내 ☐☐☐여 선지자가 당신에게 ☐ ☐을 행하라 말하였더면 행하지 아니하였으리이까 하물며 당신에게 이르기를 ☐☐ ☐☐하게 하라 함이리이까 하니

③ 나아만이 이에 내려가서 ☐☐☐의 사람의 말대로 요단강에 ☐☐ 번 몸을 잠그니 그의 살이 어린아이의 살같이 ☐☐되어 ☐☐하게 되었더라

 5. 함께 나누기   질문에 따라 묵상한 내용을 나눕니다

① 때때로 이해할 수 없는 말을 들었을 때 '뭔가 다른 뜻이 있겠지?' 라고 생각하며 순종했던 경험이 있으면 서로 나누어봅시다.

② 나아만이 엘리사의 말에 순종하여 나음을 입었는데, 하나님은 왜 순종하는 자에게 기적을 베푸시는지 서로 나누어봅시다.

이스라엘의 북쪽에 있는 아람 나라의 군대장관 나아만은 큰 용사였지만 나병환자였습니다. 나병은 감염 부위가 썩어 떨어져나가기도 하며 시력을 잃기도 하는 무서운 병입니다. 이런 병에 걸린 나아만은 너무 힘들고 고통스러워 회복되기를 간절히 바랬는데, 그런 중에 나아만은 북이스라엘 사마리아에 있는 엘리사 선지자의 소식을 전해 듣고 왕의 허락을 받아 나병을 고치기 위해 사마리아로 오게 되었습니다.

나아만이 엘리사의 집 문 앞에 이르렀을 때에 엘리사는 내다보지도 않고 다만 사람을 보내어 나아만에게 요단강에 가서 몸을 일곱 번 씻으라고 전하였습니다. 나아만은 엘리사가 나와 보지도 않고 요단강에 가서 씻으라고만 하니 크게 분노하여 돌아가려 하였습니다. 그러나 그때 지혜로운 종의 만류로 나아만은 엘리사의 말에 순종하였고 요단강에 가서 일곱 번 씻었을 때 놀랍게도 그의 나병이 깨끗하게 나았습니다.

우리 믿음의 삶에 있어서 가장 중요한 속성 한 가지는 바로 하나님께 순종하는 것입니다. 나아만의 치유 사건은 이방 나라의 군대 장관일지라도 하나님께 순종할 때 하나님의 은총이 임한다는 사실을 알려주고 있습니다. 이스라엘 민족이나 이방 민족이나 하나님께 나아가 순종할

때에 은혜 받고 치유 받고 구원받을 수 있습니다. 우리도 날마다 하나님 말씀에 순종하는 참 믿음의 삶을 살아가야 하겠습니다.

6. 함께 기도하기   마무리하며 함께 기도합니다

하나님 아버지! 우리에게 날마다 생명의 말씀을 들려주시니 참 감사를 드립니다. 우리 가정이 하나님의 말씀에 늘 순종하는 가정이 되게 하여 주시옵소서. 그리하여 하나님께서 주시는 하늘의 신령한 은혜와 땅 위의 기름진 복을 다 받아 누릴 수 있도록 역사하여 주시옵소서. 예수님의 이름으로 기도드립니다. (아멘)

7. 함께 축복하기   찬양하며 서로를 축복합니다

[좋으신 하나님]

오늘의 암송구절   열왕기하 5:14

나아만이 이에 내려가서 하나님의 사람의 말대로 요단강에 일곱 번 몸을 잠그니 그의 살이 어린아이의 살같이 회복되어 깨끗하게 되었더라

우리집 가정예배 일지

일 시	참석자
기도제목 · 응답내용	

>> 히스기야의 기도　왕하 20:1~7

네 기도와 눈물을 보았노라

002

1. 함께 찬양하기　　　　　찬송가 365장

〈 마음속에 근심 있는 사람 〉

1) 마음속에 근심 있는 사람 주 예수 앞에 다 아뢰어라
　슬픈 마음 있을 때에라도 주 예수께 아뢰라
2) 눈물 나며 깊은 한숨 쉴 때 주 예수 앞에 다 아뢰어라
　은밀한 죄 네게 있더라도 주 예수께 아뢰라
3) 괴로움과 두려움 있을 때 주 예수 앞에 다 아뢰어라
　내일 일을 염려하지 말고 주 예수께 아뢰라
4) 죽음 앞에 겁을 내는 자여 주 예수 앞에 다 아뢰어라
　하늘나라 바라보는 자여 주 예수께 아뢰라
후렴) 주 예수 앞에 다 아뢰어라 주 우리의 친구니
　무엇이나 근심하지 말고 주 예수께 아뢰라

2. 함께 본문 읽기　　　　　열왕기하 20:1-7

(1) 그 때에 히스기야가 병들어 죽게 되매 아모스의 아들 선지자 이사야가 그에게 나아와서 그에게 이르되 여호와의 말씀이 너는 집을 정리하라 네가 죽고 살지 못하리라 하셨나이다
(2) 히스기야가 낯을 벽으로 향하고 여호와께 기도하여 이르되

(3) 여호와여 구하오니 내가 진실과 전심으로 주 앞에 행하며 주께서 보시기에 선하게 행한 것을 기억하옵소서 하고 히스기야가 심히 통곡하더라

(4) 이사야가 성읍 가운데까지도 이르기 전에 여호와의 말씀이 그에게 임하여 이르시되

(5) 너는 돌아가서 내 백성의 주권자 히스기야에게 이르기를 왕의 조상 다윗의 하나님 여호와의 말씀이 내가 네 기도를 들었고 네 눈물을 보았노라 내가 너를 낫게 하리니 네가 삼 일 만에 여호와의 성전에 올라가겠고

(6) 내가 네 날에 십오 년을 더할 것이며 내가 너와 이 성을 앗수르 왕의 손에서 구원하고 내가 나를 위하고 또 내 종 다윗을 위하므로 이 성을 보호하리라 하셨다 하라 하셨더라

(7) 이사야가 이르되 무화과 반죽을 가져오라 하매 무리가 가져다가 그 상처에 놓으니 나으니라

3. 함께 생각하기   인도자가 읽어줍니다

「당신도 산을 옮길 수 있다」라는 책을 쓴 케네스 헤이긴 목사님이 부흥회를 인도할 때의 일입니다. 첫째 날 집회가 끝난 후 한 여인이 그에게 다가와 이렇게 말하였습니다.

"목사님! 저를 위해 기도해 주세요."

이에 헤이긴 목사는 무엇을 위해 기도해 드릴지 그녀에게 구체적으로 물어보았고, 그녀는 자신이 치유를 받아야 한다며 믿음을 갖도록 기도해 달라고 요청하였습니다. 이 이야기를 들은 헤이긴 목사님은 "그

렇게는 못하겠습니다"라고 말하였습니다. 그녀는 당황하며 왜 자신을 위해 기도해 주지 않느냐며 되물었습니다. 그때 목사님은 다시 이렇게 대답하였습니다.

"자매님은 신자이시죠? 그런데 믿음이 없는 신자가 있을 수 있나요? 어떻게 믿음이 없는데 신자가 될 수 있을까요? 저는 자매님이 믿음을 갖게 해 달라고 기도할 필요가 전혀 없습니다. 왜냐하면 자매님은 이미 믿음을 갖고 있기 때문이지요. 자매님이 갖고 있는 믿음을 사용하시기만 하면 됩니다."

우리는 이미 하나님을 믿고 구원받은 자들입니다. 그러므로 우리는 이 믿음을 사용하기만 하면 되는 것입니다. 우리가 이 믿음을 사용하여 하나님께 간절히 기도하면 하나님은 우리의 기도에 반드시 응답하여 주실 것입니다.

 **4. 함께 관찰하기** 　성경 본문을 보며 빈칸을 채웁니다

① 여호와여 구하오니 내가 ☐☐과 ☐☐으로 주 앞에 행하며 주께서 보시기에 ☐☐☐ 행한 것을 ☐☐하옵소서 하고 히스기야가 심히 ☐☐하더라

② 너는 돌아가서 내 백성의 주권자 ☐☐☐☐에게 이르기를 왕의 조상 ☐☐의 하나님 여호와의 말씀이 내가 네 ☐☐를 들었고 네 ☐☐을 보았노라 내가 너를 ☐☐ 하리니 네가 삼 일 만에 여호와의 ☐☐에 올라가겠고

③ 이사야가 이르되 ☐☐☐ ☐☐을 가져오라 하매 무리가 가져다가 그 ☐☐에 놓으니 나으니라

 **5. 함께 나누기** 질문에 따라 묵상한 내용을 나눕니다

① 자신이 감당할 수 없는 어려운 일이 생겼을 때 하나님께 기도하여 해결된 경험을 생각해 보고 서로 나누어봅시다.

② 병이 낫기를 서로 기도하고, 의인의 간구는 역사하는 힘이 크다(약 5:16)는 말씀을 따라 연약한 사람을 위해 간절히 기도합시다.

히스기야는 다윗 이후에 남북 왕조를 통틀어서 가장 탁월한 왕으로 평가됩니다. 그는 자신의 아버지 아하스 왕이 취하였던 친앗수르 정책과 우상숭배를 본받지 않고 다윗처럼 정직하게 행했던 왕으로서 종교개혁에 온 힘을 쏟았습니다. 무엇보다 그는 여러 위험이 다가올 때마다 하나님께 기도하여 도우심을 구할 줄 아는 왕이었습니다.

그런데 이렇게 훌륭한 히스기야 왕에게도 힘든 시련이 찾아왔는데 그가 큰 병이 들어 죽게 되었던 것입니다. 이사야 선지자는 그에게 하나님의 말씀을 따라 집을 정리하라고 전하였습니다. 이 말을 들은 히스기야는 낯을 벽으로 향하고 하나님께 간절히 기도하며 통곡하였습니다. 그는 하나님께 모든 것을 다 맡기며 자신이 '진실'과 '전심'으로 행한 것을 기억해 달라고 탄원하며 간절히 기도하였습니다.

하나님은 그의 간절한 기도에 마침내 응답하여 주셨습니다. 하나님은 이사야를 다시 보내셔서 이렇게 말씀하셨습니다. "내가 네 기도를 들었고, 네 눈물을 보았노라. 내가 너를 낫게 하리니"(5절). 이 말씀대로 하나님은 그의 기도를 들으시고 그의 생명을 15년이나 더 연장시켜 주셨습니다. 하나님은 우리의 기도에도 반드시 응답하십니다. 바로 이

사실을 확신하고 날마다 기도하여 응답받는 성도들이 되시기 바랍니다. 기도는 우리 영혼의 호흡이며 축복의 통로입니다.

6. 함께 기도하기 마무리하며 함께 기도합니다

> 사랑의 하나님 아버지! 날마다 우리를 살피시고 보호하시고 섭리하여 주시니 진심으로 감사를 드립니다. 때때로 우리의 삶에 힘든 일이 있을 때 가장 먼저 하나님께 기도할 줄 아는 사람이 되게 하여 주시고, 그 기도가 반드시 응답될 것을 분명히 믿게 도와주시옵소서. 예수님의 이름으로 기도드립니다. (아멘)

7. 함께 축복하기 찬양하며 서로를 축복합니다

[좋으신 하나님]

오늘의 암송구절
열왕기하 20:5a

> 너는 돌아가서 내 백성의 주권자 히스기야에게 이르기를 왕의 조상 다윗의 하나님 여호와의 말씀이 내가 네 기도를 들었고 네 눈물을 보았노라

우리집 가정예배 일지

일 시	참석자
기도제목 · 응답내용	

>> 요시야의 종교개혁 왕하 22:3~13

곧 그의 옷을 찢으니라

003

1. 함께 찬양하기   찬송가 285장

〈 주의 말씀 받은 그 날 〉

1) 주의 말씀 받은 그 날 참 기쁘고 복 되도다
  이 기쁜 맘 못 이겨서 온 세상에 전하노라
2) 이 좋은 날 내 천한 몸 새 사람이 되었으니
  이 몸과 맘 다 바쳐서 영광의 주 늘 섬기리
3) 새 사람 된 그 날부터 평안한 맘 늘 있어서
  이 복된 말 전하는 일 나의 본분 삼았도다
후렴) 기쁜 날 기쁜 날 주 나의 죄 다 씻은 날
  늘 깨어서 기도하고 늘 기쁘게 살아가리
  기쁜 날 기쁜 날 주 나의 죄 다 씻은 날(아멘)

2. 함께 본문 읽기   열왕기하 22:8-13

(8) 대제사장 힐기야가 서기관 사반에게 이르되 내가 여호와의 성전에서 율법책을 발견하였노라 하고 힐기야가 그 책을 사반에게 주니 사반이 읽으니라

(9) 서기관 사반이 왕에게 돌아가서 보고하여 이르되 왕의 신복들이 성

전에서 찾아낸 돈을 쏟아 여호와의 성전을 맡은 감독자의 손에 맡겼나이다 하고

(10) 또 서기관 사반이 왕에게 말하여 이르되 제사장 힐기야가 내게 책을 주더이다 하고 사반이 왕의 앞에서 읽으매

(11) 왕이 율법책의 말을 듣자 곧 그의 옷을 찢으니라

(12) 왕이 제사장 힐기야와 사반의 아들 아히감과 미가야의 아들 악볼과 서기관 사반과 왕의 시종 아사야에게 명령하여 이르되

(13) 너희는 가서 나와 백성과 온 유다를 위하여 이 발견한 책의 말씀에 대하여 여호와께 물으라 우리 조상들이 이 책의 말씀을 듣지 아니하며 이 책에 우리를 위하여 기록된 모든 것을 행하지 아니하였으므로 여호와께서 우리에게 내리신 진노가 크도다

3. 함께 생각하기   인도자가 읽어줍니다

어느 작은 마을에 앞을 보지 못하는 두 자녀를 둔 가정이 이사를 왔습니다. 아이들의 어머니는 매일 아침 두 아이를 데리고 학교로 가는 길을 설명하며 함께 걸었습니다.

"얘야! 여기는 철조망이 있어서 항상 조심해야 해."

"이쪽은 길이 굽어 있단다."

"여기는 길이 두 갈래인데 오른쪽은 차도니까 조심해야 한다."

얼마 동안 학교로 가는 길을 배운 아이들은 엄마가 더 이상 따라가지 않아도 학교에 갈 수 있게 되었습니다. 그런데 두 자녀 중 다니엘이란 아이는 어렴풋하게나마 앞을 볼 수 있었기 때문에 엄마의 말을 소홀히 여겼습니다. 반면에 앞을 전혀 보지 못하는 게일은 엄마의 말이 생명이

고 빚인 것처럼 잘 기억하였습니다.

어느 날 아침 짙은 안개가 그 마을을 덮었습니다. 그동안 약간의 시력으로 자신만만하게 걸어갔던 다니엘은 짙은 안개 속에서 조금도 앞으로 걸어 나갈 수 없었습니다. 그러나 게일은 안개와 상관없이 앞으로 걸어 나갈 수 있었습니다. 엄마의 말씀을 기억하며 그 말씀대로 발을 옮겨 놓으면 되었기 때문입니다.

하나님의 말씀을 듣는다는 것도 이와 같습니다. 자신의 지혜나 능력을 의지하는 것이 아니라 주신 말씀 그대로를 마음에 새길 줄 알아야 합니다. 말씀 그대로 살아가는 것이 모든 시험과 환난을 이기는 유일한 방법임을 기억하시기를 바랍니다.

 **4. 함께 관찰하기** 성경 본문을 보며 빈칸을 채웁니다

① 대제사장 ☐☐☐가 서기관 ☐☐에게 이르되 내가 여호와의 성전에서 ☐☐☐을 ☐☐하였노라 하고 힐기야가 그 책을 사반에게 주니 사반이 ☐☐☐☐

② 왕이 ☐☐☐의 말을 듣자 곧 그의 ▫을 찢으니라

③ 너희는 가서 ☐와 ☐☐과 온 ☐☐를 위하여 이 발견한 책의 말씀에 대하여 여호와께 ☐☐☐ 우리 조상들이 이 책의 말씀을 ☐☐ 아니하며 이 책에 우리를 위하여 기록된 모든 것을 ☐☐ 아니하였으므로 여호와께서 우리에게 내리신 ☐☐가 크도다

5. 함께 나누기  질문에 따라 묵상한 내용을 나눕니다

① 여호와께서 보시기에 악한 왕과 선한 왕은 어떠한 차이가 있는지 생각해 보고 함께 나누어 봅시다.

② 본문 말씀에 비추어 볼 때 나의 믿음의 삶에 있어서 꼭 고쳐야 할 점이 무엇인지 생각해 보고 함께 나누어 봅시다.

남 유다 제14대 므낫세 왕은 바알과 아세라를 섬기는 우상숭배에 더하여 자식을 불태워 제사하는 몰록 숭배까지 서슴지 않았습니다. 또한 포악한 성정으로 무죄한 자의 피를 많이 흘리기도 하였습니다. 제15대 아몬 왕도 불과 2년밖에 통치하지 못하였는데 여호와께서 보시기에 악을 행하다가 신하들이 일으킨 궁중 반란으로 살해당하고 말았습니다.

그러나 요시야는 그 조부 므낫세나 부친 아몬과는 다르게 다윗 왕조에 있어서 가장 선했던 마지막 왕이었습니다. 그는 우상숭배를 척결하고 여호와 신앙을 회복시키는 종교개혁을 크게 불러일으켰습니다. 또한 유월절 준수를 크게 강조하였는데 유월절을 회복하여 민족의 출발이 바로 하나님의 은혜였음을 백성들에게 분명히 알게 하였습니다.

그런데 요시야의 대대적인 종교개혁은 여호와의 성전에서 율법책을 발견하고 그 말씀에 비추어 옷을 찢으며 회개한 결과라 할 수 있습니다. 율법책을 통하여 나라를 온전히 개혁한 요시야에 대하여 성경은 마음을 다하며 뜻을 다하며 힘을 다하여 모세와 모든 율법을 따라 여호와께로 돌이킨 왕은 요시야 전에도 없었고 후에도 없었더라고 평가하고 있습니다. 결국 종교개혁은 오직 하나님의 말씀으로 말미암는 것이고

우리가 말씀을 읽고 묵상하여 그 가운데 기록된 대로 다 지켜 행할 때에 온전한 삶의 개혁이 이루어지는 것임을 알 수 있습니다.

6. 함께 기도하기   마무리하며 함께 기도합니다

지금 여기 우리와 함께 하시는 하나님 아버지! 날마다 우리에게 말씀하여 주시니 참으로 감사드립니다. 우리가 하나님의 말씀을 온전히 붙잡고 몸부림을 치며 그 말씀대로 살아가게 하여 주옵소서. 삶의 거룩한 개혁을 이룰 수 있도록 우리를 도와주옵소서. 우리의 구원과 소망이 되시는 예수님의 이름으로 기도드립니다. (아멘)

7. 함께 축복하기   찬양하며 서로를 축복합니다

[좋으신 하나님]

오늘의 암송구절
열왕기하 22:10-11

> 또 서기관 사반이 왕에게 말하여 이르되 제사장 힐기야가 내게 책을 주더이다 하고 사반이 왕의 앞에서 읽으매 왕이 율법책의 말을 듣자 곧 그의 옷을 찢으니라

우리집 가정예배 일지

일시	참석자
기도제목 · 응답내용	

Part 1. 분열왕조시대 | 055

>> 왕국의 멸망   왕하 25:1~7

바벨론으로 끌고 갔더라

004

1. 함께 찬양하기   찬송가 310장

〈 아 하나님의 은혜로 〉

1) 아 하나님의 은혜로 이 쓸데없는 자
   왜 구속하여 주는지 난 알 수 없도다
2) 왜 내게 굳센 믿음과 또 복음 주셔서
   내 맘이 항상 편한지 난 알 수 없도다
3) 왜 내게 성령 주셔서 내 마음 감동해
   주 예수 믿게 하는지 난 알 수 없도다
후렴) 내가 믿고 또 의지함은 내 모든 형편 아시는 주님
   늘 보호해 주실 것을 나는 확실히 아네

2. 함께 본문 읽기   열왕기하 25:1-7

(1) 시드기야 제구년 열째 달 십일에 바벨론의 왕 느부갓네살이 그의 모든 군대를 거느리고 예루살렘을 치러 올라와서 그 성에 대하여 진을 치고 주위에 토성을 쌓으매
(2) 그 성이 시드기야 왕 제십일년까지 포위되었더라

(3) 그 해 넷째 달 구일에 성 중에 기근이 심하여 그 땅 백성의 양식이 떨어졌더라
(4) 그 성벽이 파괴되매 모든 군사가 밤중에 두 성벽 사이 왕의 동산 곁 문 길로 도망하여 갈대아인들이 그 성읍을 에워쌌으므로 그가 아라바 길로 가더니
(5) 갈대아 군대가 그 왕을 뒤쫓아가서 여리고 평지에서 그를 따라 잡으매 왕의 모든 군대가 그를 떠나 흩어진지라
(6) 그들이 왕을 사로잡아 그를 립나에 있는 바벨론 왕에게로 끌고 가매 그들이 그를 심문하니라
(7) 그들이 시드기야의 아들들을 그의 눈앞에서 죽이고 시드기야의 두 눈을 빼고 놋 사슬로 그를 결박하여 바벨론으로 끌고 갔더라

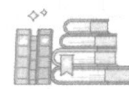 3. 함께 생각하기   인도자가 읽어줍니다

　세계적인 전도자 빌리 그래함 목사님과 평생을 동역한 조지 베브리 쉐아(George B. Shea, 1909~2013)라는 복음성가 가수가 있습니다. 그는 보험회사 세일즈맨으로 일하던 중 우연히 한 라디오 방송에서 노래할 수 있는 기회를 얻게 되었습니다. 그의 노래는 많은 사람들의 마음을 매료시켰고 그는 일순간 유명 스타가 되어 출세와 돈이 보장된 길을 걷게 되었습니다.
　그러나 시간이 갈수록 그의 마음에는 기쁨보다는 믿음의 삶을 위협하는 세상적인 유혹으로 인한 두려움이 크게 밀려왔습니다. 그래서 그는 조용히 머리 숙여 하나님의 도움을 구하는 기도를 하였습니다. 그때

하나님은 그의 믿음을 다시금 굳게 세워 주셨고, 그는 믿음의 고백을 담아 마음에서 울려 나오는 멜로디를 종이에 써 내려갔습니다.

"주 예수보다 더 귀한 것은 없네. 이 세상 부귀와 바꿀 수 없네. 영죽을 내 대신 돌아가신 그 놀라운 사랑 잊지 못해. 세상 즐거움 다 버리고 세상 자랑 다 버렸네. 주 예수보다 더 귀한 것은 없네. 예수밖에는 없네." 바로 찬송가 94장입니다. 세상적인 유혹 앞에 우리는 언제나 이러한 고백으로 남은 자의 삶을 살아야 하겠습니다. "주 예수보다 더 귀한 것은 없네."

 **4. 함께 관찰하기** 성경 본문을 보며 빈칸을 채웁니다

① 시드기야 제구년 열째 달 십일에 바벨론의 왕 □□□□□ 이 그의 □□ □□를 거느리고 □□□□을 치러 올라와서 그 성에 대하여 □을 치고 주위에 □□을 쌓으매

② 그들이 □을 사로잡아 그를 립나에 있는 □□□ 왕에게로 끌고 가매 그들이 그를 □□하니라

③ 그들이 시드기야의 □□□을 그의 눈앞에서 □□□□ □□□의 두 눈을 빼고 놋 사슬로 그를 □□하여 □□ □으로 끌고 갔더라

5. 함께 나누기 질문에 따라 묵상한 내용을 나눕니다

① 어떤 결정을 내려야 할 순간에 믿음의 선택을 하지 못해 나중에 후회한 경험을 생각해 보고 서로 이야기해 봅시다.

② 하나님은 심판 중에도 반드시 남은 자(remnant)를 세우십니다. 이 시대의 남은 자로 어떠한 삶을 살아야 할지 서로 결단해 봅시다

   북왕국 이스라엘이 앗수르에 의해서 멸망 당한 후, 남왕국 유다는 135년 더 존속하다가 세 차례에 걸쳐 바벨론 제국의 침공을 당하였습니다. 3차 침공 때에 예루살렘 성은 완전히 함락되었고, 시드기야 왕을 비롯한 대부분의 백성들은 바벨론에 포로로 끌려갔습니다. 이로써 남왕국 유다는 주전 586년에 완전히 멸망하고 말았습니다.

   더욱더 안타까운 것은 하나님 임재의 상징인 예루살렘 성전마저도 철저히 약탈당하고 말았습니다. 이것은 하나님께서 지켜주시지 아니하면 아무리 견고한 성벽도 우리의 안전보장이 되지 못하며, 성전마저도 하나님이 떠나시면 아무 소용이 없다는 사실을 극명하게 보여주는 것입니다.

   이스라엘의 왕들과 그 백성들은 하나님께서 택해주신 대로 신정 왕국의 왕과 백성답게 살아야 했습니다. 그러나 그들은 우상숭배를 일삼고 죄악을 밥 먹듯이 하다가 결국 하나님의 심판을 받아 멸망 당하고 말았습니다. 열왕기 역사는 나라가 멸망한 직후에 왜 우리가 이렇게 되었는지를 깊이 반성하고, 그것은 하나님을 떠나 우상을 섬기며 죄악을 행했기 때문이라는 사실을 분명히 기록하고 있는 것입니다.

이제 우리는 이와 같은 열왕기 역사의 교훈을 분명히 기억하고 이 시대의 남은 자(remnant)가 되어서 오직 하나님과 관계하며 하나님의 뜻을 이루며 살아가는 성도들이 되어야 하겠습니다.

6. 함께 기도하기 마무리하며 함께 기도합니다

사랑하는 하나님 아버지! 날마다 우리의 가정을 말씀으로 붙잡아 주시고 예배하는 가정으로 세워 주시니 감사합니다. 언제나 하나님을 향한 흔들리지 않는 믿음을 갖도록 인도하여 주옵소서. 또한 이 시대의 남은 자가 되어 오직 하나님만을 의지하며 그 뜻대로 살아가게 인도하여 주옵소서. 예수님의 이름으로 기도드립니다. (아멘)

7. 함께 축복하기 찬양하며 서로를 축복합니다

[사랑의 주님이]

오늘의 암송구절 열왕기하 25:7

그들이 시드기야의 아들들을 그의 눈앞에서 죽이고 시드기야의 두 눈을 빼고 놋 사슬로 그를 결박하여 바벨론으로 끌고 갔더라

우리집 가정예배 일지

일 시	참석자
기도제목 · 응답내용	

PART_2

역대기 역사

>> 야베스의 축복 대상 4:9~10

그가 구하는 것을 허락하셨더라

1. 함께 찬양하기 찬송가 369장

〈 죄 짐 맡은 우리 구주 〉

1) 죄 짐 맡은 우리 구주 어찌 좋은 친군지
   걱정 근심 무거운 짐 우리 주께 맡기세
   주께 고함 없는 고로 복을 받지 못하네
   사람들은 어찌하여 아뢸 줄을 모를까

2) 시험 걱정 모든 괴롬 없는 사람 누군가
   부질없이 낙심 말고 기도드려 아뢰세
   이런 진실하신 친구 찾아볼 수 있을까
   우리 약함 아시오니 어찌 아니 아뢸까

3) 근심 걱정 무거운 짐 아니진 자 누군가
   피난처는 우리 예수 주께 기도드리세
   세상 친구 멸시하고 너를 조롱하여도
   예수 품에 안기어서 참된 위로 받겠네 (아멘)

2. 함께 본문 읽기　　　　역대상 4:9-10

(9) 야베스는 그의 형제보다 귀중한 자라 그의 어머니가 이름하여 이르되 야베스라 하였으니 이는 내가 수고로이 낳았다 함이었더라

(10) 야베스가 이스라엘 하나님께 아뢰어 이르되 주께서 내게 복을 주시려거든 나의 지역을 넓히시고 주의 손으로 나를 도우사 나로 환난을 벗어나 내게 근심이 없게 하옵소서 하였더니 하나님이 그가 구하는 것을 허락하셨더라

3. 함께 생각하기　　　　인도자가 읽어줍니다

　　브루스 윌킨슨(Bruce Wilkinson) 목사님이 쓴 「야베스의 기도」에 나오는 이야기입니다. 존스라는 사람이 죽어서 천국을 가게 되었습니다. 그곳에 있던 베드로가 천국 여기저기를 안내해 주는데 한 이상하게 생긴 건물을 지나가게 되었습니다. 그 건물은 창문이 하나도 없고 오직 문 하나만 달랑 있었습니다. 베드로에게 간청을 해서 존스는 겨우 이 창고문을 열고 안으로 들어가 보았는데, 창고 안에는 수없이도 많은 선반들이 있었고 각 선반에는 빨간 리본이 묶여진 하얀 상자들이 깔끔하게 정돈되어 있었습니다.

　　그런데 이 상자들은 모두 앞에 사람들의 이름이 쓰여 있었기 때문에 존스는 자기 이름이 쓰인 상자를 열심히 찾게 되었습니다. 그러나 베드로는 할 수 있으면 존스가 자기 상자를 열어보지 않기를 바랬지만 존스는 참을 수가 없어서 자기 이름이 적힌 상자를 즉시 찾아 열게 되었습

니다. 존스가 열어 본 상자 안에는 그가 이 세상에 살고 있을 동안에 하나님께서 주시기 원했던 수없이 많은 복들이 가득 차 있었지만 존스는 한 번도 그 복을 구한 적이 없었던 것입니다.

윌킨슨은 이 예화를 통해 하나님께서 "구하라 그러면 너희에게 주실 것"(마 7:7)이라고 약속하셨는데 우리가 구하지 않기 때문에 이 땅에 사는 동안 마땅히 누려야 할 축복을 받지 못한다고 하였습니다.

 **4. 함께 관찰하기**   성경 본문을 보며 빈칸을 채웁니다

① 야베스는 그의 형제보다 □□한 자라 그의 어머니가 이름하여 이르되 □□□라 하였으니 이는 내가 □□□□ 낳았다 함이었더라

② 야베스가 이스라엘 하나님께 □□□ 이르되 주께서 내게 □을 주시려거든 나의 □□을 넓히시고 주의 □으로 나를 도우사 나로 □□을 벗어나 내게 □□이 없게 하옵소서 하였더니 하나님이 그가 구하는 것을 □□하셨더라

5. 함께 나누기 질문에 따라 묵상한 내용을 나눕니다

① '야베스' 란 이름은 '고통' 이라는 뜻을 지니고 있습니다. 우리 가족들의 이름은 어떤 의미를 가지고 있는지 서로 이야기해 봅시다.

② 야베스가 자기의 인생역전을 이룬 것은 기도 때문이었습니다. 그러면 나의 기도제목은 무엇인지 생각해보고 함께 나눠 봅시다.

역대상 1장에서 9장까지에는 아주 긴 족보가 나옵니다. 그것은 바벨론 포로생활 복역의 때를 마치고 돌아온 백성들에게 하나님의 언약이 계속해서 계승되고 있다는 사실을 알려주기 위함이었습니다. 이 족보에는 무려 500여 명의 인물들이 나타나고 있는데 그중에서 아주 특별하게 부연설명을 하고 있는 한 사람이 등장합니다. 그가 바로 야베스입니다.

야베스는 참 귀중한 자였습니다. 하지만 그의 어머니는 고통 중에 그를 낳았고 그래서 그의 이름을 '고통' 이라는 뜻을 가진 '야베스' 로 지어 불렀습니다. 이렇게 고통 중에 출생하여 고통의 삶을 살아가던 야베스가 참 귀중한 자가 된 것은 다름 아닌 바로 그의 '기도' 때문이었습니다.

야베스는 "주께서 내게 복을 주시려거든 나의 지역을 넓히시고 주의 손으로 나를 도우사 나로 환난을 벗어나 내게 근심이 없게 하옵소서"라고 기도하였고 하나님께서는 그가 구하는 것을 허락하여 주셨습니다. 야베스는 고통 중에 태어나서 고통 가운데 살았지만 하나님께 기도하여 인생역전을 이루고 하나님의 응답하심으로 귀중한 자가 된 것입니다.

기도는 우리의 인생을 바꾸는 가장 중요한 영적 도구입니다. 기도는 우리 영혼의 호흡이며 축복의 통로입니다. 기도야말로 하나님과 지속

적인 관계를 맺게 하는 가장 중요한 영적 도구입니다. 이 사실을 기억하고 날마다 하나님께 기도함으로써 귀중한 자의 삶을 살아가시기 바랍니다.

6. 함께 기도하기   마무리하며 함께 기도합니다

사랑이 많고 은혜가 풍성하신 하나님 아버지! 고통의 삶을 살았던 야베스가 기도하여 하나님의 응답하심으로 귀중한 자가 된 것처럼 우리도 하나님께 늘 기도하게 하여 주옵소서. 하나님과 동행하며 존귀한 인생을 살아갈 수 있도록 인도하여 주옵소서. 예수 그리스도의 이름으로 기도드립니다. (아멘)

7. 함께 축복하기   찬양하며 서로를 축복합니다

[사랑의 주님이]

오늘의 암송구절
역대상 4:10

> 야베스가 이스라엘 하나님께 아뢰어 이르되 주께서 내게 복을 주시려거든 나의 지역을 넓히시고 주의 손으로 나를 도우사 나로 환난을 벗어나 내게 근심이 없게 하옵소서 하였더니 하나님이 그가 구하는 것을 허락하셨더라

우리집 가정예배 일지

일 시	참석자
기도제목 · 응답내용	

>> 언약궤 안치　대상 15:25~29

여호와의 언약궤를 메어 올렸더라

006

1. 함께 찬양하기　　　　찬송가 545장

〈 이 눈에 아무 증거 아니 뵈어도 〉

1) 이 눈에 아무 증거 아니 뵈어도 믿음만을 가지고서 늘 걸으며
　이 귀에 아무 소리 아니 들려도 하나님의 약속 위에 서리라
2) 이 눈이 보기에는 어떠하든지 이미 얻은 증거대로 늘 믿으며
　이 맘에 의심 없이 살아갈 때에 우리 소원 주 안에서 이루리
3) 주님의 거룩함을 두고 맹세한 주 하나님 아버지는 참 미쁘다
　그 귀한 모든 약속 믿는 자에게 능치 못할 무슨 일이 있을까
후렴) 걸어가세 믿음 위에 서서 나가세 나가세 의심 버리고
　　　걸어가세 믿음 위에 서서 눈과 귀에 아무 증거 없어도

2. 함께 본문 읽기　　　　역대상 15:25-29

(25) 이에 다윗과 이스라엘 장로들과 천부장들이 가서 여호와의 언약궤를 즐거이 메고 오벧에돔의 집에서 올라왔는데
(26) 하나님이 여호와의 언약궤를 멘 레위 사람을 도우셨으므로 무리가 수송아지 일곱 마리와 숫양 일곱 마리로 제사를 드렸더라

(27) 다윗과 및 궤를 멘 레위 사람과 노래하는 자와 그의 우두머리 그나냐와 모든 노래하는 자도 다 세마포 겉옷을 입었으며 다윗은 또 베에봇을 입었고

(28) 이스라엘 무리는 크게 부르며 뿔나팔과 나팔을 불며 제금을 치며 비파와 수금을 힘있게 타며 여호와의 언약궤를 메어 올렸더라

(29) 여호와의 언약궤가 다윗 성으로 들어올 때에 사울의 딸 미갈이 창으로 내다보다가 다윗 왕이 춤추며 뛰노는 것을 보고 그 마음에 업신여겼더라

3. 함께 생각하기   인도자가 읽어줍니다

    1960년대 할리우드 스타 중에 마를린 몬로와 쌍벽을 이루었던 에반스 콜린이라는 여배우가 있었습니다. 그녀는 인기와 명예를 얻어 평생 부귀영화를 누릴 수 있었습니다. 그러나 에반스 콜린은 어느 날 갑자기 화려한 할리우드의 은막을 떠나겠다고 하였습니다. 그녀는 은퇴 기자 회견에서 "저는 지금 깊은 사랑에 빠져 있습니다. 그래서 이제 할리우드를 떠나려고 합니다"라고 하였습니다. 그러자 기자들이 몰려와서 그녀를 사랑에 빠지게 한 그 행운의 남자가 누구인지 물었습니다. 그러자 에반스 콜린은 "제가 그를 선택한 것이 아닙니다. 그분이 저를 선택한 것입니다. 그분은 바로 예수 그리스도이십니다. 저는 그분을 위해서 아프리카 선교사가 되려고 합니다"라고 대답하였습니다.

    이후에 콜린은 목사와 결혼하여 함께 아프리카 우간다의 선교사가 되었습니다. 오랜 시간이 지난 후에 빌리 그레이엄 목사가 그녀에게 물

었습니다.

"콜린! 할리우드의 명예와 인기를 포기하고 아프리카 선교사로 떠난 것이 후회되지는 않았습니까?"

그 말에 에반스 콜린은 환한 미소를 지으며 대답했습니다.

"목사님 후회라니요! 제가 선택한 선교사의 자리는 저에게 너무나 과분합니다. 영국 여왕의 자리와도 절대 바꿀 수 없는 귀중하고 보람된 자리입니다. 미국 대통령의 자리도 이 자리와는 절대로 정말 절대로 바꿀 수 없습니다."

 **4. 함께 관찰하기**   성경 본문을 보며 빈칸을 채웁니다

① 이에 ☐☐과 이스라엘 ☐☐들과 ☐☐☐들이 가서 여호와의 ☐☐☐를 즐거이 메고 ☐☐☐☐의 집에서 올라왔는데

② 하나님이 여호와의 언약궤를 멘 ☐☐ 사람을 도우셨으므로 무리가 수송아지 ☐☐ 마리와 숫양 ☐☐ 마리로 ☐☐를 드렸더라

③ 이스라엘 ☐☐는 크게 부르며 ☐☐☐과 나팔을 불며 제금을 치며 ☐☐와 ☐☐을 힘있게 타며 ☐☐☐의 ☐☐☐를 메어 올렸더라

 **5. 함께 나누기**　　질문에 따라 묵상한 내용을 나눕니다

① 어떤 상황에서든 첫 번째로 하는 일은 매우 의미가 있습니다. 첫 번째로 행했던 일 중에 잊히지 않는 경험을 서로 나누어봅시다.

② 다윗이 하나님의 언약궤를 예루살렘으로 메어 올린 것은 굉장한 일이었습니다. 그 일이 어떤 의미가 있는지 서로 나누어봅시다.1

　역대기 역사는 포로기 이후의 백성들을 위로하고 그들에게 새로운 비전을 심어주기 위해 미래지향적이고 제사장적인 관점에서 기록되었습니다. 그런 관점에서 이스라엘 역사 중에 특별히 모델이 될 만한 한 인물을 소개하고 있는데 그가 바로 다윗입니다. 즉 역대기의 주인공은 다윗인 것입니다. 그런 다윗이 왕이 된 후에 가장 먼저 행한 일은 하나님의 언약궤를 수도 예루살렘으로 운반해 와 안치하는 일이었습니다.

　언약궤는 출애굽 이후 줄곧 이스라엘과 함께 있었는데 사울 왕 통치기에 블레셋과의 전쟁에서 빼앗겼고 그 후에는 벧세메스 근교인 아비나답의 집에 무려 70년 동안 방치되어 있었습니다. 그 언약궤를 다윗이 예루살렘으로 모셔와 안치하였습니다. 이 일이 너무나 기쁘고 감사하여 다윗과 백성들은 세마포 겉옷을 입고 나팔을 불면서 기뻐하고 찬양하였습니다.

　언약궤는 그 이름에서 나타나고 있는 것처럼 하나님의 언약을 상징하는 성물이었습니다. 그래서 다윗은 이스라엘의 왕이 된 다음에 다른 모든 일들을 다 제쳐두고 언약궤를 예루살렘에 안치하는 일을 최우선적으로 행하였던 것입니다. 이것은 "나는 오직 하나님의 뜻을 받들어 통

치를 하겠다."는 결단이었습니다. 이스라엘 백성들을 하나님의 언약백성이 되도록 다스리게 하겠다는 결단이었습니다. 우리도 다윗처럼 오직 하나님 중심의 가치관을 마음에 확고히 새기고 살아가야 하겠습니다.

6. 함께 기도하기   마무리하며 함께 기도합니다

> 세상 모든 것을 창조하시고 다스리시는 하나님 아버지! 우리 가정을 지키시고 보호하시는 분이 하나님이심을 믿게 하여 주셔서 진심으로 감사드립니다. 우리 가정이 어떤 상황과 환경에 있든지 가장 먼저 하나님을 생각하는 하나님 중심의 신앙으로 살아가게 하여 주옵소서. 예수 그리스도의 이름으로 기도드립니다. (아멘)

7. 함께 축복하기   찬양하며 서로를 축복합니다

[사랑의 주님이]

 # 오늘의 암송구절　　　　　역대상 15:28

이스라엘 무리는 크게 부르며 뿔나팔과 나팔을 불며 제금을 치며 비파와 수금을 힘있게 타며 여호와의 언약궤를 메어 올렸더라

 # 우리집 가정예배 일지

일 시		참석자	
기도제목 • 응답내용			

>> 다윗의 감사   대상 29:10~19

여호와여 송축을 받으시옵소서

007

1. 함께 찬양하기   찬송가 301장

〈 지금까지 지내온 것 〉

1) 지금까지 지내온 것 주의 크신 은혜라 한이 없는 주의 사랑
   어찌 이루 말하랴 자나 깨나 주의 손이 항상 살펴 주시고
   모든 일을 주 안에서 형통하게 하시네
2) 몸도 맘도 연약하나 새 힘 받아 살았네 물 붓듯이 부으시는
   주의 은혜 족하다 사랑 없는 거리에나 험한 산길 헤맬 때
   주의 손을 굳게 잡고 찬송하며 가리라
3) 주님 다시 뵈올 날이 날로 날로 다가와 무거운 짐 주께 맡겨
   벗을 날도 멀잖네 나를 위해 예비하신 고향 집에 돌아가
   아버지의 품 안에서 영원토록 살리라

2. 함께 본문 읽기   역대상 29:10-16

(10) 다윗이 온 회중 앞에서 여호와를 송축하여 이르되 우리 조상 이스라엘의 하나님 여호와여 주는 영원부터 영원까지 송축을 받으시옵소서

(11) 여호와여 위대하심과 권능과 영광과 승리와 위엄이 다 주께 속하였

사오니 천지에 있는 것이 다 주의 것이로소이다 여호와여 주권도 주께 속하였사오니 주는 높으사 만물의 머리이심이니이다

(12) 부와 귀가 주께로 말미암고 또 주는 만물의 주재가 되사 손에 권세와 능력이 있사오니 모든 사람을 크게 하심과 강하게 하심이 주의 손에 있나이다

(13) 우리 하나님이여 이제 우리가 주께 감사하오며 주의 영화로운 이름을 찬양하나이다

(14) 나와 내 백성이 무엇이기에 이처럼 즐거운 마음으로 드릴 힘이 있었나이까 모든 것이 주께로 말미암았사오니 우리가 주의 손에서 받은 것으로 주께 드렸을 뿐이니이다

(15) 우리는 우리 조상들과 같이 주님 앞에서 이방 나그네와 거류민들이라 세상에 있는 날이 그림자 같아서 희망이 없나이다

(16) 우리 하나님 여호와여 우리가 주의 거룩한 이름을 위하여 성전을 건축하려고 미리 저축한 이 모든 물건이 다 주의 손에서 왔사오니 다 주의 것이니이다

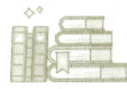 3. 함께 생각하기   인도자가 읽어줍니다

    대한민국에서 피겨 스케이팅을 이야기하면 누구나 전 국가대표 김연아 선수를 떠올리게 됩니다. 김연아 선수는 2010년 벤쿠버 동계올림픽에서 금메달을 따며 완벽한 연기로 전 세계의 극찬을 받았고 피겨 여왕으로 불리게 되었습니다. 하지만 그녀는 선수 시절 대내외적으로 열악한 지원을 받으며 힘든 시간을 가졌고 수많은 악플과 편파 판정까지 시달리며 많은 어려움을 겪어야 했습니다. 그럼에도 그녀가 최고의 선수

로 성장할 수 있었던 것은 분명한 롤모델을 가지고 있었기 때문입니다.

2010년 김연아 선수가 아이스쇼를 앞두고 기자회견을 하며 그 비결을 물었을 때 그녀는 "나만의 롤모델을 바라보면서 나아간 게 큰 힘이 됐습니다"라고 대답하였습니다. 그녀는 1998년 일본 나가노 올림픽 피겨 스케이팅 경기를 본 후 반드시 미쉘 콴과 같은 선수가 되겠다고 다짐하였습니다. 미쉘 콴은 세계 선수권 5회 우승, 전미 선수권 9회 우승을 차지한 미국 최고의 피겨 선수입니다. 김연아 선수는 미쉘 콴을 롤모델로 삼아 최선을 다하였던 것입니다.

포로기 이후 본토로 돌아온 이스라엘 백성들에게 역대기 역사는 다윗을 신앙의 모델로 제시하였습니다. 이스라엘 민족이 다윗의 신앙을 본받아서 참된 신앙을 회복한 것과 같이 우리도 다윗의 신앙을 본받아 참 아름다운 믿음의 삶을 살아가야 하겠습니다.

4. 함께 관찰하기   성경 본문을 보며 빈칸을 채웁니다

① 다윗이 온 회중 앞에서 여호와를 □□하여 이르되 우리 조상 □□□□의 하나님 여호와여 주는 □□부터 □□까지 □□을 받으시옵소서

② □와 □가 주께로 말미암고 또 주는 만물의 □□가 되사 손에 □□와 □□이 있사오니 모든 사람을 □□ 하심과 □□□ 하심이 주의 □에 있나이다

③ 우리 하나님 여호와여 우리가 주의 □□□ □□을 위하여 □□을 건축하려고 미리 □□한 이 모든 물건이 다 □□ □에서 왔사오니 다 □□ □이니이다

 **5. 함께 나누기** 질문에 따라 묵상한 내용을 나눕니다

① 다윗은 포로기 이후 백성들의 신앙 모델이었습니다. 나의 롤모델은 누구이며 왜 그렇게 생각하는지 서로 나누어봅시다.

② 나의 삶 가운데 오직 하나님의 은혜로 된 것임을 고백하는 감사의 내용을 생각해 보고 서로 나누어봅시다.

역대기 역사는 포로기 이후 백성들이 참된 여호와 신앙을 회복할 수 있도록 분명한 신앙 모델을 소개하고 있는데 그가 바로 다윗입니다. 다윗은 이스라엘 역사 전체를 통틀어서 가장 위대한 인물입니다. 그의 일생을 5가지로 정리해 보면 그는 용기의 사람, 인내의 사람, 겸손의 사람, 회개의 사람이었습니다. 그리고 무엇보다도 그는 감사의 사람이었습니다.

이러한 다윗이 자기의 왕적 사명을 다 감당한 후에 임종을 앞두고 마지막으로 하나님께 이렇게 기도하였습니다. 천지에 있는 모든 것이 다 주의 것이며 모든 주권이 주께 속하였다고 고백하였습니다. 또한 부와 귀가 주께로 말미암았고 인간을 크게 하심도 강하게 하심도 모두 하나님의 손에 달려 있다고 고백하였습니다. 그리고 다윗은 기도의 마지막에 여호와의 성전을 건축하기 위해 준비한 모든 것이 다 하나님께로부터 말미암았고 모두 하나님의 것이라고 고백하며 하나님께 감사와 헌신을 올려드렸습니다. 다윗은 끝까지 참 아름다운 신앙의 모습을 보여주고 있습니다.

그런데 다윗이 이토록 위대한 신앙의 모델이 된 것은 다름이 아니라

하나님께서 허락하신 다윗 언약(17:8) 때문이었습니다. 비록 그는 흠을 가진 사람이었지만 하나님께 겸손하게 엎드렸고 하나님은 그를 높여 존귀하게 만들어주신 것입니다. 우리는 이 사실을 분명히 기억하며 다윗을 본받아 참으로 존귀한 믿음의 삶을 살아가야 하겠습니다.

6. 함께 기도하기 마무리하며 함께 기도합니다

천지를 창조하시고 세상 모든 만물을 다스리시며 인간의 생사화복을 주장하시는 하나님 아버지! 우리 가정이 믿음 가운데 살아가며 그 은혜를 깨닫게 하여 주시니 감사드립니다. 모든 삶이 오직 하나님의 손에 있음을 기억하며 날마다 감사할 줄 아는 가정이 되게 하여 주옵소서. 예수 그리스도의 이름으로 기도드립니다. (아멘)

7. 함께 축복하기 찬양하며 서로를 축복합니다

[사랑의 주님이]

오늘의 암송구절   역대상 29:14

나와 내 백성이 무엇이기에 이처럼 즐거운 마음으로 드릴 힘이 있었나이까 모든 것이 주께로 말미암았사오니 우리가 주의 손에서 받은 것으로 주께 드렸을 뿐이니이다

우리집 가정예배 일지

일 시	참석자	
기도제목 · 응답내용		

〉〉 성전 중심의 신앙 대하 7:11~18

내 눈과 마음이
여기에 있으리라

008

1. 함께 찬양하기   찬송가 446장

〈 주 음성 외에는 〉

1) 주 음성 외에는 참 기쁨 없도다
   날 사랑하신 주 늘 계시옵소서
2) 나 주께 왔으니 복 주시옵소서
   주 함께 계시면 큰 시험 이기네
3) 주 떠나가시면 내 생명 헛되네
   기쁘나 슬플 때 늘 계시옵소서
4) 그 귀한 언약을 이루어 주시고
   주 명령 따를 때 늘 계시옵소서
후렴) 기쁘고 기쁘도다 항상 기쁘도다
   나 주께 왔사오니 복 주옵소서 (아멘)

2. 함께 본문 읽기   역대하 7:11-18

(11) 솔로몬이 여호와의 전과 왕궁 건축을 마치고 솔로몬의 심중에 여호와의 전과 자기의 궁궐에 그가 이루고자 한 것을 다 형통하게 이루니라
(12) 밤에 여호와께서 솔로몬에게 나타나사 그에게 이르시되 내가 이미

네 기도를 듣고 이 곳을 택하여 내게 제사하는 성전을 삼았으니

(13) 혹 내가 하늘을 닫고 비를 내리지 아니하거나 혹 메뚜기들에게 토산을 먹게 하거나 혹 전염병이 내 백성 가운데에 유행하게 할 때에

(14) 내 이름으로 일컫는 내 백성이 그들의 악한 길에서 떠나 스스로 낮추고 기도하여 내 얼굴을 찾으면 내가 하늘에서 듣고 그들의 죄를 사하고 그들의 땅을 고칠지라

(15) 이제 이 곳에서 하는 기도에 내가 눈을 들고 귀를 기울이리니

(16) 이는 내가 이미 이 성전을 택하고 거룩하게 하여 내 이름을 여기에 영원히 있게 하였음이라 내 눈과 내 마음이 항상 여기에 있으리라

(17) 네가 만일 내 앞에서 행하기를 네 아버지 다윗이 행한 것과 같이 하여 내가 네게 명령한 모든 것을 행하여 내 율례와 법규를 지키면

(18) 내가 네 나라 왕위를 견고하게 하되 전에 내가 네 아버지 다윗과 언약하기를 이스라엘을 다스릴 자가 네게서 끊어지지 아니하리라 한 대로 하리라

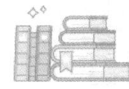 **3. 함께 생각하기**   인도자가 읽어줍니다

우루과이 작은 성당 벽에 주기도문의 참된 정신을 깨닫게 하는 글이 적혀 있다고 합니다.

"하늘에 계신"이라 하지 마라. 세상일에만 빠져 있으면서. "우리"라고 하지 마라. 너 혼자만 생각하며 살아가면서. "아버지"라 하지 마라. 아들딸로 살지 않으면서. "아버지의 이름을 거룩하게 하시며"라 하지 마라. 자기 이름을 빛내기 위해 안간힘을 쓰면서. "나라가 오게 하시며"라 하지 마라. 물질만능의 나라를 원하면서. "뜻이 하늘에서와 같이

땅에서도 이루어지게 하소서"라고 하지 마라. 오직 내 뜻대로 되기를 바라면서. "오늘 우리에게 일용할 양식을 주시고"라고 하지 마라. 죽을 때까지 먹을 양식을 쌓아두려 하면서. "우리가 우리에게 잘못한 사람을 용서하여 준 것같이 우리 죄를 용서하여 주시고"라 하지 마라. 누구에겐가 아직도 앙심을 품고 있으면서. "우리를 시험에 빠지지 않게 하시고"라 하지 마라. 죄 지을 기회를 찾아다니면서. "악에서 구하소서"라 하지 마라. 악을 보고도 아무런 양심의 소리를 듣지 않으면서. "나라와 권능과 영광이 영원히 아버지의 것입니다"라 하지 마라. 오직 자기의 영광만 구하면서. "아멘"이라 하지 마라. 주님의 기도를 진정 나의 기도로 바치지 않으면서.

믿음의 삶을 살아가며 내가 원하는 것을 이루기 위한 기도가 아니라 하나님의 뜻을 구할 줄 아는 기도자가 되어야 하겠습니다.

4. 함께 관찰하기   성경 본문을 보며 빈칸을 채웁니다

① 혹 내가 ☐☐을 닫고 ☐를 내리지 아니하거나 혹 ☐☐☐들에게 ☐☐을 먹게 하거나 혹 ☐☐☐이 내 ☐☐ 가운데에 ☐☐하게 할 때에

② 내 이름으로 일컫는 내 ☐☐이 그들의 ☐☐☐에서 떠나 스스로 낮추고 ☐☐하여 내 ☐☐을 찾으면 내가 ☐☐에서 듣고 그들의 ☐를 사하고 그들의 ☐☐을 고칠지라

③ 이는 내가 이미 이 ☐☐을 택하고 ☐☐하게 하여 내 ☐☐을 여기에 영원히 있게 하였음이라 내 ☐과 내 ☐☐이 항상 ☐☐에 있으리라

5. 함께 나누기 질문에 따라 묵상한 내용을 나눕니다

① 지나온 삶을 돌아볼 때 하나님께서 특별히 나에게 싸인(sign)을 보내신 기억을 생각해 보고 서로 나누어 봅시다.

② 성전 가운데 임재하시는 하나님은 우리가 성전 그 자체가 되기를 바라신다는 사실은 어떤 의미로 부딪혀오는지 나눠봅시다.

본문은 하나님께서 성전건축과 낙성식까지 다 마친 솔로몬에게 찾아와 주신 말씀으로 '성전 언약'이라는 별칭이 붙어 있습니다. 하나님께서는 먼저 이스라엘 백성들에게 그들의 악한 길에서 떠나라고 말씀하셨습니다. 거룩한 가치관을 지켜 행하며 하나님께서 기뻐하시는 삶을 살아가기 위하여 몸부림치라고 명령하신 것입니다. 둘째로 스스로 낮출 줄 아는 겸비함을 잃지 말아야 한다고 말씀하셨습니다. 하나님 앞에 살아가는 자로서 자신의 뜻과 의지를 꺾을 줄 아는 겸손한 성도로 살아가야 함을 가르쳐주신 것입니다. 셋째로 하나님께 기도하여 하나님의 얼굴을 구하는 삶을 살아가라고 말씀하셨습니다. 하나님의 뜻을 구하는 기도를 통해 하나님이 원하시는 것을 깨달아 그 뜻을 붙잡고 살아가야 한다고 명령하신 것입니다.

그런데 하나님께서는 이렇게 기도하여 하나님의 얼굴을 구하면 하늘에서 그 기도를 들어주시고, 스스로 겸비하면 그들의 죄를 사해 주실 것이며, 악한 길에서 떠나면 그들의 땅을 고쳐주실 것이라고 말씀하셨습니다. 이것이 바로 '성전 언약'이며 오늘날 우리가 듣고 배워야 할 교훈입니다.

이제 우리는 '성전 언약'을 우리 마음에 새길 뿐만 아니라 우리 스스로가 성전이 되어 하나님께서 임재하시는 삶을 살아가야 합니다. 우리 자체가 성전이 되는 삶은 악한 길에서 떠나고, 스스로 낮추고 겸비하며, 기도하여 하나님의 얼굴을 구하는 삶입니다.

6. 함께 기도하기   마무리하며 함께 기도합니다

우리를 사랑으로 다스리시는 아버지 하나님! 우리 가족 모두가 하나님이 기뻐하시는 거룩한 성전의 삶을 살아가며 구원의 감격을 전하는, 축복의 통로로서 살아가게 도와주옵소서. 무엇보다 하나님의 말씀에 순종하는 겸손한 가정이 되게 하여 주시옵소서. 예수 그리스도의 이름으로 기도드립니다. (아멘)

7. 함께 축복하기   찬양하며 서로를 축복합니다

[사랑의 주님이]

오늘의 암송구절
역대하 7:14

내 이름으로 일컫는 내 백성이 그들의 악한 길에서 떠나 스스로 낮추고 기도하여 내 얼굴을 찾으면 내가 하늘에서 듣고 그들의 죄를 사하고 그들의 땅을 고칠지라(대하 7:14).

우리집 가정예배 일지

일 시	참석자
기도제목 · 응답내용	

PART_3

포로기 이후

>> 성전의 재건   스 3:8~13

성전의 기초가 놓임을 보았더라

009

1. 함께 찬양하기   찬송가 210장

〈 시온성과 같은 교회 〉

1) 시온성과 같은 교회 그의 영광 한없다
   허락하신 말씀대로 주가 친히 세웠다
   반석위에 세운 교회 흔들자가 누구랴
   모든 원수 에워싸도 아무 근심 없도다
2) 생명 샘이 솟아나와 모든 성도 마시니
   언제든지 흘러넘쳐 부족함이 없도다
   이런 물이 흘러가니 목마를 자 누구랴
   주의 은혜 풍족하여 넘치고도 넘친다 (아멘)

2. 함께 본문 읽기   에스라 3:8-13

(8) 예루살렘에 있는 하나님의 성전에 이른 지 이 년 둘째 달에 스알디엘의 아들 스룹바벨과 요사닥의 아들 예수아와 다른 형제 제사장들과 레위 사람들과 무릇 사로잡혔다가 예루살렘에 돌아온 자들이 공사를 시작하고 이십 세 이상의 레위 사람들을 세워 여호와의 성전 공사를 감독하게 하매

(9) 이에 예수아와 그의 아들들과 그의 형제들과 갓미엘과 그의 아들들과 유다 자손과 헤나닷 자손과 그의 형제 레위 사람들이 일제히 일어나 하나님의 성전 일꾼들을 감독하니라
(10) 건축자가 여호와의 성전의 기초를 놓을 때에 제사장들은 예복을 입고 나팔을 들고 아삽 자손 레위 사람들은 제금을 들고 서서 이스라엘 왕 다윗의 규례대로 여호와를 찬송하되
(11) 찬양으로 화답하며 여호와께 감사하여 이르되 주는 지극히 선하시므로 그의 인자하심이 이스라엘에게 영원하시도다 하니 모든 백성이 여호와의 성전 기초가 놓임을 보고 여호와를 찬송하며 큰 소리로 즐거이 부르며
(12) 제사장들과 레위 사람들과 나이 많은 족장들은 첫 성전을 보았으므로 이제 이 성전의 기초가 놓임을 보고 대성통곡하였으나 여러 사람은 기쁨으로 크게 함성을 지르니
(13) 백성이 크게 외치는 소리가 멀리 들리므로 즐거이 부르는 소리와 통곡하는 소리를 백성들이 분간하지 못하였더라

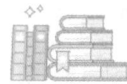 **3. 함께 생각하기**   인도자가 읽어줍니다

　1620년 9월 6일 영국의 플리머스항에서 한 척의 배가 닻을 올렸습니다. 그 배는 자유로운 신앙을 찾아 박해받던 고국을 떠나 신대륙 아메리카로 가는 청교도(Puritan)들이 탄 메이플라워호였습니다. 청교도들은 종교 탄압을 피해 장장 9주에 걸친 항해 끝에 마침내 북아메리카 동해안에 다다랐습니다.
　이들이 목적지에 짐을 풀자마자 제일 먼저 한 것은 예배를 드릴 교회

를 세우는 것이었습니다. 왜냐하면 믿음이 없는 삶은 지옥과 같은 생활이라고 그들은 생각하였기 때문입니다. 그 다음에 세운 건물은 학교였습니다. 자신들의 다음세대들에게 참된 교육을 함으로 바른 역사를 계승하고자 하였기 때문입니다. 세 번째 가서야 그들은 자신들이 거처할 집을 지었습니다. 그리고 집을 지을 때는 모두 교회를 중심으로 세웠고 앞 창문을 열면 반드시 교회가 보이도록 하였다고 합니다.

이와 같이 청교도들의 신앙은 그야말로 성전 중심의 신앙이었습니다. 오늘날 미국이 강대국의 축복을 받은 이유는 하나님의 교회를 중심으로 모든 삶을 계획했던 그들의 신앙 때문임을 알 수 있습니다. 이렇듯 신앙인은 하나님 임재의 상징인 성전이 우리 신앙의 구심점이 되도록 해야 하는 것입니다.

 **4. 함께 관찰하기** 　성경 본문을 보며 빈칸을 채웁니다

① 건축자가 여호와의 성전의 ☐☐를 놓을 때에 제사장들은 예복을 입고 ☐☐을 들고 아삽 자손 레위 사람들은 ☐☐을 들고 서서 이스라엘 왕 ☐☐의 규례대로 여호와를 ☐☐ 하되

② 찬양으로 ☐☐하며 여호와께 ☐☐하여 이르되 주는 지극히 선하시므로 그의 ☐☐☐☐이 이스라엘에게 ☐☐하시도다 하니 모든 백성이 여호와의 ☐☐ ☐☐가 놓임을 보고 여호와를 ☐☐하며 큰 소리로 즐거이 부르며

③ 제사장들과 레위 사람들과 나이 많은 족장들은 첫 ☐☐을 보았으므로 이제 이 성전의 ☐☐가 놓임을 보고 ☐☐☐☐하였으나 여러 사람은 ☐☐으로 크게 ☐☐을 지르니

 **5. 함께 나누기**   질문에 따라 묵상한 내용을 나눕니다

① 1차 포로 귀환 후 이스라엘 백성들은 제일 먼저 무너진 성전을 재건하였습니다. 그 이유와 의미는 무엇인지 서로 이야기해 봅시다.

② 교회는 신앙의 구심점입니다. 우리는 어떻게 교회를 중심으로 신앙생활을 잘 할 수 있을지 서로 나눠보고 결단해 봅시다.

하나님은 바사 왕 고레스의 마음을 감동시키셔서 바벨론에 포로로 끌려갔던 이스라엘 백성들을 3차에 걸쳐 다시 고국으로 돌아갈 수 있도록 길을 열어주셨습니다. 1차 포로 귀환은 BC 537년에 스룹바벨을 중심으로 이루어졌고 이들은 돌아와 성전재건에 역점을 두었습니다. 2차 귀환은 BC 458년에 에스라를 중심으로 이루어졌으며 이들은 신앙개혁운동을 실시하였습니다. 3차 귀환은 BC 444년에 느헤미야를 중심으로 이루어졌고 이들은 무너진 성벽을 수축하는 일을 하였습니다.

가장 먼저 고국으로 돌아온 1차 포로 귀환자들은 스룹바벨의 지도 아래 파괴되었던 성전 재건공사를 착수하였습니다. 성전의 기초를 놓았을 때 이 장면을 바라보던 이스라엘 백성들은 너무도 기뻐하고 감사하며 하나님을 찬양하였습니다. 그리고 솔로몬 성전을 기억하는 원로들과 족장들은 깊은 애환 속에서 대성통곡하였습니다.

하나님은 크신 은혜와 사랑으로 포로로 끌려갔던 이스라엘 백성들을 귀환시키셨고 그들이 예루살렘에 돌아와 가장 먼저 성전을 재건할 수 있도록 은혜를 베풀어 주셨습니다. 이렇듯 이스라엘의 신앙은 성전 중심의 신앙이었습니다. 성전은 하나님 임재의 상징이요, 우리 신앙의 구

심점입니다. 그러므로 우리의 모든 믿음의 삶은 철저하게 교회 중심의 신앙생활이 되어야 하는 것입니다.

6. 함께 기도하기
마무리하며 함께 기도합니다

> 사랑이 많고 은혜가 풍성하신 하나님 아버지! 우리 가정이 하나님을 예배할 수 있도록 상황과 환경을 열어주셔서 감사드립니다. 성전이 하나님의 임재의 장소이며, 우리 신앙의 구심점임을 기억하면서 우리의 믿음이 언제나 교회 중심의 신앙이 되게 하여 주시옵소서. 예수님의 이름으로 기도드립니다. (아멘)

7. 함께 축복하기
찬양하며 서로를 축복합니다

[사랑의 주님이]

오늘의 암송구절
에스라 3:11

찬양으로 화답하며 여호와께 감사하여 이르되 주는 지극히 선하시므로 그의 인자하심이 이스라엘에게 영원하시도다 하니 모든 백성이 여호와의 성전 기초가 놓임을 보고 여호와를 찬송하며 큰 소리로 즐거이 부르며

우리집 가정예배 일지

일 시		참석자	
기도제목 • 응답내용			

>> 에스라의 개혁 스 10:1~4

율법대로 행할 것이라

1. 함께 찬양하기   찬송가 200장

〈 달고 오묘한 그 말씀 〉

1) 달고 오묘한 그 말씀 생명의 말씀은
   귀한 그 말씀 진실로 생명의 말씀이
   나의 길과 믿음 밝히 보여주니
2) 귀한 주님의 말씀은 내 노래 되도다
   모든 사람을 살리는 생명의 말씀을
   값도 없이 받아 생명 길을 가니
3) 널리 울리어 퍼지는 생명의 말씀은
   맘에 용서와 평안을 골고루 주나니
   다만 예수 말씀 듣고 복을 받네
후렴) 아름답고 귀한 말씀 생명샘이로다(× 2) (아멘)

2. 함께 본문 읽기   에스라 10:1-4

(1) 에스라가 하나님의 성전 앞에 엎드려 울며 기도하여 죄를 자복할 때에 많은 백성이 크게 통곡하매 이스라엘 중에서 백성의 남녀와 어린

아이의 큰 무리가 그 앞에 모인지라

(2) 엘람 자손 중 여히엘의 아들 스가냐가 에스라에게 이르되 우리가 우리 하나님께 범죄하여 이 땅 이방 여자를 맞이하여 아내로 삼았으나 이스라엘에게 아직도 소망이 있나니

(3) 곧 내 주의 교훈을 따르며 우리 하나님의 명령을 떨며 준행하는 자의 가르침을 따라 이 모든 아내와 그들의 소생을 다 내보내기로 우리 하나님과 언약을 세우고 율법대로 행할 것이라

(4) 이는 당신이 주장할 일이니 일어나소서 우리가 도우리니 힘써 행하소서 하니라

 **3. 함께 생각하기** 인도자가 읽어줍니다

    미국의 황야지대에는 방울뱀이 살고 있습니다. 이 뱀은 무서운 독을 가지고 있어서 물리면 치명적이라고 합니다. 그런데 이 방울뱀이 다람쥐를 잡는 방법이 특이합니다. 먼저 꼬리를 흔들어서 소리를 냅니다. 그러자 나무 위에 있던 다람쥐가 그 소리를 듣고 호기심이 발동하여 소리 나는 곳을 내려다봅니다. 그 순간 다람쥐의 눈과 독사의 눈이 마주칩니다. 다람쥐가 겁을 먹고 떨고 있을 때 독사는 입을 쫙 벌리고 기다립니다. 떨던 다람쥐는 비실비실 중심을 잃고 나무 아래로 떨어지고 독사는 다람쥐를 한입에 꿀꺽 삼켜버립니다.

    이 시대에도 마귀는 우는 사자와 같이 입을 쫙 벌린 채로 삼킬 자를 찾아다닙니다. 온갖 타락한 문화와 세속적인 물질문명을 매체로 하여 우리를 유혹하고 있으며 순수한 우리의 신앙을 변질되게 만들고 있습

니다. 그래서 세상의 쾌락과 일락에 푹 빠져서 혼합주의의 삶을 살아가도록 끊임없이 우리에게 도전하고 있습니다.

　이에 우리의 마음은 바람 앞의 갈대처럼 흔들릴 때가 있습니다. 때로는 혼합주의와 같은 죄악의 짜릿함이 멋있어 보이고 먹음직도 하고 탐스럽게 보일 때도 있습니다. 그러나 이러한 혼합주의에 빠지면 신앙의 본질을 잃어버리고 잘못된 길로 갈 수밖에 없습니다. 모든 것을 뒤섞어버리는 혼합주의 시대에 진실로 순수한 신앙을 잘 지켜나갑시다.

 4. 함께 관찰하기　성경 본문을 보며 빈칸을 채웁니다

① 에스라가 하나님의 ☐☐ 앞에 엎드려 울며 ☐☐하여 죄를 ☐☐할 때에 많은 백성이 크게 ☐☐하매 이스라엘 중에서 백성의 ☐☐와 ☐☐☐의 큰 ☐☐가 그 앞에 모인지라

② 곧 내 주의 ☐☐을 따르며 우리 하나님의 ☐☐을 떨며 준행하는 자의 가르침을 따라 이 모든 ☐☐와 그들의 ☐☐을 다 ☐☐☐로 우리 하나님과 언약을 세우고 율법대로 행할 것이라

③ 이는 당신이 ☐☐할 일이니 ☐☐☐☐ 우리가 도우리니 힘써 ☐☐☐☐ 하니라

 5. 함께 나누기 질문에 따라 묵상한 내용을 나눕니다

① 나의 신앙에 있어 가장 경계해야 할 혼합주의는 어떤 것들이 있는지 깊이 생각해 보고 서로 나눠봅시다.

② 스가냐의 말 속에 아직도 소망이 있다는 말과 율법대로 행할 것이라는 표현은 무슨 뜻인지 나눠보고 실천 방안을 찾아봅시다.

1차 포로귀환이 있은 후 79년이 지났을 때에 바사제국의 6대왕 아닥사스다 왕은 조서를 내려 유다 백성들을 고국으로 돌려보내고 그 중에 학자 에스라를 보내서 식민지 국가의 종교 부흥을 이루고자 하였습니다. 예루살렘으로 돌아온 에스라는 이스라엘 백성들의 신앙개혁 운동에 박차를 가하였는데 그 핵심은 이방인과의 통혼 문제를 해결하는 것이었습니다.

이방인과의 통혼 문제는 하나님께서 율법에서 금하신 아주 중대한 잘못이었습니다. 하나님께서는 이방인과 통혼하면 그들의 신을 받아들이게 되고 우상숭배에 빠지게 되며 결국은 신앙의 순수성을 지킬 수 없기 때문에 율법을 통하여 절대 통혼하지 말 것을 명령하신 것입니다.

에스라는 이 문제를 놓고 하나님께 엎드려 회개하며 기도하였습니다. 이에 백성들도 함께 통곡하며 회개하였고 그중에 스가냐는 자신의 죄를 고백하며 이방인 아내와 그 소생을 내보내기로 다짐하였습니다. 이와 같은 분위기 속에서 예루살렘 총회가 소집되었고 이스라엘 백성들은 마침내 통혼문제를 해결하기로 다짐하였습니다. 이것은 당시 민족의 신앙을 새롭게 해야 하는 중차대한 시점에 해결하지 않고 넘어갈

수 없는 문제였습니다.

  통혼 문제는 오늘날 혼합주의와 똑같은 것입니다. 우리의 신앙에 있어 가장 경계해야 할 것은 혼합주의입니다. 미신주의, 기복주의, 동성애주의, 종교다원주의, 인본주의 등 혼합주의를 극복하고 순수한 신앙을 회복합시다.

 ## 6. 함께 기도하기   마무리하며 함께 기도합니다

  자비로우신 아버지 하나님! 오늘도 연약한 우리는 주님께 엎드리며 나아갑니다. 혼합주의로 인하여 신앙을 지키기 무척 힘든 시대를 살아가고 있지만, 우리 가정이 더욱더 하나님의 말씀을 붙잡고 자비하신 주님의 은총을 바라보며 참된 신앙의 삶을 살아갈 수 있도록 인도하여 주시옵소서. 예수님의 이름으로 기도합니다. (아멘)

 ## 7. 함께 축복하기   찬양하며 서로를 축복합니다

[사랑의 주님이]

오늘의 암송구절
에스라 10:1

에스라가 하나님의 성전 앞에 엎드려 울며 기도하여 죄를 자복할 때에 많은 백성이 크게 통곡하매 이스라엘 중에서 백성의 남녀와 어린 아이의 큰 무리가 그 앞에 모인지라

우리집 가정예배 일지

일 시		참석자	
기도제목 · 응답내용			

Part 3. 포로기 이후 | 101

>> 느헤미야의 헌신 느 1:4~11

종의 기도를 들으시옵소서

011

 1. 함께 찬양하기　　　　　찬송가 459장

〈 누가 주를 따라 〉

1) 누가 주를 따라 섬기려는가 누가 죄를 떠나 주만 따를까
   누가 주를 섬겨 남을 구할까 누가 주의 뒤를 따라 가려나
   부르심을 받아 주의 은혜로 주를 따라가네 주만 따르네
2) 세상 영광 위해 따름 아니요 크신 사랑 인해 주만 따르고
   주가 내려주신 은혜 힘입어 주의 뒤를 따라 힘써 일하네
   부르심을 받아 주의 은혜로 주를 따라가네 주만 따르네
3) 환난 핍박 많고 원수 강하나 주의 용사 더욱 힘이 강하니
   누가 능히 이겨 넘어뜨리랴 변함없는 진리 승리하리라
   기쁜 찬송하며 주의 은혜로 주를 따라가네 주만 따르네

 **2. 함께 본문 읽기**　　　　　느헤미야 1:4-11

(4) 내가 이 말을 듣고 앉아서 울고 수일 동안 슬퍼하며 하늘의 하나님 앞에 금식하며 기도하여
(5) 이르되 하늘의 하나님 여호와 크고 두려우신 하나님이여 주를 사랑하고 주의 계명을 지키는 자에게 언약을 지키시며 긍휼을 베푸시는 주여 간구하나이다
(6) 이제 종이 주의 종들인 이스라엘 자손을 위하여 주야로 기도하오며

우리 이스라엘 자손이 주께 범죄한 죄들을 자복하오니 주는 귀를 기울이시며 눈을 여시사 종의 기도를 들으시옵소서 나와 내 아버지의 집이 범죄하여

(7) 주를 향하여 크게 악을 행하여 주께서 주의 종 모세에게 명령하신 계명과 율례와 규례를 지키지 아니하였나이다
(8) 옛적에 주께서 주의 종 모세에게 명령하여 이르시되 만일 너희가 범죄하면 내가 너희를 여러 나라 가운데에 흩을 것이요
(9) 만일 내게로 돌아와 내 계명을 지켜 행하면 너희 쫓긴 자가 하늘 끝에 있을지라도 내가 거기서부터 그들을 모아 내 이름을 두려고 택한 곳에 돌아오게 하리라 하신 말씀을 이제 청하건대 기억하옵소서
(10) 이들은 주께서 일찍이 큰 권능과 강한 손으로 구속하신 주의 종들이요 주의 백성이니이다
(11) 주여 구하오니 귀를 기울이사 종의 기도와 주의 이름을 경외하기를 기뻐하는 종들의 기도를 들으시고 오늘 종이 형통하여 이 사람 앞에서 은혜를 입게 하옵소서 하였나니 그 때에 내가 왕의 술 관원이 되었느니라

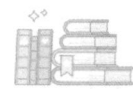 3. 함께 생각하기   인도자가 읽어줍니다

2차 세계대전 후 독일은 자유 진영인 서독과 공산 진영인 동독으로 나누어졌습니다. 비록 국가가 분단되었지만 처음에는 서로 왕래를 할 수 있었습니다. 그러나 동독을 떠나 서독으로 가는 사람들이 많아지자 동독은 무려 156km에 달하는 거대한 장벽을 쌓았습니다. 그 베를린장벽은 그야말로 철통과 같아서 영원히 무너지지 않을 것만 같았습니다.
하지만 1982년에 동독 라이프치히 지방의 성 니콜라이 교회에서 매주 월요일마다 독일의 통일을 위한 평화기도회가 열리기 시작했습니

다. 처음에는 20명 정도가 모여서 기도하였는데 그 소문이 퍼지자 여기저기서 사람들이 모여들기 시작하였습니다. 이 기도회는 무려 7년 동안 한 번도 쉬지 않고 계속 이어졌습니다. 그리고 1989년 10월 9일에는 2천 명이 모이는 기도회를 계획하게 되었습니다. 동독 공산정부는 경찰과 군대를 파견하여 기도회를 막으려고 하였습니다. 하지만 하나님의 말씀이 선포되자 군인들과 경찰들조차 말씀을 듣는 중에 은혜를 받았습니다.

　기도회가 끝나고 밖으로 나온 성도들은 수천 명의 시민들과 함께 평화의 행진을 이어갔습니다. 그리고 그로부터 한 달 후인 11월 9일에 드디어 베를린장벽이 무너졌습니다. 또한 그다음 해에는 꿈에 그리던 동독과 서독의 통일이 이루어졌습니다. 이 기적과도 같은 놀라운 일은 기도로부터 시작되었고 기도로 진행되었으며 기도로 마무리되었습니다.

 **4. 함께 관찰하기**　성경 본문을 보며 빈칸을 채웁니다

① 내가 이 말을 듣고 앉아서 ☐☐ 수일 동안 ☐☐하며 하늘의 하나님 앞에 ☐☐하며 ☐☐하여

② 이르되 ☐☐의 하나님 여호와 크고 두려우신 하나님이여 주를 ☐☐하고 주의 ☐☐을 지키는 자에게 ☐☐을 지키시며 ☐☐을 베푸시는 주여 ☐☐하나이다

③ 주여 구하오니 ☐를 기울이사 종의 ☐☐와 주의 이름을 ☐☐하기를 기뻐하는 ☐☐의 기도를 들으시고 오늘 종이 형통하여 이 사람 앞에서 ☐☐를 입게 하옵소서 하였나니 그 때에 내가 왕의 ☐ ☐☐이 되었느니라

5. 함께 나누기 질문에 따라 묵상한 내용을 나눕니다

① 국가나 공동체가 어려움을 겪고 있을 때 믿음의 사람인 우리가 어떠한 마음으로 희생하고 도울 수 있을지 서로 나누어봅시다.

② 느헤미야의 예루살렘 성벽 재건 사역은 어떤 의미였으며, 이를 통해 우리가 얻을 수 있는 교훈은 무엇인지 서로 나누어봅시다.

2차 포로귀환 후 14년 정도가 지났을 때 수산궁에 있었던 느헤미야에게 하나니가 돌아와 고국의 형편을 전해주었습니다. 하나니는 이스라엘 백성들이 큰 환난과 능욕을 당하고 있으며 예루살렘 성은 허물어지고 성문들은 불탔다고 전하였습니다. 그 소식을 들은 느헤미야는 수일 동안 슬퍼하면서 하나님 앞에 금식하며 기도하였습니다. 감사하게도 하나님의 은혜로 느헤미야는 아닥사스다 왕의 허락을 얻어서 3차 포로귀환자들을 이끌고 예루살렘으로 귀환하였고 곧바로 성벽 재건 사업에 착수하였습니다.

하지만 예루살렘 성벽 재건 사업이 시행되자 엄청난 방해공작이 밀려왔습니다. 그중에서도 사마리아 총독 산발랏과 도비야는 아주 거칠게 방해하였습니다. 그들은 성벽 재건 사업을 비난하였고 사람들을 동원하여 무력으로 방해공작을 일삼았습니다. 내부적으로는 백성들 간의 빈부격차로 인해 갈등이 생기기도 하였습니다. 그때마다 느헤미야는 하나님의 말씀을 따라 문제를 해결하였고 열심히 기도하면서 성벽 재건 사업을 계속하였습니다.

느헤미야의 뜨거운 신앙과 탁월한 지도력으로 이스라엘은 불과 52

일 만에 예루살렘 성벽 공사를 완공하였습니다. 이렇게 성벽 재건 공사로 나라의 기틀을 새롭게 다지게 되자 느헤미야는 대대적인 신앙개혁 운동까지 단행하였습니다. 이제 예루살렘 성벽 공사와 신앙개혁을 이룸으로써 이스라엘은 포로기 이후 새로운 역사를 향해 출발할 수 있게 되었습니다.

 6. 함께 기도하기   마무리하며 함께 기도합니다

하나님 아버지! 오늘도 우리의 가정을 사랑으로 보호하시고 인도해 주시니 감사를 드립니다. 살아가면서 감당하기 힘든 문제를 만나게 될 때 가장 먼저 하나님 앞에 엎드려 간구하고 기도하게 하시고, 오직 하나님의 도움을 구하는 믿음의 가정이 되게 하여 주옵소서. 예수님의 이름으로 기도드립니다. (아멘)

 7. 함께 축복하기   찬양하며 서로를 축복합니다

[사랑의 주님이]

오늘의 암송구절   느헤미야 1:6a

이제 종이 주의 종들인 이스라엘 자손을 위하여 주야로 기도하오며 우리 이스라엘 자손이 주께 범죄한 죄들을 자복하오니 주는 귀를 기울이시며 눈을 여시사 종의 기도를 들으시옵소서

우리집 가정예배 일지

일 시		참석자	
기도제목·응답내용			

>> 느헤미야의 개혁 느 13:15~22

안식일을 거룩하게 하라

012

 **1. 함께 찬양하기** 찬송가 546장

〈 주님 약속하신 말씀 위에 서 〉

1) 주님 약속하신 말씀 위에 서 영원토록 주를 찬송하리라
   소리 높여 주께 영광 돌리며 약속 믿고 굳게 서리라
2) 주님 약속하신 말씀 위에 서 세상 염려 내게 엄습할 때에
   용감하게 힘써 싸워 이기며 약속 믿고 굳게 서리라
3) 주님 약속하신 말씀 위에 서 영원하신 주의 사랑 힘입고
   성령으로 힘써 싸워 이기며 약속 믿고 굳게 서리라
4) 주님 약속하신 말씀 위에 서 성령 인도하는 대로 행하며
   주님 품에 항상 안식 얻으며 약속 믿고 굳게 서리라
후렴) 굳게 서리 영원하신 말씀 위에 굳게 서리
   굳게 서리 그 말씀 위에 굳게 서리라

 **2. 함께 본문 읽기** 느헤미야 13:17-22

(17) 내가 유다의 모든 귀인들을 꾸짖어 그들에게 이르기를 너희가 어찌 이 악을 행하여 안식일을 범하느냐
(18) 너희 조상들이 이같이 행하지 아니하였느냐 그래서 우리 하나님이 이 모든 재앙을 우리와 이 성읍에 내리신 것이 아니냐 그럼에도 불구하고 너희가 안식일을 범하여 진노가 이스라엘에게 더욱 심하게

임하도록 하는도다 하고

(19) 안식일 전 예루살렘 성문이 어두워갈 때에 내가 성문을 닫고 안식일이 지나기 전에는 열지 말라 하고 나를 따르는 종자 몇을 성문마다 세워 안식일에는 아무 짐도 들어오지 못하게 하였으므로

(20) 장사꾼들과 각양 물건 파는 자들이 한두 번 예루살렘 성 밖에서 자므로

(21) 내가 그들에게 경계하여 이르기를 너희가 어찌하여 성 밑에서 자느냐 다시 이같이 하면 내가 잡으리라 하였더니 그후부터는 안식일에 그들이 다시 오지 아니하였느니라

(22) 내가 또 레위 사람들에게 몸을 정결하게 하고 와서 성문을 지켜서 안식일을 거룩하게 하라 하였느니라 내 하나님이여 나를 위하여 이 일도 기억하시옵고 주의 크신 은혜대로 나를 아끼시옵소서

 3. 함께 생각하기   인도자가 읽어줍니다

　　에릭 리들(Eric Liddle, 1902~1945)은 영국의 선교사 자녀로 1902년 중국에서 태어났습니다. 그는 영국으로 돌아와 에든버러 대학교에 입학한 후 본격적인 육상 선수로 활동하였는데 수년간 영국 단거리 대회를 석권할 만큼 뛰어난 실력을 가진 선수였습니다.

　　그는 1924년에 열린 제8회 파리올림픽에 영국대표로 참가하였습니다. 그런데 주 종목이던 100m 예선이 주일이란 소식을 듣자 "주일에는 안 뜁니다. 주일에는 예배를 드려야 합니다"라고 말하며 단호하게 출전을 거부하였습니다. 많은 사람들은 그를 '편협하고 옹졸한 신앙인'이라며 조국의 명예를 버린 자라고 비난하였습니다. 하지만 그 다음에 에릭은 자신의 주종목이 아닌 200m에서 동메달을 땄고, 400m에서도

'47초6'이라는 세계신기록을 세우며 금메달을 목에 걸었습니다. 인터뷰에서 어떻게 이렇게 달릴 수 있었느냐는 기자의 질문에 그는 "출전 직전 쪽지에 적힌 '나를 존중히 여기는 자를 나도 존중하리라'(삼상 2:30)는 말씀을 보았습니다. 처음 200m는 내 힘으로 최선을 다해 뛰었고, 나머지 200m는 주님의 도우심으로 뛰었습니다"라며 하나님께 영광을 돌렸습니다.

주일을 소중히 하는 것은 그리스도인들이 하나님을 믿고 하나님을 존중히 여기는 가장 기본적이며 중요한 신앙의 태도입니다. 그런 성도를 하나님께서도 귀히 여겨주시고 그 삶을 늘 지키시고 돌봐주십니다.

4. 함께 관찰하기   성경 본문을 보며 빈칸을 채웁니다

① 내가 유다의 모든 ☐☐들을 꾸짖어 그들에게 이르기를 너희가 어찌 이 ☐을 행하여 ☐☐☐을 범하느냐

② 너희 ☐☐들이 이같이 행하지 아니하였느냐 그래서 우리 ☐ ☐☐이 이 모든 재앙을 우리와 이 ☐☐에 내리신 것이 아니냐 그럼에도 불구하고 너희가 ☐☐☐을 범하여 ☐☐가 이스라엘에게 더욱 심하게 임하도록 하는도다 하고

③ 내가 또 ☐☐ ☐☐들에게 몸을 정결하게 하고 와서 ☐☐을 지켜서 안식일을 ☐☐하게 하라 하였느니라 내 하나님이여 나를 위하여 이 일도 ☐☐하시옵고 주의 크신 ☐☐대로 나를 아끼시옵소서

5. 함께 나누기 질문에 따라 묵상한 내용을 나눕니다

① 하나님의 말씀에 순종하며 살아가고자 노력하지만 여전히 순종하지 못하는 부족한 부분을 생각해보고 서로 나누어봅시다.

② 주일을 소중히 지키는 것은 신앙생활의 가장 기본적인 요소입니다. 어떻게 주일을 소중하게 지킬 수 있을지 서로 나누어봅시다.

느헤미야는 어려움 속에서도 하나님께 기도하며 예루살렘 성벽을 재건하였습니다. 백성들의 신앙도 새롭게 갱신하였습니다. 그는 통혼을 금지하였고, 안식일을 지킬 것을 요청하였습니다. 또한 성전세를 바르게 내어 레위인들의 책무를 다할 수 있게 하였으며 온전한 십일조를 바쳐 제사장들의 책무를 감당하는 데 어려움이 없도록 하였습니다.

하지만 12년간 유다의 총독으로 다스리던 느헤미야가 바사로 돌아가자 이스라엘 백성들은 다시 범죄하기 시작하였습니다. 거룩한 하나님의 성전에 암몬 사람 도비야의 방을 만들어 주었고, 안식일을 준수하지 않았으며, 무엇보다 다시 이방 여인들과 통혼하기 시작하였습니다. 이 소식을 들은 느헤미야는 속히 예루살렘으로 돌아와서 보다 강도 높은 신앙개혁을 실시하였습니다. 먼저 도비야를 내쫓았으며, 레위인에게 합당한 몫을 주어 성전 직무를 올바로 감당하게 하였고, 백성들이 안식일을 준수하도록 하였습니다. 또 무엇보다 신앙의 순수성을 잃게 만드는 통혼을 금지하였고, 이방 아내를 떠나보내도록 하였습니다.

느헤미야의 이러한 개혁은 무엇보다 율법에 기초한 개혁이었는데, 이것은 한마디로 하나님의 말씀으로 돌아가자는 것이었습니다. 우리도

이와 같이 하나님의 말씀으로 돌아가 우리의 신앙을 새롭게 함으로 참으로 아름다운 신앙을 회복해야 하겠습니다.

 6. 함께 기도하기 — 마무리하며 함께 기도합니다

> 사랑이 많으신 하나님 아버지! 오늘도 우리에게 말씀하여 주시고 그 말씀을 통해 가정을 새롭게 하여 주시니 참으로 감사드립니다. 우리 가족 모두가 주일을 거룩하게 지키는 믿음의 명문 가문이 되게 하시고, 언제나 하나님의 말씀을 따라 살아갈 수 있도록 인도하여 주시옵소서. 예수님의 이름으로 기도합니다. (아멘)

 7. 함께 축복하기 — 찬양하며 서로를 축복합니다

[사랑의 주님이]

오늘의 암송구절   느헤미야 13:22

내가 또 레위 사람들에게 몸을 정결하게 하고 와서 성문을 지켜서 안식일을 거룩하게 하라 하였느니라 내 하나님이여 나를 위하여 이 일도 기억하시옵고 주의 크신 은혜대로 나를 아끼시옵소서

우리집 가정예배 일지

일 시	참석자

기도제목
·
응답내용

>> 민족의 회복 에 4:13~17

013 죽으면 죽으리이다

1. 함께 찬양하기 찬송가 320장

〈 나의 죄를 정케 하사 〉

1) 나의 죄를 정케 하사 주의 일꾼 삼으신
   구세주의 넓은 사랑 항상 찬송합니다
2) 내게 부어 주시려고 은혜 예비하신 주
   주의 은혜 채워주사 능력 있게 하소서
3) 죄의 짐을 풀어주신 주의 능력 크도다
   나를 피로 사신 예수 내 맘 속에 오소서
후렴) 나를 일꾼 삼으신 주 크신 능력 주시고
   언제든지 주 뜻대로 사용하여 주소서 (아멘)

2. 함께 본문 읽기 에스더 4:13-17

(13) 모르드개가 그를 시켜 에스더에게 회답하되 너는 왕궁에 있으니 모든 유다인 중에 홀로 목숨을 건지리라 생각하지 말라
(14) 이 때에 네가 만일 잠잠하여 말이 없으면 유다인은 다른 데로 말미암아 놓임과 구원을 얻으려니와 너와 네 아버지 집은 멸망하리라

> 네가 왕후의 자리를 얻은 것이 이 때를 위함이 아닌지 누가 알겠느냐 하니

(15) 에스더가 모르드개에게 회답하여 이르되

(16) 당신은 가서 수산에 있는 유다인을 다 모으고 나를 위하여 금식하되 밤낮 삼 일을 먹지도 말고 마시지도 마소서 나도 나의 시녀와 더불어 이렇게 금식한 후에 규례를 어기고 왕에게 나아가리니 죽으면 죽으리이다 하니라

(17) 모르드개가 가서 에스더가 명령한 대로 다 행하니라

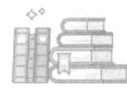

3. 함께 생각하기   인도자가 읽어줍니다

트레시 리보(Tracy Rivo)는 태어날 때부터 팔이 없는 장애를 가지고 있었습니다. 사람들은 그녀가 이 장애를 극복하기 힘들 것이라고 생각하였습니다. 그러나 그녀는 자신의 장애를 장애로만 여기지 않고 오히려 삶의 일부분으로 받아들였습니다.

팔 없이 살아가는 일상은 그녀에게 분명히 많은 어려움과 도전을 안겨주었지만 어떤 상황에서도 그녀는 절대로 절망하지 않았습니다. 그녀는 어려운 상황을 극복하기 위해 여러 가지 방법을 시도하며 팔 대신 발을 사용하여 일상적인 활동을 해내는 법을 배웠습니다. 글을 쓰고 차를 운전하고 음식을 먹고 심지어 피아노를 치는 등의 활동을 모두 발로 해냈습니다.

그녀는 "나는 내가 처한 모든 상황에서 하나님의 위대하신 섭리를 발견하려고 노력합니다"라고 말하며, 장애를 극복하는 과정에서 오히

려 하나님께 감사하고 찬미를 드렸습니다. 그녀의 믿음은 많은 사람들에게 큰 힘이 되었고 영감을 주었습니다.

　삶에서 만나는 수없이 많은 시련과 역경들은 우리를 고통스럽게 하고 포기하도록 만듭니다. 그러나 그리스도인은 그 시련과 역경을 통하여 오히려 주님을 신뢰하며 성숙하게 세워집니다.

 **4. 함께 관찰하기**　　성경 본문을 보며 빈칸을 채웁니다

① 이 때에 네가 만일 ☐☐하여 ☐이 없으면 ☐☐☐은 ☐☐☐로 말미암아 ☐☐과 ☐☐을 얻으려니와 너와 네 아버지 집은 ☐☐하리라 네가 ☐☐의 자리를 얻은 것이 이 때를 위함이 아닌지 누가 알겠느냐 하니

② 에스더가 ☐☐☐☐에게 ☐☐하여 이르되

③ 당신은 가서 수산에 있는 ☐☐☐을 다 모으고 나를 위하여 ☐☐하되 밤낮 삼 일을 먹지도 말고 마시지도 마소서 나도 나의 시녀와 더불어 이렇게 ☐☐한 후에 ☐☐를 어기고 왕에게 나아가리니 ☐☐☐☐ ☐☐☐☐☐ 하니라

 5. 함께 나누기   질문에 따라 묵상한 내용을 나눕니다

① 어려운 상황 속에서도 믿음을 지키기 위해 결단하고 행동하여 좋은 결과를 얻었던 경험을 서로 나누어봅시다.

② 지금까지 살아오는 동안 하나님께서 나에게 베푸신 '선하신 섭리'를 깨닫고 감사했던 경험을 서로 나누어봅시다.

아하수에로 왕은 큰 잔치 자리에서 왕후 와스디의 용모를 자랑하고자 하였는데 와스디는 왕의 명령을 거역하고 왕 앞에 나아오지 않았습니다. 진노한 왕은 와스디를 폐하고 유다인 에스더를 새 왕후로 세웠습니다.

이후에 왕은 아각 사람 하만의 지위를 높여 주었습니다. 당시에 모르드개는 하나님께만 경배한다며 하만에게 절하지 않았고 이에 하만은 모든 유다 사람들을 진멸하고자 하였습니다. 모르드개는 즉시 이 모든 일을 왕후인 에스더에게 알리면서 도움을 구하였습니다. 당시에 궁중 예법에는 왕이 부르지 않았을 때에 나아가면 왕후조차도 죽을 수 있는 상황임에도 에스더는 민족을 구하기 위해 '죽으면 죽으리라'는 각오로 왕 앞에 나아갔습니다. 결국 에스더가 하만의 계략을 왕에게 밝혔고, 하만은 죽임을 당했으며, 모든 유다 백성들은 생명을 보존하게 되었습니다.

에스더서에는 '이때', '우연히'라는 단어가 자주 나오는데 이는 하나님의 섭리와 돌보심을 알려주는 표현입니다. 모르드개와 에스더는 하나님의 섭리와 은총을 믿었기에 일사각오로 왕 앞에 나아갈 수 있었습니다. 이들과 같이 성도는 하나님께서 우리의 삶을 늘 지키시고 돌보시며 섭리하고 계심을 믿어야 합니다. 그리스도인의 삶에 결코 우연은

없습니다. 비록 이해할 수 없는 고난과 시험이 몰려올지라도 우리는 하나님의 선하신 섭리를 믿으며 하나님을 신뢰하고 더욱 담대하게 믿음으로 나아가야 합니다.

6. 함께 기도하기 마무리하며 함께 기도합니다

사랑이 많으신 하나님 아버지! 우리 가정을 선하신 섭리로 인도하여 주시니 감사를 드립니다. 우리의 가정에 어려움이 있더라도 불평하지 않게 하시고, 하나님을 온전히 신뢰함으로 기대와 소망을 가지고 살아가게 하여 주시옵소서. 우리 가정을 지키고 보호하여 주시는 예수님의 이름으로 기도드립니다. (아멘)

7. 함께 축복하기 찬양하며 서로를 축복합니다

[우리는 사랑의 띠로]

오늘의 암송구절
에스더 4:14

이 때에 네가 만일 잠잠하여 말이 없으면 유다인은 다른 데로 말미암아 놓임과 구원을 얻으려니와 너와 네 아버지 집은 멸망하리라 네가 왕후의 자리를 얻은 것이 이 때를 위함이 아닌지 누가 알겠느냐 하니

우리집 가정예배 일지

일 시	참석자	
기도제목 · 응답내용		

PART_4

시가서

>> 고난의 신비 욥 1:13~22

하나님을 원망하지 아니하니라

014

1. 함께 찬양하기   찬송가 370장

〈 주 안에 있는 나에게 〉

1) 주 안에 있는 나에게 딴 근심 있으랴
   십자가 밑에 나아가 내 짐을 풀었네
2) 그 두려움이 변하여 내 기도 되었고
   전날의 한숨 변하여 내 노래 되었네
3) 내 주는 자비하셔서 늘 함께 계시고
   내 궁핍함을 아시고 늘 채워주시네
후렴) 주님을 찬송하면서 할렐루야 할렐루야
   내 앞길 멀고 험해도 나 주님만 따라가리

2. 함께 본문 읽기   욥기 1:18-22

(18) 그가 아직 말하는 동안에 또 한 사람이 와서 아뢰되 주인의 자녀들이 그들의 맏형의 집에서 음식을 먹으며 포도주를 마시는데

(19) 거친 들에서 큰 바람이 와서 집 네 모퉁이를 치매 그 청년들 위에 무너지므로 그들이 죽었나이다 나만 홀로 피하였으므로 주인께 아

뢰러 왔나이다 한지라
(20) 욥이 일어나 겉옷을 찢고 머리털을 밀고 땅에 엎드려 예배하며
(21) 이르되 내가 모태에서 알몸으로 나왔사온즉 또한 알몸이 그리로 돌아가올지라 주신 이도 여호와시요 거두신 이도 여호와시오니 여호와의 이름이 찬송을 받으실지니이다 하고
(22) 이 모든 일에 욥이 범죄하지 아니하고 하나님을 향하여 원망하지 아니하니라

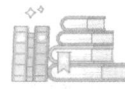 3. 함께 생각하기   인도자가 읽어줍니다

    2000년 8월 출간 이후 현재까지 약 430만 부가 판매되며 밀리언셀러로 등극한 「연탄길」의 저자 이철환 작가는 당시 생계를 위해 노량진 학원 강사를 7년간 이어가며 새벽까지 몸을 혹사한 탓에 젊은 나이에 심각한 우울증과 이명, 어지럼증에 시달렸습니다.
    10여년 후 그가 「예수 믿으면 행복해질까」(생명의말씀사, 2015)라는 책을 발간하였는데, 그는 이 책을 굳은 신앙을 가진 자의 이야기가 아니라 언젠가는 하나님의 신실한 자녀로 거듭나고 싶지만 지금은 형편없는 믿음을 가진 자의 신앙고백이라며 소개하였고 많은 사람들에게 깊은 울림을 전해주었습니다.
    "양쪽 귓속에선 1초도 쉬지 않고 찢어질 듯 고음이 들려왔습니다"라고 담담히 시작한 글에서, 그는 예배를 드리고 싶은데 스피커 소리가 너무 고통스러워 때론 창문밖에 앉아 있거나 화장실에 앉아 예배드리곤 하였다며 회상하였습니다.

하루에도 몇 번씩 구체적으로 죽음을 생각하며 하나님을 붙잡고 간절히 기도하였지만 늘 응답되지 않았다며,

그럼에도 불구하고 "하나님! 고칠 수 없다면 담대히 그것과 싸우게 해주세요"라고 기도하며 아픔과 싸웠던 자신의 이야기를 담담히 전하였습니다.

그는 하나님의 섭리를 인정하며 비록 고통 중에 있지만 자신에게 할 수 있는 일이 있음에 감사한다고 고백하는 믿음의 사람이었습니다.

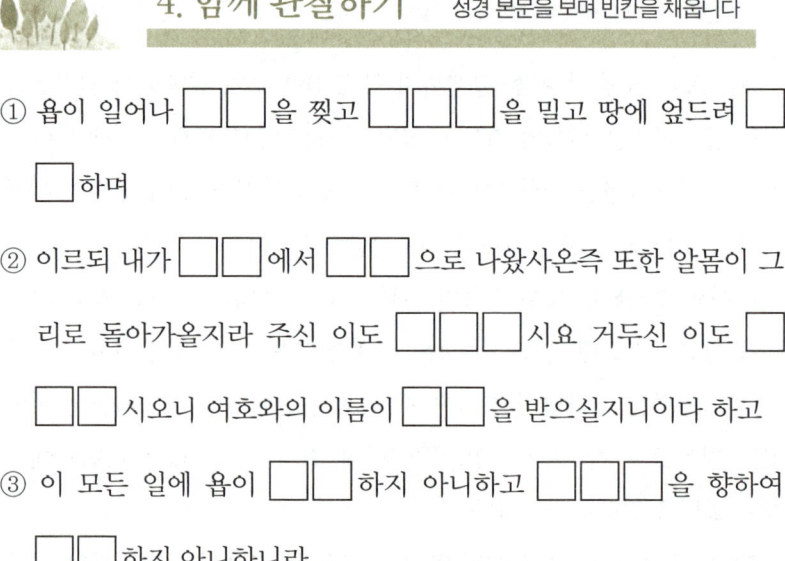

4. 함께 관찰하기 성경 본문을 보며 빈칸을 채웁니다

① 욥이 일어나 ☐☐을 찢고 ☐☐☐을 밀고 땅에 엎드려 ☐☐하며

② 이르되 내가 ☐☐에서 ☐☐으로 나왔사온즉 또한 알몸이 그리로 돌아가올지라 주신 이도 ☐☐☐시요 거두신 이도 ☐☐☐시오니 여호와의 이름이 ☐☐을 받으실지니이다 하고

③ 이 모든 일에 욥이 ☐☐하지 아니하고 ☐☐☐을 향하여 ☐☐하지 아니하니라

 **5. 함께 나누기** 질문에 따라 묵상한 내용을 나눕니다

① 인생을 살면서 무척이나 힘들고 어려웠던 일들에 대해 서로 이야기하며 격려해 봅시다.

② 고난 중에도 하나님을 원망하지 않고 찬양하였던 욥을 보며 고난을 통해 하나님은 우리에게 무엇을 원하시는지 이야기해봅시다.

우스 땅에 욥이라는 사람이 있었습니다. 그 사람은 참으로 온전하고 정직하고 하나님을 경외할 줄 아는 악에서 떠난 사람이었습니다. 이렇게 의롭고 행복한 욥에게 느닷없이 고난이 찾아왔습니다. 하늘에서 천상 회의가 열렸는데 대화 끝에 사탄은 욥을 칠 수 있는 허락을 하나님께로부터 받게 되었고 이후로 말 못 할 고난 가운데 빠져들게 되었습니다.

욥은 고난을 당하면서도 '내가 모태에서 알몸으로 나왔사온즉 알몸이 그로 돌아가올지라. 주신 이도 거두신 이도 여호와시니' 라고 고백하면서 모든 일에 범죄하지 아니하였고 하나님을 원망하지도 않았습니다. 이러한 욥기를 통하여 우리는 인생의 고난의 문제에 대하여 깊은 통찰을 얻을 수 있습니다. 모든 고난이 다 죄악의 형벌은 아닙니다. 아무런 이유 없이도 얼마든지 고난을 당할 수 있습니다. 그러므로 고난은 신비의 문제입니다.

그러나 그 고난조차도 하나님의 손 안에 있다는 사실을 기억해야 합니다. 모든 것이 다 하나님의 손안에 있고 우리가 다 이해할 수 없어도 결국은 모든 것이 다 하나님의 주권으로 이루어진다는 것을 가리켜서 '섭리' 라고 부릅니다. 섭리의 신앙은 하나님께서 모든 것을 다 다스리

시고 통치하셔서 결국에는 합력하여 선을 이루어주실 것을 분명히 믿는 신앙입니다. 인생의 고난을 맞닥뜨릴 때마다 겸허히 하나님 앞에 무릎을 꿇어서 오직 하나님의 은혜로 최후의 승리를 얻으시기를 바랍니다.

 **6. 함께 기도하기**   마무리하며 함께 기도합니다

> 날마다 우리를 인도하시는 하나님 아버지! 때때로 우리 가정에 어려움이 찾아올 때가 있다고 할지라도 하나님의 주권적인 섭리를 신뢰하며 겸손하게 하나님을 의지하는 가정이 되게 하여 주시옵소서. 모든 순간에 하나님을 예배하고 찬양하는 가정이 되게 하여 주시옵소서. 예수님의 이름으로 기도드립니다. (아멘)

 **7. 함께 축복하기**   찬양하며 서로를 축복합니다

[우리는 사랑의 띠로]

오늘의 암송구절   욥기 1:21

이르되 내가 모태에서 알몸으로 나왔사온즉 또한 알몸이 그리로 돌아가올지라 주신 이도 여호와시요 거두신 이도 여호와시오니 여호와의 이름이 찬송을 받으실지니이다 하고

우리집 가정예배 일지

일 시	참석자
기도제목 · 응답내용	

>> 주권적 섭리　욥 42:1~10

주여 내게 알게 하옵소서

015

1. 함께 찬양하기　　　찬송가 543장

〈 어려운 일 당할 때 〉

1) 어려운 일 당할 때 나의 믿음 적으나
　 의지하는 내 주를 더욱 의지합니다
2) 성령께서 내 마음 밝히 비춰주시니
　 인도하심 따라서 주만 의지합니다
3) 밝을 때에 노래와 어둘 때에 기도로
　 위태할 때 도움을 주께 간구합니다
후렴) 세월 지나갈수록 의지할 것 뿐일세
　　 무슨 일을 당해도 예수 의지합니다

2. 함께 본문 읽기　　　욥기 42:4-10

(4) 내가 말하겠사오니 주는 들으시고 내가 주께 묻겠사오니 주여 내게 알게 하옵소서
(5) 내가 주께 대하여 귀로 듣기만 하였사오나 이제는 눈으로 주를 뵈옵나이다
(6) 그러므로 내가 스스로 거두어들이고 티끌과 재 가운데에서 회개하

나이다

(7) 여호와께서 욥에게 이 말씀을 하신 후에 여호와께서 데만 사람 엘리바스에게 이르시되 내가 너와 네 두 친구에게 노하나니 이는 너희가 나를 가리켜 말한 것이 내 종 욥의 말같이 옳지 못함이니라

(8) 그런즉 너희는 수소 일곱과 숫양 일곱을 가지고 내 종 욥에게 가서 너희를 위하여 번제를 드리라 내 종 욥이 너희를 위하여 기도할 것인즉 내가 그를 기쁘게 받으리니 너희가 우매한 만큼 너희에게 갚지 아니하리라 이는 너희가 나를 가리켜 말한 것이 내 종 욥의 말같이 옳지 못함이라

(9) 이에 데만 사람 엘리바스와 수아 사람 빌닷과 나아마 사람 소발이 가서 여호와께서 자기들에게 명령하신 대로 행하니라 여호와께서 욥을 기쁘게 받으셨더라

(10) 욥이 그의 친구들을 위하여 기도할 때 여호와께서 욥의 곤경을 돌이키시고 여호와께서 욥에게 이전 모든 소유보다 갑절이나 주신지라

 3. 함께 생각하기   인도자가 읽어줍니다

스웨덴, 노르웨이, 덴마크, 핀란드, 아이슬란드 등 북유럽 스칸디나비아반도에 있는 나라들을 보면 그들의 국기에는 한결같이 십자가가 그려져 있습니다. 더 자세히 말하면 오직 십자가만 그려져 있고 다른 그림은 없습니다. 공교롭게도 이 나라들은 세계에서 국민소득이 가장 높고 복지제도도 가장 잘 정착된 나라들입니다. 그렇다고 해서 이 나라들이 항상 부유하고 잘 살았던 나라들은 아닙니다.

중세시대에 이 지역은 혹독한 추위로 인해 농사를 짓고 살기가 어려

운 땅이었습니다. 그래서 그들은 배를 타고 나가 약탈을 일삼았습니다. 사람들은 그들을 바이킹이라고 불렀는데 프랑스와 영국 등 서유럽 지역의 나라들까지 이들에게 침공을 당하였습니다. 바이킹족은 침략한 마을을 불태우고 남자들은 죽였으며 여자들은 끌고 갔습니다. 사람들은 하나님께 부르짖었지만 하나님의 뜻이 무엇인지 알 수가 없었습니다.

억울하게 끌려간 여성들은 노예가 되기도 하였고 바이킹 전사의 아내가 되기도 하였습니다. 많은 고난이 있었습니다. 그런데 끌려간 여성들은 그곳에서 바이킹족들에게 예수님을 전하기 시작하였습니다. 한 세대 두 세대가 지나면서 바이킹족들 사이에 복음을 받아들이는 사람들이 생겨났습니다. 그리고 더 많은 시간이 지나자 바이킹족들의 땅 곳곳에 십자가가 세워졌고 그들의 국기에도 십자가가 새겨졌습니다.

4. 함께 관찰하기 성경 본문을 보며 빈칸을 채웁니다

① 내가 말하겠사오니 주는 ☐☐☐☐ 내가 주께 묻겠사오니 ☐☐ 내게 ☐☐ 하옵소서

② 내가 주께 대하여 ☐로 ☐☐만 하였사오나 이제는 ☐으로 ☐를 뵈옵나이다

③ 욥이 그의 친구들을 위하여 ☐☐할 때 여호와께서 욥의 ☐☐을 돌이키시고 여호와께서 욥에게 이전 모든 ☐☐보다 ☐☐이나 주신지라

 **5. 함께 나누기** 질문에 따라 묵상한 내용을 나눕니다

① 고난 중에 있는 사람을 도와주려고 너무 쉽게 그 원인에 대해서 알려주려다가 오히려 위로하지 못하였던 기억을 서로 나누어봅시다.

② 우리에게 고난이 닥칠 때 우리는 어떠한 신앙의 자세를 가져야 하는지 욥기의 말씀을 통해 깨달은 점들을 서로 나누어봅시다.

욥에게 닥친 고난에 대해서 친구들은 긴 시간 동안 욥과 변론을 하였지만 시원한 답을 낼 수 없었습니다. 그 후에 하나님께서 나타나셔서 그들의 무지를 꾸짖으시며 역사를 주관하시는 하나님의 섭리에 대해 말씀해 주셨습니다. 이처럼 욥기는 우리에게 고난에 대한 깊은 통찰력을 알려줍니다.

첫째, 욥기는 고난은 말로는 다 설명할 수 없는 신비의 문제라는 사실을 알려줍니다. 고난은 죄 때문에 찾아오기도 하지만 우리가 살아가는 삶의 현장에는 이유 없는 고난도 분명히 있습니다.

둘째, 욥기는 한 개인의 수난사만이 아니라 긴 역사 속에서 이유 없이 고난을 당하는 이스라엘 공동체의 이야기이기도 합니다. 욥기는 민족적 고난의 문제에 대하여 깊은 통찰력을 전해주고 있습니다.

셋째, 욥기는 인과율(因果律)을 뛰어넘는 하나님의 자유를 알려줍니다. 만약 하나님께서 인과율에 따라 우리 인간을 심판하신다면 개인이든 공동체든 그 누구도 하나님 앞에 살아남을 수 없을 것입니다.

넷째, 욥기는 하나님께서 하나님의 자유로 우리에게 은혜를 허락해 주신다는 사실을 알려줍니다. 인과율이 아니라 하나님의 자유 때문에

그 자유 속에 있는 은혜로 우리가 구원 얻는 존재가 된 것입니다.

그러므로 순경 중이든 역경 중이든 우리의 주권자 되시는 하나님께서 크고 놀라운 섭리로 우리를 인도하고 계신다는 사실을 확실히 믿으며 삽시다.

6. 함께 기도하기 마무리하며 함께 기도합니다

> 사랑이 많으신 하나님 아버지! 우리가 인생을 살아가면서 뜻하지 않은 어려움을 만날 때가 있습니다. 그러나 그 순간에도 하나님께서 우리를 내버려 두지 않으시고 보호하신다는 사실을 잊지 않게 하여 주옵소서. 결국 우리에게 구원을 베푸시는 하나님의 섭리를 찬양하는 가정이 되게 하여 주옵소서. 예수님의 이름으로 기도드립니다. (아멘)

7. 함께 축복하기 찬양하며 서로를 축복합니다

[우리는 사랑의 띠로]

오늘의 암송구절   욥기 42:4

내가 말하겠사오니 주는 들으시고 내가 주께 묻겠사오니 주여 내게 알게 하옵소서

우리집 가정예배 일지

일 시	참석자
기도제목 · 응답내용	

016 >> 복 있는 사람 시 1:1~6
모든 일이 다 형통하리로다

1. 함께 찬양하기 찬송가 384장

〈 나의 갈 길 다 가도록 〉

1) 나의 갈 길 다가도록 예수 인도하시니
   내 주안에 있는 긍휼 어찌 의심하리요
   믿음으로 사는 자는 하늘 위로 받겠네
   무슨 일을 만나든지 만사형통 하리라 (×2)
2) 나의 갈 길 다가도록 예수 인도하시니
   어려운 일 당한 때도 족한 은혜 주시네
   나는 심히 고단하고 영혼 매우 갈하나
   나의 앞에 반석에서 샘물 나게 하시네 (×2) (아멘)

2. 함께 본문 읽기 시편 1:1-6

(1) 복 있는 사람은 악인들의 꾀를 따르지 아니하며 죄인들의 길에 서지 아니하며 오만한 자들의 자리에 앉지 아니하고

(2) 오직 여호와의 율법을 즐거워하여 그의 율법을 주야로 묵상하는도다
(3) 그는 시냇가에 심은 나무가 철을 따라 열매를 맺으며 그 잎사귀가 마르지 아니함 같으니 그가 하는 모든 일이 다 형통하리로다
(4) 악인들은 그렇지 아니함이여 오직 바람에 나는 겨와 같도다
(5) 그러므로 악인들은 심판을 견디지 못하며 죄인들이 의인들의 모임에 들지 못하리로다
(6) 무릇 의인들의 길은 여호와께서 인정하시나 악인들의 길은 망하리로다

 3. 함께 생각하기   인도자가 읽어줍니다

그리스 신화에는 매우 탐욕스러웠던 마이더스 왕의 이야기가 나옵니다. 그는 엄청난 재산을 가지고 있었음에도 더 많은 부귀를 원하였습니다. 어느 날 우연히 신을 만난 그는 소원을 빌게 되었는데 자신의 손에 닿는 모든 것을 황금으로 변하게 해달라고 간청하였습니다. 신은 그의 소원을 들어주었고 마이더스는 자신의 모든 소유물을 만지며 닿치는 대로 황금으로 만들었습니다. 자신은 큰 '복'을 받았다고 생각하였습니다.

그런데 예기치 못한 문제가 생겼습니다. 만지기만 하면 황금이 되니 도대체 음식을 먹을 수 없었던 것입니다. 그가 당황스러워하고 있을 때 자신의 사랑스런 딸이 달려왔는데 그는 무심코 딸을 안았다가 기겁을 하였습니다. 사랑하는 딸이 금 조각상이 되어 버렸기 때문입니다. 마이

더스는 자신이 '복'이 아닌 '저주'를 받은 것임을 깨달았고 다시 신에게 달려가 원래대로 되돌려달라고 간청하였다는 이야기입니다.

오늘날 '마이더스의 손'은 성공한 사람을 상징합니다. 단지 무엇이든지 손만 대면 황금이 되고 성공한다는 그 이유만으로 '축복'의 손이라고 착각하는 것입니다. 하지만 이것은 마이더스가 후회했던 것처럼 '복'을 잘못 이해하고 있기 때문입니다. 진정한 '복'은 오직 하나님으로부터 오는 것입니다. 우리가 예수님의 피로 말미암아 구원받은 것이야말로 진정한 복임을 기억하여 진짜 '복 있는 사람'으로 살아가시길 바랍니다.

 **4. 함께 관찰하기** 성경 본문을 보며 빈칸을 채웁니다

① ☐ 있는 사람은 ☐☐들의 ☐를 따르지 아니하며 ☐☐들의 ☐에 서지 아니하며 ☐☐☐ 자들의 자리에 앉지 아니하고

② 오직 여호와의 ☐☐을 즐거워하여 그의 ☐☐을 주야로 ☐☐하는도다

③ 그는 시냇가에 심은 ☐☐가 ☐을 따라 ☐☐를 맺으며 그 ☐☐☐가 마르지 아니함 같으니 그가 하는 모든 일이 다 ☐☐하리로다

5. 함께 나누기 질문에 따라 묵상한 내용을 나눕니다

① 하나님께서 나에게 내려주신 '복'이 무엇인지 생각해 보고 그 복에 대하여 서로 나누어봅시다.

② 우리가 '복 있는 사람' 답게 살아가려면 어떻게 해야 하는지 생각해 보고 서로 나누어봅시다.

　많은 사람들은 '복' 받기를, 그리고 '복 있는 사람'이 되기를 간절히 바랍니다. 일반적으로 그들이 생각하는 '복'은 세상의 부귀영화와 성공입니다. 하지만 진정한 '복'은 예수 그리스도의 피로 얻은 구원의 은혜이며 '복 있는 사람'은 바로 우리 그리스도인입니다. 시편 1편은 '복 있는 사람'이 어떻게 살아가야 하는지를 분명히 알려주고 있습니다.

　첫째로 복 있는 사람은 세속적인 가치관들을 잘 분별하며 살아가는 사람입니다. 1절에 나오는 악인들의 꾀, 죄인들의 길, 오만한 자들의 자리는 모두 죄의 연속성을 알려줍니다. 악인들의 꾀를 생각하면 죄인들의 길에 들어서게 되고 나아가 오만한 자들의 자리에까지 이르고 마는 것입니다. 그러므로 우리는 세상의 가치와 기독교적 가치를 잘 분별할 수 있어야 합니다. 둘째로 복 있는 사람은 하나님의 말씀을 중심으로 살아가는 사람입니다. 2절에서는 '여호와의 율법을 즐거워하며 주야로 묵상하는도다' 라고 고백합니다. 하나님의 말씀은 우리를 교훈하시고, 바르게 하시고, 교육하시고, 온전하게 하시며 선한 일을 행할 능력도 갖추게(딤후 3:16~17) 합니다. 그러므로 우리는 하나님의 말씀 속에서 인생의 답을 찾아야 합니다.

　이처럼 우리가 '복 있는 사람'으로 살아갈 때 하나님께서는 모든 일이 다 형통하게(3절) 하시겠다고 약속해 주셨습니다. 시냇가에 심은 나무가 열매를 맺으며 잎사귀가 마르지 아니함 같이 예수님께 견고하게 소망의 뿌리를 내리셔서 진정으로 복 있는 삶, 형통한 삶을 살아가시기 바랍니다.

 **6. 함께 기도하기**　　마무리하며 함께 기도합니다

　복의 근원 되시는 하나님 아버지! 우리 가정을 복 있는 가정으로 삼아 주셔서 감사합니다. 우리 가정이 언제나 세속적인 가치들을 잘 분별하며, 말씀 중심의 삶을 살아 '복 있는 사람' 답게 살아가게 하여 주시옵소서. 언제나 어디서나 형통한 삶을 살아갈 수 있도록 인도하여 주시옵소서. 예수님의 이름으로 기도드립니다. (아멘)

 **7. 함께 축복하기**　　찬양하며 서로를 축복합니다

[우리는 사랑의 띠로]

오늘의 암송구절

시편 1:3

> 그는 시냇가에 심은 나무가 철을 따라 열매를 맺으며 그 잎사귀가 마르지 아니함 같으니 그가 하는 모든 일이 다 형통하리로다

우리집 가정예배 일지

일 시		참석자	
기도제목 · 응답내용			

>> 하나님께 탄식함   시 13:1~6

여호와여
어느 때까지니이까

017

1. 함께 찬양하기   찬송가 312장

〈 너 하나님께 이끌리어 〉

1) 너 하나님께 이끌리어 일평생 주만 바라면
   너 어려울 때 힘주시고 언제나 지켜주시리
   주 크신 사랑 믿는 자 그 반석 위에 서리라
2) 너 설레는 맘 가다듬고 희망 중 기다리면서
   그 은혜로신 주의 뜻과 사랑에 만족하여라
   우리를 불러 주신 주 마음의 소원 아신다
3) 주 찬양하고 기도하며 네 본분 힘써 다하라
   주 약속하신 모든 은혜 네게서 이뤄지리라
   참되고 의지하는 자 주께서 기억하시리 (아멘)

2. 함께 본문 읽기   시편 13:1-6

(1) 여호와여 어느 때까지니이까 나를 영원히 잊으시나이까 주의 얼굴
    을 나에게서 어느 때까지 숨기시겠나이까
(2) 나의 영혼이 번민하고 종일토록 마음에 근심하기를 어느 때까지 하

오며 내 원수가 나를 치며 자랑하기를 어느 때까지 하리이까
(3) 여호와 내 하나님이여 나를 생각하사 응답하시고 나의 눈을 밝히소서 두렵건대 내가 사망의 잠을 잘까 하오며
(4) 두렵건대 나의 원수가 이르기를 내가 그를 이겼다 할까 하오며 내가 흔들릴 때에 나의 대적들이 기뻐할까 하나이다
(5) 나는 오직 주의 사랑을 의지하였사오니 나의 마음은 주의 구원을 기뻐하리이다
(6) 내가 여호와를 찬송하리니 이는 주께서 내게 은덕을 베푸심이로다

 **3. 함께 생각하기**　　　인도자가 읽어줍니다

　구소련에서 실제로 있었던 이야기입니다. 철도국에서 일하는 한 직원이 냉장고 화차 속으로 들어간 후 그만 실수로 밖의 문이 잠겨 냉장고 화차 안에 갇히고 말았습니다. 그런데 이 냉장고 화차는 고장이 나 있었습니다. 그러니까 이 냉장고 화차 안에는 공기도 충분했고, 온도도 외부와 크게 다르지 않는 적절한 온도였던 것입니다. 그런데 몇 시간 후 또 다른 직원이 사라진 이 직원을 찾아다니다가 냉장고 화차의 문을 열었을 때, 사라진 직원은 그곳에서 이미 죽어 있었습니다. 분명 고장이 난 냉장고 화차 안은 죽을 만한 환경이 아니었는데 왜 죽었을까요?
　많은 사람들이 이 사건을 궁금해하던 중에 마침내 그 죽은 직원이 고장난 냉장고 벽에 남긴 글을 보고서야 비로소 그 이유를 알게 되었습니다. 냉장고 벽에는 이러한 글이 쓰여 있었습니다.
　"점점 몸이 차가워진다. 나는 점차 몸이 얼어옴을 느낀다. 아마 이것

이 마지막일는지 모른다."

결국 자포자기한 절망이 이 사람을 죽이고 말았던 것입니다.

누구나 절망 속에 포기하고 싶은 때를 경험하게 됩니다. 그러나 절망과 탄식 중에 있더라도 성도는 포기하는 사람이 아니라 하나님을 믿는 믿음으로 인해 희망을 가지고 기도하는 사람입니다. 하나님께서는 절망 중에서라도 주님께 기도하는 사람에게 반드시 응답하시고 더 큰 은혜와 복으로 갚아주시는 분이시기 때문입니다.

 4. 함께 관찰하기   성경 본문을 보며 빈칸을 채웁니다

① 나의 영혼이 ☐☐하고 종일토록 마음에 ☐☐하기를 어느 때까지 하오며 내 ☐☐가 나를 치며 ☐☐하기를 ☐☐☐까지 하리이까

② 나는 오직 주의 ☐☐을 ☐☐하였사오니 나의 ☐☐은 주의 ☐☐을 기뻐하리이다

③ 내가 ☐☐☐를 ☐☐하리니 이는 주께서 내게 ☐☐을 ☐☐☐이로다

 **5. 함께 나누기**   질문에 따라 묵상한 내용을 나눕니다

① 마음 속에서 일어나는 깊은 탄식과 슬픔으로 인하여 하나님께 기도해 본 경험을 생각해 보고 서로 나누어봅시다.

② '선취적 신앙'은 주실 은혜를 먼저 감사하며 살아가는 것입니다. 하나님께서 나에게 베풀어 주실 은혜는 무엇인지 기대하며 나눠봅시다.

시편 13편은 다윗이 환난 날에 하나님께 부르짖는 내용으로 구성된 탄식시편입니다. 어려움이 닥칠 때마다 다윗은 하나님께 자신의 처지를 아뢰며 부르짖었습니다. 자연히 다윗의 부르짖음은 깊은 탄식 가운데 나오는 것이었고 그 탄식의 내용들이 엮여서 한 편의 시가 탄생한 것입니다.

시편에 나오는 탄식시들은 내용상 3가지의 구조를 지니는데 첫 번째는 고난의 순간에 하나님께 자신의 심정을 솔직하게 아뢰며 부르짖는 것입니다. 다윗은 자신의 솔직한 심정을 하나님께 아뢰었습니다. 비통하고 비참한 자신의 상황을 토로하며 하나님께 도움을 구하였습니다. 시편 13편에서 다윗은 무려 4번에 걸쳐서 하나님께 '어느 때까지' 고난을 당해야 하는지 여쭙고 있습니다. 두 번째는 고난의 때에 우리가 간구하는 대로 하나님께서 응답하시든지 혹은 그렇지 않든지 간에 하나님의 신실하심을 믿고 계속 기도하는 것입니다. 다윗은 하나님께서 속히 도와주시기를 간구하였지만 하나님은 아무런 말씀도 안 하셨습니다. 그러나 그럼에도 다윗은 하나님께 계속 기도하였습니다. 세 번째는 하나님께서 반드시 도와주실 것이며 결국은 합력하여 선을 이루실 것을 선취적으로 믿고 하나님께 감사와 찬양을 드리는 것입니다. 다윗은

앞으로 미래에 이루어질 하나님의 구원을 지금 여기에서 선취적으로 선포할 줄 아는 사람이었습니다. 이렇게 다윗은 자신을 택하여 세우신 하나님께서 결국은 합력하여 선을 이루실 것을 확실히 믿었기 때문에 고난 중에도 오히려 기뻐하며 하나님을 찬양할 수가 있었던 것입니다.

 **6. 함께 기도하기**   마무리하며 함께 기도합니다

> 하나님 아버지! 내 마음과 감정을 토로할 수 있는 은혜를 베풀어 주심에 감사를 드립니다. 주님의 응답을 사모하고 기다릴 줄 아는 성도가 되게 하시고 하나님께서 나를 사랑하심을 잊지 않게 도와주옵소서. 응답해 주실 주님을 먼저 찬양하고 기대할 수 있도록 인도하여 주옵소서. 예수님의 이름으로 기도합니다. (아멘)

 **7. 함께 축복하기**   찬양하며 서로를 축복합니다

〔 우리는 사랑의 띠로 〕

오늘의 암송구절   시편 13:1

여호와여 어느 때까지니이까 나를 영원히 잊으시나이까 주의 얼굴을 나에게서 어느 때까지 숨기시겠나이까

우리집 가정예배 일지

일 시	참석자
기도제목 · 응답내용	

>> 목자와 양 시 23:1~6

여호와는 나의 목자시니

018

1. 함께 찬양하기   찬송가 569장

〈 선한 목자 되신 우리 주 〉

1) 선한 목자 되신 우리 주 항상 인도하시고
   푸른 풀밭 좋은 곳에서 우리 먹여 주소서
   선한 목자 구세주여 항상 인도하소서
   선한 목자 구세주여 항상 인도하소서

2) 양의 문이 되신 예수여 우리 영접하시고
   길을 잃은 양의 무리를 항상 인도하소서
   선한 목자 구세주여 기도 들어주소서
   선한 목자 구세주여 기도 들어주소서 (아멘)

2. 함께 본문 읽기   시편 23:1-6

(1) 여호와는 나의 목자시니 내게 부족함이 없으리로다

(2) 그가 나를 푸른 풀밭에 누이시며 쉴 만한 물 가로 인도하시는도다

(3) 내 영혼을 소생시키시고 자기 이름을 위하여 의의 길로 인도하시는 도다

(4) 내가 사망의 음침한 골짜기로 다닐지라도 해를 두려워하지 않을 것은 주께서 나와 함께 하심이라 주의 지팡이와 막대기가 나를 안위하시나이다

(5) 주께서 내 원수의 목전에서 내게 상을 차려 주시고 기름을 내 머리에 부으셨으니 내 잔이 넘치나이다

(6) 내 평생에 선하심과 인자하심이 반드시 나를 따르리니 내가 여호와의 집에 영원히 살리로다

3. 함께 생각하기   인도자가 읽어줍니다

이스라엘은 유목민의 삶을 살아와서 목축업을 하는 사람들이 참 많았습니다. 주로 양을 키우곤 하였는데 양에게는 몇 가지의 큰 특징들이 있습니다.

첫째로 양은 여느 동물들과는 달리 자신을 보호할 능력이 전혀 없는 동물입니다. 다른 동물들은 뾰족한 뿔이나 발톱, 송곳니가 있거나 단단한 껍질 혹은 독, 지독한 냄새를 가지고 있지만 양은 전혀 그런 것이 없습니다.

둘째로 양은 잘 넘어지는데 정작 넘어지면 혼자 일어나질 못합니다. 다리가 단단하고 강하지 못하여 넘어지면 벌러덩 뒤집어지는데 목자가 세워주기까지 그 상태로 누워 있습니다.

　셋째로 양은 식곤증이 많고 미련한 동물입니다. 풀을 뜯다가 그 자리에 잠들어 뜨거운 햇살에 종종 화상을 입기까지 한다고 합니다.

　넷째로 양은 시력이 지독히도 나쁘고 융통성이 없는 동물입니다. 양은 시력이 좋지 않아 바로 코 앞에 있는 것만 볼 수 있는데 융통성이 없어서 눈앞에 양이 절벽에 떨어지면 모두가 그 양을 따라가 함께 떨어지곤 합니다. 그래서 양은 도무지 목자가 없으면 광야에서 살아남을 수 없는 동물입니다.

　양은 이처럼 목자가 돌보아주지 않으면 살아갈 수 없는 동물인데, 시편 23편은 우리를 이러한 양에 비유하여 하나님이 우리의 목자가 되셔서 우리를 인도하시고, 보호하시고, 지키시며 돌보신다고 말씀하십니다. 우리는 하나님 없이는 도무지 살아갈 수 없는 존재입니다.

4. 함께 관찰하기　성경 본문을 보며 빈칸을 채웁니다

① 여호와는 나의 ☐☐ 시니 내게 ☐☐☐ 이 없으리로다

② 내가 ☐☐ 의 음침한 ☐☐☐ 로 다닐지라도 ☐ 를 두려워하지 않을 것은 ☐ 께서 나와 함께 하심이라 주의 ☐☐☐ 와 ☐☐ 가 나를 ☐☐ 하시나이다

③ 내 평생에 ☐☐☐ 과 ☐☐☐☐ 이 반드시 나를 따르리니 내가 ☐☐☐ 의 ☐ 에 영원히 살리로다

5. 함께 나누기   질문에 따라 묵상한 내용을 나눕니다

① 나에게 하나님은 어떤 분이신지 생각해보고 "하나님은 나의 ○○ 가 되십니다."라고 고백하며 서로 소개해 봅시다.

② 하나님이 우리의 목자가 되신다는 사실이 자신에게는 어떠한 의미로 다가오는지 생각해보고 서로 나누어 봅시다.

시편 23편은 3가지 모습의 하나님을 노래하고 있습니다.

첫째, '인도하시는 하나님' 입니다. 2절과 3절 마지막에는 모두 '인도하시는도다' 라고 끝을 맺고 있습니다. 이스라엘에서 양은 절대로 혼자 살아갈 수 없습니다. 양이 목자 없이는 물조차 찾을 수 없고, 또 절벽이 많아 큰 위험에 처할 수도 있습니다. 우리의 목자되신 하나님은 우리를 안전한 곳으로 인도하시는 분이십니다. 둘째, '보호하시는 하나님' 을 노래합니다. 4절은 사망의 음침한 골짜기를 지날 때 하나님이 지팡이와 막대기로 나를 안위하신다고 고백합니다. 지팡이는 양이 위험한 곳으로 갈 때 안전한 곳으로 이끌어주는 역할을 합니다. 막대기는 악한 짐승들의 공격을 물리치는 데 사용합니다. 하나님은 우리를 호위하시며 보호하시며 눈동자와 같이 지켜주시는 분이십니다(신 32:10). 셋째, '높이시는 하나님' 을 노래합니다. 원수의 목전에서 상을 차려주신다는 것은 승리 후에 대적들 앞에서 승전축하잔치를 베푸신다는 뜻입니다. 기름을 내 머리에 부으신다는 것은 주인이 대단히 귀중한 손님에게 친절과 영광을 베풀어주는 것을 의미합니다. 이처럼 하나님께서는 우리를 높여주시는 분이십니다.

1절에서는 이런 하나님이 나의 목자라고 고백합니다. 하나님이 나의

목자 되시면 우리는 하나님의 선하심과 인자하심을 누릴 수 있습니다. 예수님은 선한 목자의 비유로 나는 양을 알고, 양은 나를 알고, 양은 나를 따른다(요 10:27)고 말씀하셨습니다. 이제 하나님과의 관계를 분명히 하여 우리를 인도하시고, 보호하시고, 높이시는 하나님으로 말미암아 승리의 삶을 살아가시기 바랍니다.

 **6. 함께 기도하기** 마무리하며 함께 기도합니다

> 우리의 목자가 되신 하나님 아버지! 날마다 우리를 인도하시고 보호하시고 높여주시니 감사드립니다. 우리 가정이 평안할 때에 하나님의 인도하심을 기억하여 감사하게 하시고, 힘들 때에 선한 길로 인도하실 하나님을 믿으며 승리하게 하여 주시옵소서. 예수님의 이름으로 기도드립니다. (아멘)

 **7. 함께 축복하기** 찬양하며 서로를 축복합니다

[우리는 사랑의 띠로]

오늘의 암송구절
시편 23:1

여호와는 나의 목자시니 내게 부족함이 없으리로다

우리집 가정예배 일지

일 시		참석자	
기도제목 • 응답내용			

>> 하나님을 갈망함 시 42:1~11

여전히 찬송하리로다

019

1. 함께 찬양하기   찬송가 300장

〈 내 맘이 낙심되며 〉

1) 내 맘이 낙심되며 근심에 눌릴 때 주께서 내게 오사
   위로해 주시네 가는 길 캄캄하고 괴로움 많으나
   주께서 함께하며 내 짐을 지시네
2) 희망이 사라지고 친구 날 버릴 때 주 내게 속삭이며
   새 희망 주시네 싸움이 맹렬하여 두려워 떨때에
   승리의 왕이 되신 주 음성 들리네
3) 번민이 가득차고 눈물이 흐를 때 주 나의 곁에 오사
   위로해 주시네 환난이 닥쳐와서 어려움 당할 때
   주님의 능력 입어 원수를 이기네
후렴) 그 은혜가 내게 족하네 그 은혜가 족하네
   이 괴로운 세상 지날 때 그 은혜가 족하네

2. 함께 본문 읽기   시편 42:1-9

(1) 하나님이여 사슴이 시냇물을 찾기에 갈급함 같이 내 영혼이 주를 찾기에 갈급하니이다
(2) 내 영혼이 하나님 곧 살아 계시는 하나님을 갈망하나니 내가 어느 때에 나아가서 하나님의 얼굴을 뵈올까

(3) 사람들이 종일 내게 하는 말이 네 하나님이 어디 있느뇨 하오니 내 눈물이 주야로 내 음식이 되었도다
(4) 내가 전에 성일을 지키는 무리와 동행하여 기쁨과 감사의 소리를 내며 그들을 하나님의 집으로 인도하였더니 이제 이 일을 기억하고 내 마음이 상하는도다
(5) 내 영혼아 네가 어찌하여 낙심하며 어찌하여 내 속에서 불안해 하는가 너는 하나님께 소망을 두라 그가 나타나 도우심으로 말미암아 내가 여전히 찬송하리로다
(6) 내 하나님이여 내 영혼이 내 속에서 낙심이 되므로 내가 요단 땅과 헤르몬과 미살 산에서 주를 기억하나이다
(7) 주의 폭포 소리에 깊은 바다가 서로 부르며 주의 모든 파도와 물결이 나를 휩쓸었나이다
(8) 낮에는 여호와께서 그의 인자하심을 베푸시고 밤에는 그의 찬송이 내게 있어 생명의 하나님께 기도하리로다
(9) 내 반석이신 하나님께 말하기를 어찌하여 나를 잊으셨나이까 내가 어찌하여 원수의 압제로 말미암아 슬프게 다니나이까 하리로다

 **3. 함께 생각하기**   인도자가 읽어줍니다

독일에서 태어난 베르너 렘케(Werner Lemke)는 유년 시절에 2차 세계대전을 겪었습니다. 어느 날 연합군이 진격해 오는 바람에 온 가족이 피난길에 올라야 했습니다. 그들은 내일을 기약할 수 없는 심정으로 짐을 꾸린 뒤 마지막으로 정든 집을 한 번 돌아보았습니다. 그런데 그 때 큰아들이 피아노 앞에 앉아 가족들이 즐겨 부르던 '예부터 도움 되시고'(찬 71장)를 연주하기 시작하였습니다.

    그런데 그 찬송 가사 가운데 하나님을 가리켜 '내 소망 되신 주'라고 고백하는 부분을 부르며 그들은 하나님이 소망이 되신다는 격려를 받고 담대함으로 피난길에 올랐습니다. 렘케 가족은 피난길에서도 하나님의 손을 놓지 않았고 그들은 하나님과 함께 삶의 경주를 달려나갔습니다. 그렇게 그들의 마음은 아주 평안하였습니다.

    성경은 소망을 '영혼의 닻'(히 6:19)이라고 부릅니다. 닻은 안정시키는 역할을 하며 영혼이 떠내려가지 않도록 붙잡아줍니다. 닻이 없으면 배는 바람과 물결에 쉽게 흔들릴 수밖에 없습니다. 마찬가지로 우리의 영혼도 중심을 잡아 주는 닻이 있어야 합니다. 닻이 없으면 예측 불가능한 일로 인해 쉽게 흔들리게 됩니다. 하지만 우리가 하나님 안에서 소망을 품으면 하나님과 하나로 묶이게 되고 삶의 경주를 힘차게 달려갈 수 있는 새 힘을 얻게 됩니다.

4. 함께 관찰하기 성경 본문을 보며 빈칸을 채웁니다

① 하나님이여 ☐☐이 시냇물을 찾기에 ☐☐☐ 같이 내 ☐☐이 주를 찾기에 ☐☐하니이다

② 내 ☐☐이 하나님 곧 살아 계시는 하나님을 ☐☐하나니 내가 어느 때에 나아가서 ☐☐☐의 ☐☐을 뵈올까

③ 내 영혼아 네가 어찌하여 ☐☐하며 어찌하여 내 속에서 ☐☐해 하는가 너는 하나님께 ☐☐을 두라 그가 나타나 도우심으로 말미암아 내가 여전히 ☐☐하리로다

5. 함께 나누기 질문에 따라 묵상한 내용을 나눕니다

① 최근에 내 영혼이 낙심되거나 삶의 환경과 상황이 나를 불안하게 했던 경험을 생각해 보고 서로 나누어 봅시다.

② 다윗은 낙심되는 상황 중에 하나님께 소망을 두었습니다. 그렇다면 나는 어렵고 힘든 상황을 어떻게 해결해야 할지 나누어 봅시다.

다윗은 하나님을 갈급해하는 자기 영혼의 모습을 설명하면서 목마른 사슴이 시냇물을 찾아 갈급해하는 모습에 비유하였습니다. 사슴의 생명이 물에 달려 있듯이 자신의 생명이 살아계신 하나님께 달려 있음을 말한 것입니다. 이것은 너무나 간절하게 주님을 찾는 마음입니다. 다윗은 살아계신 하나님을 그렇게 갈망하며 사모하였습니다.

다윗이 하나님을 그토록 갈망한 이유는 자기와 함께 하나님의 성전에서 감사와 찬양의 노래를 부르며 자기가 믿었던 사람들이 고통 가운데 있는 자기를 향해서 "네 하나님이 어디 있느냐" 하며 비웃고 조롱하였기 때문입니다. 그런데 정말 놀라운 것은 다윗은 이처럼 사람에 대한 실망과 상황에 대한 낙심과 자신에 대한 절망에서 헤쳐나올 수 있는 길이 있음을 분명히 깨달았습니다. 그 길은 바로 살아계신 하나님입니다.

"너는 하나님께 소망을 두라. 그가 나타나 도우심으로 말미암아 내가 여전히 찬송하리로다"(5절). 여기서 "소망을 두라"의 히브리어 단어는 '신뢰하다', '기대하다' 라는 뜻입니다. 그러니까 다윗은 인생의 모든 소망의 자리에서 기다려야 할 분은 오직 하나님이시라고 외쳤던 것입니다.

혹시 지금 어려움을 당하고 있습니까? 그럴 때마다 우리가 반드시 기억해야 할 것은 하나님께 소망을 두는 것입니다. 하나님을 갈망하는 것입니다. 어떠한 상황 속에서도 오직 하나님께만 소망을 두고 그분을 의지하며 나아감으로 진정한 기쁨과 평안을 누리시기를 바랍니다.

 **6. 함께 기도하기**   마무리하며 함께 기도합니다

> 하나님 아버지! 내 영혼이 낙심되고 여러 가지 환경과 상황이 나를 불안하게 할지라도 오직 하나님께만 소망을 두게 하여 주시옵소서. 목마른 사슴이 시냇물을 찾듯이 우리도 언제나 하나님을 향한 갈망을 가지고 여전히 하나님을 찬송하며 나아가도록 인도하여 주시옵소서. 예수님의 이름으로 기도합니다. (아멘)

 **7. 함께 축복하기**   찬양하며 서로를 축복합니다

[우리는 사랑의 띠로]

오늘의 암송구절   시편 42:5

내 영혼아 네가 어찌하여 낙심하며 어찌하여 내 속에서 불안해 하는가 너는 하나님께 소망을 두라 그가 나타나 도우심으로 말미암아 내가 여전히 찬송하리로다

우리집 가정예배 일지

일 시		참석자	
기도제목 · 응답내용			

>> 하나님을 의지함   시 56:1~13

나의 눈물을
주의 병에 담으소서

020

 **1. 함께 찬양하기**   찬송가 391장

〈 오 놀라운 구세주 〉

1) 오 놀라운 구세주 예수 내 주 참 능력의 주시로다
   큰 바위 밑 안전한 그 곳으로 내 영혼을 숨기시네
2) 오 놀라운 구세주 예수 내 주 내 모든 짐 벗기시네
   죄악에서 날 끌어 올리시며 또 나에게 힘주시네
3) 측량 못할 은혜로 채우시며 늘 성령의 감화주사
   큰 기쁨 중 주님을 찬양토록 내 믿음을 도우시네
후렴) 메마른 땅을 종일 걸어가도 나 피곤치 아니하며
      저 위험한 곳 내가 이를 때면
      큰 바위에 숨기시고 주 손으로 덮으시네

 **2. 함께 본문 읽기**   시편 56:1-13

(1) 하나님이여 내게 은혜를 베푸소서 사람이 나를 삼키려고 종일 치며 압제하나이다 (2) 내 원수가 종일 나를 삼키려 하며 나를 교만하게 치는 자들이 많사오니 (3) 내가 두려워하는 날에는 내가 주를 의지하리이다 (4) 내가 하나님을 의지하고 그 말씀을 찬송하올지라 내가 하나님을 의

지하였은즉 두려워하지 아니하리니 혈육을 가진 사람이 내게 어찌하리이까 (5) 그들이 종일 내 말을 곡해하며 나를 치는 그들의 모든 생각은 사악이라 (6) 그들이 내 생명을 엿보았던 것과 같이 또 모여 숨어 내 발자취를 지켜보나이다 (7) 그들이 악을 행하고야 안전하오리이까 하나님이여 분노하사 뭇 백성을 낮추소서 (8) 나의 유리함을 주께서 계수하셨사오니 나의 눈물을 주의 병에 담으소서 이것이 주의 책에 기록되지 아니하였나이까 (9) 내가 아뢰는 날에 내 원수들이 물러가리니 이것으로 하나님이 내 편이심을 내가 아나이다 (10) 내가 하나님을 의지하여 그의 말씀을 찬송하며 여호와를 의지하여 그의 말씀을 찬송하리이다 (11) 내가 하나님을 의지하였은즉 두려워하지 아니하리니 사람이 내게 어찌하리이까 (12) 하나님이여 내가 주께 서원함이 있사온즉 내가 감사제를 주께 드리리니 (13) 주께서 내 생명을 사망에서 건지셨음이라 주께서 나로 하나님 앞, 생명의 빛에 다니게 하시려고 실족하지 아니하게 하지 아니하셨나이까

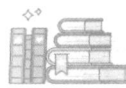

3. 함께 생각하기   인도자가 읽어줍니다

  1871년 미국의 시카고에 큰 화재가 발생하여 전 시가지를 불바다로 만든 사건이 있었습니다. 이 사건으로 도시 중심에 있던 무디 목사님의 교회도 불에 타서 더 이상 예배를 드릴 수 없는 상황이 되었습니다. 그때 한 기자가 무디 목사님에게 이런 질문을 하였습니다.

  "목사님! 평소에 목사님은 어떤 상황에서도 하나님을 의지해야 한다고 말씀하셨는데 이렇게 교회가 불탄 것에 대해서 어떻게 생각하십니까?"

그 질문을 받은 무디 목사님은 "지금 우리 교회는 부흥이 되어 성도가 많아졌습니다. 그래서 하나님께 더 큰 건물을 짓게 해 달라고 기도하는 중이었는데 잿더미가 되었으니 이젠 교회를 더 크게 짓는 일만 남은 셈이지요"라고 대답하였습니다.

그러자 기자는 다시 질문하였습니다.

"그러면 교회를 지을 돈은 무사히 보관하셨다는 말입니까?"

그러자 무디 목사님은 자신의 오른손에 꼭 잡고 있던 낡은 성경책을 보이며 말하였습니다.

"여기 이렇게 하나님의 금고가 있지 않소!"

그 후 무디 목사님은 영국으로 건너가 영국 전역에서 하나님의 말씀을 통하여 큰 부흥운동을 일으켰고 마침내 영국교회 성도들의 헌금으로 시카고의 불탄 교회 자리에 더 큰 건물을 지어 하나님께 봉헌할 수 있었습니다. 이와 같이 어떠한 어려움 중에도 오직 하나님만을 의지하고 신뢰하는 믿음으로 승리하시기를 소망합니다.

4. 함께 관찰하기 성경 본문을 보며 빈칸을 채웁니다

① 내가 □□□ 하는 날에는 내가 □를 □□ 하리이다

② 나의 유리함을 주께서 □□ 하셨사오니 나의 □□을 주의 □에 담으소서 이것이 주의 □에 기록되지 아니하였나이까

③ 내가 □□□ 날에 내 □□들이 물러가리니 이것으로 하나님이 □ □□□□ 내가 아나이다

 5. 함께 나누기 질문에 따라 묵상한 내용을 나눕니다

① 다윗은 의지의 신앙으로 인생의 위기를 극복하였습니다. 다윗의 믿음의 고백을 본문에서 찾아보고 서로 나누어 봅시다.

② 지금 나를 가장 두렵게 하는 것이 무엇인지 생각해 보고, 그것을 극복하기 위해서 어떻게 해야 할지 서로 나누어 봅시다.

다윗은 사울의 낯을 피하여 10년 동안 유리방황하다가 나중에는 블레셋 땅으로 피신할 수밖에 없었습니다. 그런데 거기서 블레셋 왕의 신하들이 다윗을 알아보았고, 그 절체절명의 위기 가운데 다윗은 그들 앞에서 미친 체하며 대문짝에 그적거리고 침을 수염에 흘리며 겨우 목숨을 부지하였습니다(삼상 21:13). 시편 56편은 그런 위기의 상황 가운데 지은 시입니다.

이토록 급박한 위기 상황에서 다윗은 하나님께 의지하며 하나님의 말씀을 찬송한다고 고백하였습니다. 그리고 원수들의 불의함에 대한 공의의 보응과 방황하는 자신의 절박한 심정을 호소하였습니다. 또한 다윗은 선취적 신앙으로 하나님의 구원을 확신하며 감사제를 드리겠다고 서원하였습니다.

이 시의 표제어인 '요낫 엘렘 르호김'은 '먼 상수리나무에 앉아 있는 비둘기'라는 뜻입니다. 이는 홀로 먼 이국땅으로 도망가서 처량하게 지내고 있는 다윗 자신의 처지를 표현하고 있습니다. 다윗은 원수들의 핍박 속에서 흘리는 고통의 눈물을 주의 병에 담아달라고 말하며 자신의 고난을 감찰하시고 구원의 손길을 베풀어 달라고 호소하였습니다.

이처럼 다윗은 철저한 '의지의 신앙'으로 그 모든 상황을 이겨내었습니다. "내가 두려워하는 날에는 내가 주를 의지하리이다"(3절), "하나님이 내 편이심을 내가 아나이다"(9절). 오늘 우리에게도 이 의지의 신앙이 꼭 필요합니다. 의지의 신앙으로 모든 것을 이겨내고 승리하시기 바랍니다.

6. 함께 기도하기   마무리하며 함께 기도합니다

> 사랑하는 하나님 아버지! 참으로 힘들고 어려운 시대를 살아가고 있습니다. 이러한 세상 속에서 하나님의 말씀을 통하여 승리하는 비결을 알려 주시니 감사합니다. 언제나 하나님을 의지하는 의지의 신앙으로 우리 가정이 모든 어려움을 넉넉히 이기며 승리하게 하여 주시옵소서. 예수님의 이름으로 기도드립니다. (아멘)

7. 함께 축복하기   찬양하며 서로를 축복합니다

[우리는 사랑의 띠로]

오늘의 암송구절　　　　　　　시편 56:3

내가 두려워하는 날에는 내가 주를 의지하리이다

우리집 가정예배 일지

일 시		참석자	
기도제목 • 응답내용			

>> 성전을 사모함   시 84:1~12

주의 집에 사는 자들은 복이 있나니

021

1. 함께 찬양하기   찬송가 208장

〈 내 주의 나라와 〉

1) 내 주의 나라와 주 계신 성전과
   피 흘려 사신 교회를 사랑 합니다
2) 내 주의 교회는 천성과 같아서
   눈동자 같이 아끼사 늘 보호 하시네
3) 이 교회 위하여 눈물과 기도로
   내 생명 다하기까지 늘 봉사 합니다
4) 성도의 교제와 교회의 위로와
   구주와 맺은 언약을 늘 기뻐 합니다
5) 하늘의 영광과 베푸신 은혜가
   진리와 함께 영원히 시온에 넘치네 (아멘)

2. 함께 본문 읽기   시편 84:1-12

(1) 만군의 여호와여 주의 장막이 어찌 그리 사랑스러운지요 (2) 내 영혼이 여호와의 궁정을 사모하여 쇠약함이여 내 마음과 육체가 살아 계시는 하나님께 부르짖나이다 (3) 나의 왕, 나의 하나님, 만군의 여호와여

주의 제단에서 참새도 제 집을 얻고 제비도 새끼 둘 보금자리를 얻었나이다 (4) 주의 집에 사는 자들은 복이 있나니 그들이 항상 주를 찬송하리이다 (셀라) (5) 주께 힘을 얻고 그 마음에 시온의 대로가 있는 자는 복이 있나이다 (6) 그들이 눈물 골짜기로 지나갈 때에 그 곳에 많은 샘이 있을 것이며 이른 비가 복을 채워 주나이다 (7) 그들은 힘을 얻고 더 얻어 나아가 시온에서 하나님 앞에 각기 나타나리이다 (8) 만군의 하나님 여호와여 내 기도를 들으소서 야곱의 하나님이여 귀를 기울이소서 (셀라) (9) 우리 방패이신 하나님이여 주께서 기름 부으신 자의 얼굴을 살펴 보옵소서 (10) 주의 궁정에서의 한 날이 다른 곳에서의 천 날보다 나은즉 악인의 장막에 사는 것보다 내 하나님의 성전 문지기로 있는 것이 좋사오니 (11) 여호와 하나님은 해요 방패이시라 여호와께서 은혜와 영화를 주시며 정직하게 행하는 자에게 좋은 것을 아끼지 아니하실 것임이니이다 (12) 만군의 여호와여 주께 의지하는 자는 복이 있나이다

 **3. 함께 생각하기**   인도자가 읽어줍니다

1906년 평북 의주에서 태어난 김응락 장로는 해방 이후 서울 종로에서 포목상을 경영하면서 자신처럼 월남한 사람들을 모아 1945년 한경직 목사님과 함께 영락교회의 전신인 베다니전도교회를 설립하여 첫 예배를 드렸습니다. 이후 점점 부흥하여 1950년 6월 4일 석조건물인 영락교회를 세우고 헌당하였습니다. 그러나 그 감격도 잠시뿐이었습니다. 20여 일 지났을 때 한국전쟁이 발발하였기 때문입니다.

교회에 남으려던 목사님을 가까스로 설득하여 많은 성도들이 피난길에 올랐지만 김응락 장로는 교회를 지키겠노라 말하며 결국 교회에 남

았습니다. 북한군이 서울을 점령하여 영락교회를 무기고로 사용하였을 때 그는 날마다 교회를 찾아가 담벼락에서 몰래 기도하곤 하였습니다.

 그 해 9월 북한군이 교회를 떠났다는 소식을 듣자 그는 곧장 교회를 지키겠다는 일념으로 달려갔다가 잠복해 있던 공산군에게 붙잡히고 말았습니다. 이때 김응락 장로는 "난 이 교회의 장로요 교회 안에 들어가서 5분만 기도하게 해 주면 안 되겠습니까?"라고 이야기하였고, 총살 직전 그는 '나의 기쁨 나의 소망 되시며 나의 생명이 되신 주 밤낮 불러서 찬송을 드려도 늘 아쉰 마음 뿐일세' 이 찬양을 부르며 45세의 젊은 나이로 순교하였습니다. 누구보다 교회를 사랑하며 교회를 지키기 위해 힘썼던 김응락 장로는 그렇게 영락교회의 첫 순교자가 되었습니다.

4. 함께 관찰하기   성경 본문을 보며 빈칸을 채웁니다

① 나의 왕, 나의 하나님, 만군의 여호와여 주의 □□에서 □□도 제 □을 얻고 □□도 새끼 둘 □□□□를 얻었나이다

② 주께 □을 얻고 그 마음에 □□□ □□가 있는 자는 □이 있나이다

③ 주의 □□에서의 □ 날이 다른 곳에서의 □ 날보다 나은즉 악인의 장막에 사는 것보다 내 하나님의 □□ □□□로 있는 것이 좋사오니

 **5. 함께 나누기** 질문에 따라 묵상한 내용을 나눕니다

① 시편 84편을 지은 시인이 부러워하는 3가지가 무엇인지 찾아보고 왜 그것을 부러워하고 있는지 서로 나누어 봅시다.

② 우리가 섬기는 교회를 사랑하고 교회를 세우는 일에 힘쓰기 위하여 무엇을 할 수 있을지 서로 나누어 봅시다.

시편 84편은 절기를 맞아 예배를 드리기 위해 예루살렘으로 올라가던 한 순례자가 여호와의 성전을 간절히 사모하면서 지은 시편입니다. 그런데 시인은 무엇을 굉장히 부러워하면서 시를 기록하고 있습니다. 3절 말씀에서 알 수 있듯이 그는 참새와 제비를 부러워하고 있습니다. 저 새들은 항상 하나님의 성전에서 잠을 자고 성전에서 지저귀며 살고 있기 때문입니다.

10절에서는 또 다른 한 가지를 부러워합니다. 바로 성전의 문지기입니다. 시인이 성전 문지기를 부러워하는 것은 주님의 성전에서 하루를 사는 것이 다른 곳에서 천 날을 사는 것보다 더 좋다고 생각하기 때문입니다. 아무리 부귀와 영화를 누릴 수 있다고 하여도 악인의 집에 거하는 것보다는 성전 문지기가 되어 주님을 가까이하며 살아가는 것이 더 낫다고 여겼기 때문입니다.

시인의 이러한 고백을 통해 우리는 성전 중심의 신앙을 마음 깊이 깨달아야 합니다. 성전은 곧 하나님이 계신 곳이며 우리는 성전 안에 계신 하나님을 찾고 사랑하며 하나님과 교제하며 살아야 하기 때문입니다.

그리고 넓게 보면 예루살렘으로 올라가던 순례자와 같이 우리는 하나님의 나라를 향해 나아가는 순례자이며 이 땅의 길가는 나그네입니

다. 참된 순례자는 하나님이 우리를 위해 정해 놓으신 올람길(옛적길)을 잘 걸어가야만 합니다. 그리고 이 아름다운 길에 사랑하는 사람을 초청해서 같이 그 길을 함께 걸어가도록 독려하여야 합니다. 이것이 바로 전도요 선교입니다. 이 땅의 성전을 사랑하며 영원한 하늘나라의 성전을 사모하는 성도가 되시기를 바랍니다.

6. 함께 기도하기   마무리하며 함께 기도합니다

> 하나님 아버지! 크신 은혜와 사랑을 감사드립니다. 우리에게 좋은 교회를 허락하여 주셔서 주안에서 함께 신앙생활 할 수 있도록 인도하여 주시니 감사드립니다. 우리 가정이 날마다 하나님을 사모하고, 하나님이 세우신 교회를 사랑하며 살아가게 하여 주시옵소서. 예수님의 이름으로 기도드립니다. (아멘)

7. 함께 축복하기   찬양하며 서로를 축복합니다

[우리는 사랑의 띠로]

오늘의 암송구절   시편 84:4

주의 집에 사는 자들은 복이 있나니 그들이 항상 주를 찬송하리이다

우리집 가정예배 일지

일 시		참석자	
기도제목 · 응답내용			

>> 인생의 지혜   시 90:1~12

지혜로운 마음을 얻게 하소서

022

 **1. 함께 찬양하기**   찬송가 380장

〈 나의 생명 되신 주 〉

1) 나의 생명 되신 주 주님 앞에 나아갑니다
　주의 흘린 보혈로 정케하사 받아주소서
2) 괴론 세상 지낼 때 나를 인도하여 주소서
　주를 믿고 나가면 나의 길을 잃지 않겠네
3) 세상 살아갈 때에 주를 더욱 사랑합니다
　밝고 빛난 천국에 나의 영혼 들어가겠네
(후렴) 날마다 날마다 주를 찬송하겠네
　　　주의 사랑 줄로써 나를 굳게 잡아 매소서 (아멘)

 **2. 함께 본문 읽기**   시편 90:1-12

(1) 주여 주는 대대에 우리의 거처가 되셨나이다 (2) 산이 생기기 전, 땅과 세계도 주께서 조성하시기 전 곧 영원부터 영원까지 주는 하나님이시니이다 (3) 주께서 사람을 티끌로 돌아가게 하시고 말씀하시기를 너희 인생들은 돌아가라 하셨사오니 (4) 주의 목전에는 천 년이 지나간 어

제 같으며 밤의 한 순간 같을 뿐임이니이다 (5) 주께서 그들을 홍수처럼 쓸어가시나이다 그들은 잠깐 자는 것 같으며 아침에 돋는 풀 같으니이다 (6) 풀은 아침에 꽃이 피어 자라다가 저녁에는 시들어 마르나이다 (7) 우리는 주의 노에 소멸되며 주의 분내심에 놀라나이다 (8) 주께서 우리의 죄악을 주의 앞에 놓으시며 우리의 은밀한 죄를 주의 얼굴 빛 가운데에 두셨사오니 (9) 우리의 모든 날이 주의 분노 중에 지나가며 우리의 평생이 순식간에 다하였나이다 (10) 우리의 연수가 칠십이요 강건하면 팔십이라도 그 연수의 자랑은 수고와 슬픔뿐이요 신속히 가니 우리가 날아가나이다 (11) 누가 주의 노여움의 능력을 알며 누가 주의 진노의 두려움을 알리이까 (12) 우리에게 우리 날 계수함을 가르치사 지혜로운 마음을 얻게 하소서

 **3. 함께 생각하기**　　　　　인도자가 읽어줍니다

　　1956년에 미국 명문대학교인 휘튼대학교를 수석으로 졸업한 짐 엘리엇은 5명의 친구들과 남미 에콰도르의 정글로 선교여행을 떠났습니다. 식인종인 아우카족에게 복음을 전하려고 하였던 것입니다. 그런데 그곳에 도착한 지 5일 만에 그들은 아우카족에게 무참히 살해되었습니다.

　　당시 미국언론들은 '이 무슨 불필요한 낭비란 말인가?' 라는 헤드라인으로 청년들의 죽음을 대서특필하였습니다. 장래가 촉망되는 젊은이들이 멀리 남미까지 가서 의미 없이 죽었다는 것입니다. 그러자 엘리엇의 아내인 엘리자베스가 즉각 항변하였습니다.

　　"아니, 낭비라니요? 제 남편은 어릴 때부터 이 순간을 위해서 준비한

사람입니다. 잃어버린 영혼에게 복음을 전하기 위해 일생을 준비했고 그렇게 살다가 하나님의 곁으로 간 것입니다. 이제 그 꿈을 이룬 것뿐입니다. 이것이 낭비입니까?"

2년 후 엘리자베스는 자신의 딸과 함께 남편이 못다 이룬 꿈을 이루려고 아우카족에게 들어가서 복음을 전하였습니다. 놀랍게도 아우카족은 그녀를 통해 복음을 받아들였고 그곳에 여러 개의 교회가 세워졌습니다. 짐 엘리엇과 친구들은 인생을 낭비하고 헛되게 산 것이 아닙니다. 하나님 앞에서 가장 영광스럽고 자랑스러운 삶을 살아간 것입니다. 짐 엘리엇의 일기장에는 다음과 같은 글귀가 적혀 있었습니다.

"영원한 것을 위해 영원하지 않은 것을 포기하는 자는 결코 바보가 아니다!"

 **4. 함께 관찰하기**   성경 본문을 보며 빈칸을 채웁니다

① 주의 ☐☐에는 천 년이 지나간 ☐☐ 같으며 밤의 ☐☐ ☐ 같을 뿐임이니이다

② 주께서 우리의 ☐☐을 주의 앞에 놓으시며 우리의 은밀한 ☐를 주의 ☐☐ ☐ 가운데에 두셨사오니

③ 우리의 연수가 ☐☐이요 강건하면 ☐☐이라도 그 ☐☐의 자랑은 ☐☐와 ☐☐뿐이요 ☐☐☐ 가니 우리가 날아가나이다

 **5. 함께 나누기**   질문에 따라 묵상한 내용을 나눕니다

① 지금까지 살아온 인생의 날 수가 며칠이었는지 계산해 보고 그중에서 특별히 기억나는 하나님의 은혜를 서로 나누어 봅시다.

② 인생은 허무하고 무상하다고 하는데 그것을 극복하고 의미 있는 인생을 살아가려면 어떻게 해야 하는지 서로 나누어 봅시다.

시편 90편은 모세가 기록한 유일한 시편인데 출애굽한 이스라엘이 가데스 바네아에서 하나님을 반역한 사건 직후에 기록한 것입니다. 가데스 바네아 반역 사건은 12명의 정탐꾼이 가나안 땅을 정탐하였는데 여호수아와 갈렙을 제외한 10명이 부정적인 보고를 하였고, 이스라엘 백성들은 그들의 말을 따라서 차라리 애굽으로 돌아가자고 하면서 하나님을 불신하며 반역한 사건입니다.

이런 내용을 배경으로 한 이 시는 하나님을 떠나고 하나님을 거역하다가 멸망 받는 인생이 되지 말고 하나님을 잘 믿고 하나님을 신뢰함으로 허무하지 않은 인생을 살아가라고 강력하게 촉구하고 있습니다.

시편 90편의 핵심 정신은 10~12절에 잘 나타나 있습니다. 모세는 우리의 연수가 칠십이요 강건하면 팔십이라도 수고와 슬픔뿐임을 가르치고 있습니다. 그리고 우리 인생을 다 살고 난 다음에는 특별히 우리의 죄악의 모습에 대하여 하나님께서 반드시 심판하신다는 사실을 알아야 한다고 경고하고 있습니다. 이렇게 우리의 인생이 신속히 날아가기 때문에 모세는 "우리에게 우리 날 계수함을 가르치사 지혜로운 마음을 얻게 하소서"라고 기도하고 있습니다.

이렇게 우리 인생의 남은 날을 계수해 보는 것이 '지혜로운 마음'입

니다. 우리 인생은 70년을 살아도 25,550일이며 80년을 살아도 29,200일밖에 되지 않습니다. 모세는 이렇게 짧고 덧없는 인생의 날 수를 계산해 보고 인생의 무상함과 허무함을 인식함으로써, 종말에 대한 분명한 경각심을 갖고 살아가라고 촉구하고 있습니다. 바로 이것이 우리 인생 최고의 지혜입니다.

6. 함께 기도하기   마무리하며 함께 기도합니다

참 좋으신 하나님 아버지! 우리 가정에 매일매일 그날에 필요한 은혜를 베풀어 주시니 참 감사를 드립니다. 우리 식구들이 하나님께서 주신 자신의 인생의 날 수를 계산해 보면서 종말에 대한 분명한 경각심을 가지고 살아가게 하시옵소서. 하나님 앞에서 항상 겸손하고 성실한 삶을 살아가게 하여 주옵소서. 예수님의 이름으로 기도드립니다. (아멘)

7. 함께 축복하기   찬양하며 서로를 축복합니다

[우리는 사랑의 띠로]

오늘의 암송구절　　　　시편 90:12

우리에게 우리 날 계수함을 가르치사 지혜로운 마음을 얻게 하소서

우리집 가정예배 일지

일 시	참석자
기도제목 · 응답내용	

>> 신앙가정의 복   시 128:1~6

복되고 형통하리로다

023

1. 함께 찬양하기   찬송가 559장

〈 사철에 봄바람 불어 잇고 〉

1) 사철에 봄바람 불어 잇고 하나님 아버지 모셨으니
   믿음의 반석도 든든하다 우리 집 즐거운 동산이라
2) 어버이 우리를 고이시고 동기들 사랑에 뭉쳐있고
   기쁨과 설움도 같이하니 한간의 초가도 천국이라
3) 아침과 저녁에 수고하여 다같이 일하는 온 식구가
   한상에 둘러서 먹고 마셔 여기가 우리의 낙원이라
(후렴) 고마워라 임마누엘 예수만 섬기는 우리 집
   고마워라 임마누엘 복되고 즐거운 하루하루

2. 함께 본문 읽기   시편 128:1-6

⑴ 여호와를 경외하며 그의 길을 걷는 자마다 복이 있도다
⑵ 네가 네 손이 수고한 대로 먹을 것이라 네가 복되고 형통하리로다
⑶ 네 집 안방에 있는 네 아내는 결실한 포도나무 같으며 네 식탁에 둘
   러 앉은 자식들은 어린 감람나무 같으리로다

(4) 여호와를 경외하는 자는 이같이 복을 얻으리로다
(5) 여호와께서 시온에서 네게 복을 주실지어다 너는 평생에 예루살렘의 번영을 보며
(6) 네 자식의 자식을 볼지어다 이스라엘에게 평강이 있을지로다

 3. 함께 생각하기   인도자가 읽어줍니다

　1852년 4월 10일 세계 각지를 여행하던 미국시민 존 하워드 페인(John Howard Payne)이 알제리에서 사망하였습니다. 그로부터 31년이 지난 뒤 군함으로 그의 유해가 본국에 운구되었습니다. 그의 유해가 뉴욕에 도착하던 날 부두에는 뉴욕시가 생긴 이래 최대의 인파가 몰려들었습니다. 대통령과 국무위원들과 수많은 시민들이 부두에 나와 조의를 표하였습니다. 물론 그는 권력자도, 돈 많은 재벌도, 위대한 과학자도 아니었습니다. 그저 평범한 시민이 어떻게 전 미국인들의 가슴을 울릴 수 있었을까요? 그것은 그가 작사한 한 곡의 노래 때문이었습니다.
　그가 작사한 '즐거운 나의 집'(Home, sweet home)의 가사는 이렇습니다.

　　"즐거운 곳에서는 날 오라하여도
　　내 쉴 곳은 작은 집 내 집 뿐이리
　　내 나라 내 기쁨 길이 쉴 곳도
　　꽃피고 새 우는 집
　　내 집 내 집 뿐이리

오 사랑 나의 집

즐거운 나의 벗 내 집 뿐이리."

그가 이 노래를 지은 것은 프랑스 파리에서 돈 한 푼 없이 비참한 떠돌이 생활을 할 때였습니다. 평생 결혼을 하지 못하였던 그는 가정이 없는 외로움과 처절함을 맛보았기 가정의 소중함을 뼈저리게 느끼게 되었습니다. 그래서 가정에서의 행복한 삶을 꿈꾸며 이 가사를 썼던 것입니다. 그가 이렇게 가정의 소중함을 일깨워 주었기에 그 어떤 유명한 사람들보다도 더 큰 존경을 받았던 것입니다. 비록 돈으로 좋은 집은 살 수가 있을지라도 결코 좋은 가정은 살 수가 없습니다.

 **4. 함께 관찰하기** 성경 본문을 보며 빈칸을 채웁니다

① 여호와를 □□하며 그의 □을 걷는 자마다 □이 있도다

② 네가 네 □이 수고한 대로 먹을 것이라 네가 □되고 □□하리로다

③ 여호와께서 □□에서 네게 □을 주실지어다 너는 □□에 예루살렘의 □□을 보며 네 □□의 □□을 볼지어다 이스라엘에게 □□이 있을지로다

 **5. 함께 나누기** 질문에 따라 묵상한 내용을 나눕니다

① 하나님께서 우리 가정에 베풀어 주신 크고 놀라운 은혜와 복은 어떤 것들이 있는지 서로 나누어 봅시다.

② 복되고 형통한 믿음의 가정이 되기 위하여 우리가 무엇을 힘써 노력해야 하는지 서로 나누어 봅시다.

시편 128편에는 참 아름답고 행복한 가정의 다섯 가지 모습이 기록되어 있습니다. 첫째는 생업의 복(2절)입니다. 둘째는 부부의 복(3a절)입니다. 셋째는 자녀의 복(3b절)입니다. 넷째는 신앙의 복(5절)입니다. 다섯째는 후손의 복(6절)입니다. 이와 같은 아름다운 복이 성도 여러분의 가정에 가득 흘러넘치시기를 소망합니다.

사실 우리의 가정이 건강하면 우리의 삶 전체도 건강해집니다. 그리고 우리가 가정에서 힘을 얻는다면 세상을 넉넉히 이기며 살아갈 수가 있게 됩니다. 그런데 이러한 가정을 이루려면 무엇보다 가정에 대한 헌신이 반드시 필요합니다. 먼저는 가정을 위하여 시간과 노력을 기울이는 헌신이 필요합니다. 다음으로 가족끼리 깊이 이해할 줄 알고 따뜻한 대화를 나눌 수 있어야 합니다. 마지막으로 우리의 가정이 믿음의 가정이 되도록 최선을 다해 노력해야 합니다.

본문에서 가장 중요한 구절은 1절과 4절입니다. 앞에서 설명한 5가지의 복들이 나무에 있어서 열매라면 이 1절과 4절은 나무의 뿌리라고 말할 수 있습니다. 뿌리가 튼튼해야 열매를 맺을 수 있는 것과 마찬가지로 하나님을 경외하는 가정이 곧 아름다운 복의 열매를 맺을 수 있는

것입니다. 그러므로 우리의 가정을 신앙의 가정으로 만드는 것이야말로 가장 중요한 헌신이라 할 수 있습니다. 진정으로 가정예배에 최선을 다하여 복되고 형통한 가정을 꼭 이루시길 바랍니다.

6. 함께 기도하기　　마무리하며 함께 기도합니다

> 우리 가정을 사랑하시고 지켜주시는 아버지 하나님 은혜와 사랑을 감사드립니다. 우리 가족 모두가 주께서 주시는 복과 형통을 마음껏 누리게 하시고 가정예배에 더욱 힘쓰게 하여 주시옵소서. 우리 가정이 하나님이 참으로 기뻐하시는 가정이 될 수 있도록 인도하여 주시옵소서. 예수님의 이름으로 기도드립니다. (아멘)

7. 함께 축복하기　　찬양하며 서로를 축복합니다

[우리는 사랑의 띠로]

오늘의 암송구절
시편 128:1-2

여호와를 경외하며 그의 길을 걷는 자마다 복이 있도다 네가 네 손이 수고한 대로 먹을 것이라 네가 복되고 형통하리로다

우리집 가정예배 일지

일 시	참석자
기도제목 · 응답내용	

〉〉 지혜에 관한 교훈   잠 3:1~10

범사에 그를 인정하라

024

1. 함께 찬양하기   찬송가 94장

〈 주 예수보다 더 귀한 것은 없네 〉

1) 주 예수보다 더 귀한 것은 없네
   이 세상 부귀와 바꿀 수 없네
   영 죽은 내 대신 돌아가신 그 놀라운 사랑 잊지 못해
2) 주 예수보다 더 귀한 것은 없네
   이 세상 명예와 바꿀 수 없네
   이전에 즐기던 세상일도 주 사랑하는 맘 뺏지 못해
(후렴) 세상 즐거움 다 버리고 세상 자랑 다 버렸네
   주 예수보다 더 귀한 것은 없네 예수 밖에는 없네

2. 함께 본문 읽기   잠언 3:1-10

(1) 내 아들아 나의 법을 잊어버리지 말고 네 마음으로 나의 명령을 지키라
(2) 그리하면 그것이 네가 장수하여 많은 해를 누리게 하며 평강을 더하
    게 하리라
(3) 인자와 진리가 네게서 떠나지 말게 하고 그것을 네 목에 매며 네 마

　　음판에 새기라

(4) 그리하면 네가 하나님과 사람 앞에서 은총과 귀중히 여김을 받으리라

(5) 너는 마음을 다하여 여호와를 신뢰하고 네 명철을 의지하지 말라

(6) 너는 범사에 그를 인정하라 그리하면 네 길을 지도하시리라

(7) 스스로 지혜롭게 여기지 말지어다 여호와를 경외하며 악을 떠날지어다

(8) 이것이 네 몸에 양약이 되어 네 골수를 윤택하게 하리라

(9) 네 재물과 네 소산물의 처음 익은 열매로 여호와를 공경하라

(10) 그리하면 네 창고가 가득히 차고 네 포도즙 틀에 새 포도즙이 넘치리라

 ## 3. 함께 생각하기　　인도자가 읽어줍니다

　　부부인 팀과 조이스는 한 건축업자와 함께 주택개조사업을 시작하게 되었습니다. 그런데 알고 보니 그 건축업자는 너무나 악랄한 사기꾼이었습니다. 결국 팀과 조이스는 집 두 채를 개조한 비용에 대해 고스란히 손해를 보게 되었습니다. 이 사실을 알게 된 조이스의 아버지가 안타까운 마음으로 딸에게 물었습니다.

　　"얼마나 힘드니?"

　　그런데 딸의 대답을 들은 아버지는 깜짝 놀라며 하나님께 영광을 돌렸습니다.

　　"아니에요. 아버지! 이 일은 우리 결혼생활에 너무나도 큰 힘을 가져다주었어요. 저희는 그 어떤 것을 주어도 이 시간들과 바꾸지 않을 것

입니다. 팀과 저는 지금처럼 서로를 가깝게 느껴본 적이 없었어요. 저희는 날마다 성경을 읽고 함께 기도를 드리면서 하나님과 더욱 가까워지고 있어요. 전에는 경험해 보지 못했던 일입니다. 저희는 정말 너무나 많은 것을 배우고 있답니다. 고난은 우리를 더 나쁘게 하거나 혹은 더 낫게 만드는 것 같아요. 그 선택은 우리의 몫이구요."

팀과 조이스는 이토록 힘든 순간에도 하나님을 인정하며 하나님을 더욱 가까이하며 살았고 이를 통해 풍성한 은혜를 누렸습니다. 우리도 이처럼 범사에 하나님을 인정하며 살아가야 합니다. 하나님이 우리의 주인이심을 인정하고 하나님을 신뢰하며 살아가면 하나님께서는 우리의 삶을 지도하시며 풍성한 생명의 길로 인도하여 주십니다.

 **4. 함께 관찰하기**   성경 본문을 보며 빈칸을 채웁니다

① □□와 □□가 네게서 떠나지 말게 하고 그것을 네 □에 매며 네 □□□에 새기라

② 너는 범사에 그를 □□하라 그리하면 네 □을 □□하시리라

③ 네 □□과 네 □□□의 처음 익은 □□로 여호와를 □□하라

 **5. 함께 나누기**   질문에 따라 묵상한 내용을 나눕니다

① 자신이 가장 신뢰하고 있는 대상이 누구인지 생각해 보고 신뢰하는 이유가 무엇인지 서로 나누어 봅시다.

② 우리가 어떠한 순간에도 하나님을 인정하기 위해 어떤 태도가 필요한지 서로 나누어 봅시다.

잠언은 믿음의 선조들이 이렇게 저렇게 살아본 후에 하나님께로부터 복 받는 삶이 따로 있음을 깨닫고 그 진리를 모아 놓은 책입니다. 이렇게 체득한 삶의 진리를 '지혜'라고 부르는데, 이 지혜는 하나님께로부터 온 것으로 인간에게 생명을 주는 신적인 지혜라 할 수 있습니다. 오늘의 말씀은 "~행하라, 그리하면 ~할 것이다"라는 양식에 따라 하나님이 주신 지혜대로 살아갈 때 얻게 되는 4가지의 복을 우리에게 알려주고 있습니다.

첫째는 하나님의 법과 명령을 잘 지키면, '그리하면' 평강이 가득한 장수의 복을 누리게 해 주신다는 것입니다. 둘째는 인자와 진리가 가득한 삶을 살아가면, '그리하면' 하나님과 사람 앞에서 은총과 귀중히 여김을 받는 존재가 되게 해 주시겠다는 것입니다. 셋째는 범사에 하나님을 인정하며 살아가면, '그리하면' 하나님께서 우리의 길을 지도하실 것이라고 약속하십니다. 마지막 넷째는 재물과 소산물의 열매로 하나님께 감사하면, '그리하면' 네 창고가 차고 새 포도즙이 넘치게 해 주신다고 약속하고 계십니다.

그런데 이 가운데 최고의 지혜는 "너는 범사에 그를 인정하라 그리하면 네 길을 지도하시리라"(6절)는 말씀입니다. 모든 신앙은 하나님은

살아계시다는 믿음에서 출발합니다. 그리고 이것을 인정하면 그 다음은 '어떻게 살 것인가?'의 문제로 귀결됩니다. 이 질문에 대한 가장 정확한 대답은 범사에 하나님을 인정하는 것입니다. 우리가 하나님을 인정할 때 하나님은 우리의 길을 지도해 주십니다. 이것이 가장 지혜로운 삶이며 참된 그리스도인의 삶입니다.

6. 함께 기도하기   마무리하며 함께 기도합니다

사랑이 많으신 하나님 아버지! 지금까지 우리 가정이 주님의 은혜로 살아가게 하여 주셔서 감사드립니다. 우리 가족 모두가 자신의 부족함과 연약함을 인정하고, 매일의 삶 가운데 하나님 한 분만을 의지하며 살아가게 하여 주시옵소서. 우리 가정의 길을 지도하여 주시옵소서. 예수님의 이름으로 기도드립니다. (아멘)

7. 함께 축복하기   찬양하며 서로를 축복합니다

[우리는 사랑의 띠로]

 # 오늘의 암송구절   잠언 3:5-6

너는 마음을 다하여 여호와를 신뢰하고 네 명철을 의지하지 말라 너는 범사에 그를 인정하라 그리하면 네 길을 지도하시리라

 # 우리집 가정예배 일지

일 시	참석자	
기도제목 · 응답내용		

>> 성실에 관한 교훈　잠 6:6~19

개미를 보고 배우라

025

 **1. 함께 찬양하기**　　　　　　　찬송가 330장

〈 어둔 밤 쉬 되리니 〉

1) 어둔 밤 쉬 되리니 네 직분 지켜서

　 찬 이슬 맺힐 때에 일찍 일어나

　 해 돋는 아침부터 힘써서 일하라

　 일할 수 없는 밤이 속히 오리라

2) 어둔 밤 쉬 되리니 네 직분 지켜서

　 일할 때 일하면서 놀지 말아라

　 낮에는 수고하나 쉴 때도 오겠네

　 일할 수 없는 밤이 속히 오리라

 **2. 함께 본문 읽기**　　　　　　　잠언 6:6-19

(6) 게으른 자여 개미에게 가서 그가 하는 것을 보고 지혜를 얻으라 (7) 개미는 두령도 없고 감독자도 없고 통치자도 없으되 (8) 먹을 것을 여름 동안에 예비하며 추수 때에 양식을 모으느니라 (9) 게으른 자여 네가 어

느 때까지 누워 있겠느냐 네가 어느 때에 잠이 깨어 일어나겠느냐 (10) 좀더 자자, 좀더 졸자, 손을 모으고 좀더 누워 있자 하면 (11) 네 빈궁이 강도 같이 오며 네 곤핍이 군사 같이 이르리라 (12) 불량하고 악한 자는 구부러진 말을 하고 다니며 (13) 눈짓을 하며 발로 뜻을 보이며 손가락질을 하며 (14) 그의 마음에 패역을 품으며 항상 악을 꾀하여 다툼을 일으키는 자라 (15) 그러므로 그의 재앙이 갑자기 내려 당장에 멸망하여 살릴 길이 없으리라 (16) 여호와께서 미워하시는 것 곧 그의 마음에 싫어하시는 것이 예닐곱 가지이니 (17) 곧 교만한 눈과 거짓된 혀와 무죄한 자의 피를 흘리는 손과 (18) 악한 계교를 꾀하는 마음과 빨리 악으로 달려가는 발과 (19) 거짓을 말하는 망령된 증인과 및 형제 사이를 이간하는 자이니라

 **3. 함께 생각하기**　　　　인도자가 읽어줍니다

　어느 날 오후에 베토벤이 식사하기 위하여 레스토랑에 갔습니다. 그는 마침 너무나 피곤하였던 나머지 의자에 앉자마자 몸을 의자에 푹 파묻었습니다. 그러다가 잠시 고개를 숙이고 고민을 하더니 갑자기 고개를 들고는 앞에 있던 메뉴판의 뒤에다가 음표를 열심히 적어나가기 시작하였습니다. 악상이 떠오른 것이었습니다.
　10분, 20분, 1시간… 시간이 흘렀습니다. 그러자 종업원은 더는 기다리지 못하고 베토벤을 찾아가 인기척을 하였습니다.
　"손님, 손님!"

그러자 베토벤은 자신이 이미 식사를 다 마쳤는데도 계속 의자에 앉아 있어서 종업원이 계산을 요청하기 위해 자신을 불렀다고 생각하고는 지갑을 꺼내서 종업원에게 식사비를 계산하려고 하였습니다. 그러자 종업원은 "손님! 아직 아무것도 시키시지 않았는데요?"라고 말하였습니다. 그제야 베토벤은 "아! 그랬나요? 그럼 무엇이든 가져와 주세요!"라고 말하고는 또다시 음표를 적어 나갔습니다.

무언가를 이룬 위인들은 일을 할 때에 마치 미친 사람처럼 열정을 가지고 임하였습니다. 전 GE회장 잭 웰치는 다음과 같이 말하였습니다.

"조용하고 합리적인 태도로는 전진할 수 없다. 미쳤다는 말을 들을 정도의 열정이 있어야 한다."

뜨거운 열정과 성실한 태도를 가질 때 우리는 성공적인 삶을 살게 되고 신앙도 더욱 성장하게 될 것입니다.

4. 함께 관찰하기   성경 본문을 보며 빈칸을 채웁니다

① ☐☐☐ ☐여 ☐☐에게 가서 그가 하는 것을 보고 ☐☐를 얻으라

② 좀더 ☐☐, 좀더 ☐☐, 손을 모으고 좀더 ☐☐ ☐☐ 하면 네 ☐☐이 강도 같이 오며 네 ☐☐이 군사 같이 이르리라

③ 그러므로 그의 ☐☐이 갑자기 내려 당장에 ☐☐하여 ☐☐ ☐이 없으리라

5. 함께 나누기 질문에 따라 묵상한 내용을 나눕니다

① 나의 삶 속에 게으른 모습들을 생각해 보고 어떻게 성실하게 바꿀 수 있을지 서로 나누어 봅시다.

② 자신의 삶에서 성실함은 물론 이웃과의 삶에서도 성실하기 위해 우리는 이웃을 어떻게 대해야 하는지 서로 나누어 봅시다.

잠언은 진정 복되고 형통한 삶을 살기 위하여 우리가 어떤 모습으로 살아야 하는지 알려주는데, 특별히 오늘 본문은 나를 위해서뿐만 아니라 이웃을 위해서 우리가 어떤 태도로 살아야 하는지 교훈하고 있습니다.

첫 번째는 개미를 통해 배우라고 말씀하면서 '성실함'을 반드시 체득하고 올바르게 행해야 한다고 교훈하고 있습니다. 개미가 두령도 없고 감독자도 없는데 매사에 자발적으로 최선을 다해 맡은 일을 하는 것처럼 우리도 매사에 뜨거운 열정과 능동성을 가져야 한다고 말씀합니다. 또한 개미는 앞날을 미리미리 예비하는 지혜로운 모습을 보여주는데 우리도 게으름을 버리고 오늘을 성실하게 살아야 한다고 교훈하고 있습니다.

두 번째는 불쌍하고 연약하고 가난한 사람들에게 악한 행동을 하면 안 된다는 것을 교훈하고 있습니다. 이웃에게 악한 마음을 먹고 악한 행동을 하는 불량한 자들은 결국 하나님의 심판을 받아 멸망할 것입니다. 특별히 하나님께서 미워하시는 것 곧 그의 마음에 싫어하시는 7개의 죄악은 관계 안에서 발생하는 죄악들인데, 이는 연약하고 가난한 자들을 절대로 함부로 대해서는 안 된다는 것을 우리에게 명확하게 알려주고 있습니다.

지혜로운 자는 먼저 자기 삶에 있어 게으르지 않고 성실한 사람입니다. 그뿐만 아니라 불쌍하고 연약한 이웃들을 이타적인 마음으로 돌볼 줄 아는 사람입니다. 이와 같은 모습으로 살아서 삶 속에서 하나님의 영광을 드러내며 진정 복되고 지혜로운 삶을 살아가시기를 바랍니다.

6. 함께 기도하기   마무리하며 함께 기도합니다

신실하신 하나님 아버지! 지난 한 주간도 우리 가정을 지켜주시고 은혜와 섭리 가운데 인도하여 주시니 감사합니다. 우리 가족 모두가 자신에게 주어진 삶에 있어서 성실하고 올바르게 살아가게 하여 주시옵소서. 나아가 불쌍하고 연약한 이웃을 배려하고 돌볼 줄 아는 삶을 살아가게 하여 주시옵소서. 예수님의 이름으로 기도드립니다. (아멘)

7. 함께 축복하기   찬양하며 서로를 축복합니다

[우리는 사랑의 띠로]

오늘의 암송구절   잠언 6:6

게으른 자여 개미에게 가서 그가 하는 것을 보고 지혜를 얻으라

우리집 가정예배 일지

일 시	참석자
기도제목 · 응답내용	

026 〉〉 말에 관한 교훈 잠 15:1~7

온순한 혀는 생명나무니라

1. 함께 찬양하기   찬송가 336장

〈 환난과 핍박 중에도 〉

1) 환난과 핍박 중에도 성도는 신앙 지켰네

   이 신앙 생각 할 때에 기쁨이 충만하도다

2) 옥중에 매인 성도나 양심은 자유 얻었네

   우리도 고난 받으면 죽어도 영광되도다

3) 성도의 신앙 본받아 원수도 사랑하겠네

   인자한 언어 행실로 이 신앙 전파하리라

(후렴) 성도의 신앙 따라서 죽도록 충성하겠네 (아멘)

2. 함께 본문 읽기   잠언 15:1-7

⑴ 유순한 대답은 분노를 쉬게 하여도 과격한 말은 노를 격동하느니라

⑵ 지혜 있는 자의 혀는 지식을 선히 베풀고 미련한 자의 입은 미련한 것을 쏟느니라

(3) 여호와의 눈은 어디서든지 악인과 선인을 감찰하시느니라

(4) 온순한 혀는 곧 생명나무이지만 패역한 혀는 마음을 상하게 하느니라

(5) 아비의 훈계를 업신여기는 자는 미련한 자요 경계를 받는 자는 슬기를 얻을 자니라

(6) 의인의 집에는 많은 보물이 있어도 악인의 소득은 고통이 되느니라

(7) 지혜로운 자의 입술은 지식을 전파하여도 미련한 자의 마음은 정함이 없느니라

3. 함께 생각하기   인도자가 읽어줍니다

  옛날 한 마을에 박만득이라는 백정이 있었습니다.

  어느 날 양반 두 사람이 그에게 고기를 사러 왔습니다. 그중에 한 양반은 습관대로 "야, 만득아! 고기 한 근 다오"라고 말하였습니다. 박만득은 "네" 하며 고기를 한 근 내주었습니다. 그 후에 다른 양반이 그에게 "박 서방! 고기 한 근만 주게나" 하며 부드러운 음성으로 말하였습니다. 박만득은 "네" 하고 그에게도 고기를 주었습니다.

  그런데 고기는 언뜻 봐도 먼저 산 양반의 것보다 나중에 산 양반의 것이 더 커 보였습니다. 이에 앞의 양반이 화가 나서 박만득에게 따졌습니다.

  "이놈아! 같은 한 근인데 이 양반의 것은 많고 왜 내 것은 이렇게 적으냐?"

그러자 박만득은 당연하다는 듯 이렇게 말하였습니다.

"나으리! 나으리 것은 만득이가 자른 것이고, 저쪽은 박 서방이 자른 것이기 때문에 그렇습니다."

때로는 한마디 말이 사람의 마음을 따뜻하게 하고 생명을 구하기도 합니다. 또 때로는 비수가 되어 타인의 마음을 다치게도 합니다. 그리스도인은 언제나 슬기로운 언어생활을 통해 사람의 마음을 움직이고 생명을 살리기 위해 힘써야 합니다. 그럴 때 우리의 언어생활을 통해 하나님의 사랑이 세상 가운데로 흘러갈 것입니다.

4. 함께 관찰하기 성경 본문을 보며 빈칸을 채웁니다

① ☐☐☐ 대답은 분노를 쉬게 하여도 ☐☐☐ 말은 ☐를 격동하느니라

② ☐☐☐ ☐는 곧 생명나무이지만 ☐☐☐ ☐는 마음을 상하게 하느니라

③ ☐☐☐☐ 자의 ☐☐은 지식을 전파하여도 ☐☐☐ 자의 ☐☐은 정함이 없느니라

 ## 5. 함께 나누기 질문에 따라 묵상한 내용을 나눕니다

> ① 살면서 너무 힘들고 어려웠던 시기에 자신을 위로하고 격려하였던 말들을 생각해 보고 서로 나누어 봅시다.
>
> ② 사람을 살리는 슬기로운 언어생활을 하려면 무엇을 노력해야 할지 생각해 보고 서로 나누어 봅시다.

오늘 본문은 우리에게 '슬기로운 언어생활'에 대한 4가지 권면을 줍니다. 첫 번째는 우리의 말이 부드럽고 순하면 분노를 잠재우지만 말이 과격하면 화를 북돋게 된다는 것입니다(1절). 두 번째는 우리가 말을 지혜롭게 하면 인생의 참된 지식으로 유익을 끼칠 수 있지만 말을 미련하게 하면 공동체에 해악을 끼친다고 교훈합니다(2절).

이어서 세 번째는 말을 따뜻하고 부드럽게 하면 낙심한 사람에게 희망을 전하고 위로를 주어 사람을 살리는 생명나무와 같이 될 것이라고 말씀합니다(4절). 마지막 네 번째는 말을 지혜롭게 하면 사람들에게 하나님을 믿고 깨닫는 통찰력을 전파하지만 미련한 자는 그렇게 하지 못한다고 우리에게 알려줍니다(7절).

그런데 이러한 권면 가운데 갑자기 3절에서는 전체의 문맥과 잘 맞지 않는 독특한 말씀이 나옵니다. "여호와의 눈은 어디서든지 악인과 선인을 감찰하시느니라." 이 말씀은 우리가 하나님 앞에서는 아무것도 숨길 수가 없기에 언어생활도 항상 조심하여 사람을 살리는 선인이 되어야 한다는 의미를 담고 있습니다.

말은 사람을 살리기도 하고 죽이기도 합니다. 그래서 우리는 유순한

말, 지혜로운 말을 해야 합니다. 온순한 말, 공감하는 말을 해야 합니다. 바른말보다는 좋은 말을 해야 합니다. 이처럼 슬기로운 언어생활을 실천함으로 진실로 사람을 살리는 성도가 되어야 합니다.

 **6. 함께 기도하기**   마무리하며 함께 기도합니다

사랑이 많고 은혜가 풍성하신 하나님 아버지! 오늘도 우리 가족이 함께 모여 하나님을 예배하게 하여 주시니 감사드립니다. 언제나 하나님이 가르쳐 주시는 슬기로운 언어생활을 함으로 사람을 세우고 살리는 참으로 아름다운 믿음의 가정이 되게 하여 주시옵소서. 예수님의 이름으로 기도드립니다. (아멘)

 **7. 함께 축복하기**   찬양하며 서로를 축복합니다

[우리는 사랑의 띠로]

오늘의 암송구절   잠언 15:4

온순한 혀는 곧 생명나무이지만 패역한 혀는 마음을 상하게 하느니라

우리집 가정예배 일지

일 시		참석자	
기도제목 · 응답내용			

>> 겸손에 관한 교훈 잠 16:1~9

너의 행사를 여호와께 맡기라

027

1. 함께 찬양하기 찬송가 325장

< 예수가 함께 계시니 >

1) 예수가 함께 계시니 시험이 오나 겁없네
   기쁨의 근원 되시는 예수를 위해 삽시다
2) 이 세상 사는 동안에 주 이름 전파하면서
   무한한 복락 주시는 예수를 위해 삽시다
3) 이 세상 친구 없어도 예수는 나의 친구니
   불의한 일을 버리고 예수를 위해 삽시다
후렴) 날마다 주를 섬기며 언제나 주를 기리고
   그 사랑 안에 살면서 딴 길로 가지 맙시다

2. 함께 본문 읽기 잠언 16:1-9

(1) 마음의 경영은 사람에게 있어도 말의 응답은 여호와께로부터 나오느니라
(2) 사람의 행위가 자기 보기에는 모두 깨끗하여도 여호와는 심령을 감찰하시느니라
(3) 너의 행사를 여호와께 맡기라 그리하면 네가 경영하는 것이 이루어

지리라

(4) 여호와께서 온갖 것을 그 쓰임에 적당하게 지으셨나니 악인도 악한 날에 적당하게 하셨느니라

(5) 무릇 마음이 교만한 자를 여호와께서 미워하시나니 피차 손을 잡을지라도 벌을 면하지 못하리라

(6) 인자와 진리로 인하여 죄악이 속하게 되고 여호와를 경외함으로 말미암아 악에서 떠나게 되느니라

(7) 사람의 행위가 여호와를 기쁘시게 하면 그 사람의 원수라도 그와 더불어 화목하게 하시느니라

(8) 적은 소득이 공의를 겸하면 많은 소득이 불의를 겸한 것보다 나으니라

(9) 사람이 마음으로 자기의 길을 계획할지라도 그의 걸음을 인도하시는 이는 여호와시니라

 ## 3. 함께 생각하기   인도자가 읽어줍니다

미국 건국의 아버지라고 불리는 벤자민 프랭클린은 가난한 집에서 태어났지만 발명가, 언론인, 외교관, 정치철학자 등 대단한 삶을 살았습니다. 그가 이렇게 성공적인 삶을 살았던 것은 22세 때 '내 인생의 우선순위 12가지'를 뽑아서 목사님께 보여드린 영향이 컸습니다.

① 절제 : 절대로 과음 과식을 하지 않는다. ② 침묵 : 자신과 타인에게 도움이 되지 않는 말을 하지 않는다. ③ 질서 : 물건을 항상 제자리에 놓는다. ④ 결단 : 해야 할 일은 꼭 완수한다. ⑤ 절약 : 비싼 것은 반드시 필요한 것이 아니면 사지 않는다. ⑥ 근면 : 시간은 헛되이 쓰지 않는다. ⑦ 성실 : 남을 해치는 책략을 사용하지 않는다. ⑧ 정의 : 남의

권리를 침해하거나 남에게 손해를 입히지 않는다. ⑨ 중용 : 극단은 피한다. ⑩ 청결 : 불결한 것은 절대 용납하지 않는다. ⑪ 평정 : 사소한 일에 화를 내지 않는다. ⑫ 순결 : 성을 남용하지 않고 건강과 생산을 위해서 사용한다.

그 글을 읽고 목사님은 "프랭클린! 다 좋은데 한가지가 빠졌네. 그건 겸손이라네. 이 12가지를 다 이루었다고 해도 겸손이 없으면 모두를 다 잃은 것과 마찬가지라네"라고 하셨습니다. 그 말씀을 들은 프랭클린은 가장 첫 번째 항목에 '겸손, 예수 그리스도를 본받자!' 라는 말을 추가하여 평생 이 13가지의 좌우명을 실천하며 살았습니다.

 **4. 함께 관찰하기**   성경 본문을 보며 빈칸을 채웁니다

① 무릇 마음이 □□한 자를 여호와께서 □□하시나니 피차 □을 잡을지라도 □을 면하지 못하리라

② □□와 □□로 인하여 죄악이 속하게 되고 여호와를 □□ 함으로 말미암아 □에서 떠나게 되느니라

③ 사람이 마음으로 자기의 □을 □□할지라도 그의 □□을 인도하시는 이는 □□□시니라

 5. 함께 나누기 질문에 따라 묵상한 내용을 나눕니다

① 살면서 자신의 생각대로만 일을 계획하고 실행하였다가 어려움을 겪었던 경험을 생각해 보고 서로 나누어 봅시다.

② 겸손한 자에게 하나님께서는 복을 주시는데 우리가 어떻게 사는 것이 겸손한 삶인지 말씀 속에서 찾아보고 서로 나누어 봅시다.

이 세상을 살아가는 모든 사람은 물질적인 사고를 가지고 살아가는 존재와 하나님을 인정하며 살아가는 존재로 나눌 수 있습니다. 물질적인 생각으로 살아가는 사람은 이 세상이 전부라고 생각하며 눈에 보이지 않는 하나님을 부정합니다. 그렇게 하나님을 부정하기 때문에 내 인생의 주인은 나이며 오직 나의 뜻대로 살아갑니다. 하지만 하나님을 인정하며 살아가는 사람은 이 세상 너머 저 세상이 있음을 분명히 인식하며 살아갑니다. 그들은 하나님이 살아계시고 하나님이 내 인생의 주인이심을 분명히 기억하기에 오직 하나님의 뜻을 따라 겸손한 모습으로 살아갑니다.

오늘 말씀은 하나님을 인정하지 않고 내 뜻대로 살아가는 것은 교만이며 교만한 자는 하나님의 심판을 받아 멸망할 것이라고 경고하고 있습니다. 그러면서 하나님을 인정하고 그 뜻대로 살아가는 겸손한 삶을 살기를 촉구하고 있습니다. 겸손한 삶의 모습은 6절에 잘 나타나 있습니다. 첫째는 인자한 삶인데 친절하고 자비로운 태도로 사는 것입니다. 둘째는 진리의 삶인데 하나님과 그 말씀을 깊이 신뢰하고 충성하며 사는 것입니다. 셋째는 여호와를 경외하는 삶인데 하나님을 인정하고 존

경하며 사는 것입니다.

　우리는 잠언의 지혜를 따라 인생의 태도를 결정하여 하나님께 우리의 모든 행사를 맡기는 겸손한 삶을 살아가야 합니다. 그러면 하나님은 우리의 발걸음을 인도해 주시고 우리를 높이 세워주실 것입니다.

 **6. 함께 기도하기**　　마무리하며 함께 기도합니다

　　은혜로우신 하나님 아버지! 우리를 가정을 주야로 항상 지키시고 보호하여 주셔서 복된 삶을 살게 하시니 감사드립니다. 우리 가족 모두가 언제 어디서나 교만하지 않게 하여 주시고, 하나님께서 우리 삶의 주인이심을 고백하며 날마다 겸손하게 살아가게 하여 주옵소서. 예수님의 이름으로 기도드립니다. (아멘)

 **7. 함께 축복하기**　　찬양하며 서로를 축복합니다

[우리는 사랑의 띠로]

오늘의 암송구절　　　잠언 16:3

너의 행사를 여호와께 맡기라 그리하면 네가 경영하는 것이 이루어지리라

우리집 가정예배 일지

일 시		참석자	
기도제목 · 응답내용			

>> 인생무상　전 1:1~11

헛되고 헛되니
모든 것이 헛되도다

028

1. 함께 찬양하기　　　　찬송가 321장

〈 날 대속하신 예수께 〉

1) 날 대속하신 예수께 내 생명 모두 드리리
   늘 진실하게 하소서 내 구주 예수여

2) 날 구원하신 예수를 일평생 의지하오니
   날 영접하여 주소서 내 구주 예수여

3) 주 십자가에 달리사 날 자유하게 했으니
   내 몸과 맘을 주 위해 다 쓰게 하소서

(후렴) 나 구주 위해 살리라 내 기쁨 한량없으리
　　　내 갈 길 인도하소서 내 구주 예수여 (아멘)

2. 함께 본문 읽기　　　　전도서 1:2-8

(2) 전도자가 이르되 헛되고 헛되며 헛되고 헛되니 모든 것이 헛되도다

(3) 해 아래에서 수고하는 모든 수고가 사람에게 무엇이 유익한가

(4) 한 세대는 가고 한 세대는 오되 땅은 영원히 있도다

(5) 해는 뜨고 해는 지되 그 떴던 곳으로 빨리 돌아가고

(6) 바람은 남으로 불다가 북으로 돌아가며 이리 돌며 저리 돌아 바람은 그 불던 곳으로 돌아가고

(7) 모든 강물은 다 바다로 흐르되 바다를 채우지 못하며 강물은 어느 곳으로 흐르든지 그리로 연하여 흐르느니라

(8) 모든 만물이 피곤하다는 것을 사람이 말로 다 말할 수는 없나니 눈은 보아도 족함이 없고 귀는 들어도 가득 차지 아니하도다

 ## 3. 함께 생각하기   인도자가 읽어줍니다

러시아의 니콜라이 고골이 1824년 발표한 '외투' 라는 단편소설에 담긴 이야기입니다. 러시아의 수도 상트페테르부르크의 어느 관청에서 일하던 주인공 아카키예비치는 성실하였습니다. 하지만 말이 없고 사람을 사귀는 것도 서툴고 결혼도 못하였고 아첨할 줄도 몰랐기에 계속해서 진급하지 못한 채 늘 말단 공무원 신세로 살아갔습니다.

그곳의 겨울은 너무나 추워 외투가 반드시 필요하였는데 주인공이 가진 외투는 엉망이고 허름하여 동료들은 '잠옷' 이라 놀려대곤 하였습니다. 그래서 그는 고급 외투 한 벌을 갖는 것이 평생의 소원이 되었습니다. 외투를 더 이상 수선할 수조차 없게 되었을 때 그는 안 먹고 안 쓰며 월급을 악착같이 모아 92루블이나 하는 고급 외투를 장만하였습

니다. 다음날 그는 기분 좋게 새 외투를 입고 출근하였고 많은 사람들이 축하해 주었습니다. 하지만 그가 집으로 돌아가던 중 그만 외투를 강도당하고 말았습니다. 그는 충격에 빠져 절망하였고 집으로 돌아와 결국 병이 들어 죽고 말았습니다. 다음 날 그의 자리에 다른 사람이 채용되어 아무 일 없었던 것처럼 업무를 이어갔습니다.

이 소설은 그의 평생의 수고와 노력, 그리고 이루려 하였던 꿈이 그저 거품처럼 사라져버렸다는 사실을 이야기하며 물질만을 추구하는 인생의 허무함을 우리에게 보여주고 있습니다.

4. 함께 관찰하기 성경 본문을 보며 빈칸을 채웁니다

① 전도자가 이르되 ☐되고 ☐☐되며 ☐☐되고 ☐☐되니 모든 것이 ☐☐되도다

② ☐ 아래에서 ☐☐하는 모든 ☐☐가 사람에게 무엇이 ☐☐한가

③ 모든 만물이 ☐☐하다는 것을 사람이 ☐로 다 말할 수는 없나니 ☐은 보아도 ☐☐이 없고 ☐는 들어도 ☐☐ ☐☐ 아니하도다

 5. 함께 나누기 질문에 따라 묵상한 내용을 나눕니다

① 과거에 모든 힘과 노력을 기울이던 일이 시간이 흐른 후에 아무것도 아닌 것처럼 느껴졌던 기억을 생각해보고 서로 나누어 봅시다.

② 우리의 유일회적인 삶의 마지막에서 허무하다고 느끼지 않기 위해 무엇을 하여야 할지 생각해보고 서로 나누어 봅시다.

솔로몬은 자신이 살아온 파란만장했던 일생을 통하여 직접 체득한 진리를 후대에 길이 남기고자 전도서 말씀을 기록하였습니다. 그런데 그가 입을 열어 처음으로 전하는 내용이 이렇습니다. "헛되고 헛되며 헛되고 헛되니 모든 것이 헛되도다"(전 1:2). 전도서 기자는 첫 말씀으로 한 구절에서 헛되다는 이야기를 무려 5번씩이나 반복하였습니다.

이어서 전도자는 향락의 헛됨(2:1), 사업의 헛됨(2:4~11), 지혜의 헛됨(2:13~17), 살아있음의 헛됨(4:2~3), 권력의 헛됨(4:14~16), 재물의 헛됨(5:12~15), 부귀영화의 헛됨(6:2), 의로움의 헛됨(7:15~16), 선행의 헛됨(8:14)을 이야기하며 모든 것이 헛되다고 주장합니다. 이것은 지독한 허무주의이며 염세주의적 모습입니다. 하지만 전도자는 모든 것이 헛되다고 이야기하면서도 그 사이사이에 '영원을 사모하는 마음을 주셨느니라'(3:11), '하나님의 선물'(5:18)을 언급하고, 11장 5절에서는 만사를 성취하시는 분은 하나님이시라고 말하며 헛되지 않은 것이 있음을 설명하고 있습니다.

전도자는 결국 전도서의 마지막에 "일의 결국을 다 들었으니 하나님을 경외하고 그의 명령들을 지킬지어다 이것이 모든 사람의 본분이니

라"(전 12:13)라고 정리합니다. 이것은 인생의 허무함을 알았으니 하나님을 경외하고 하나님 말씀대로 살아 인생을 헛되지 않게 하라는 의미입니다. 이 교훈을 마음에 새겨 하나님 안에서 헛되지 않은 삶을 사시길 바랍니다.

6. 함께 기도하기   마무리하며 함께 기도합니다

사랑과 은혜가 충만하신 아버지 하나님! 우리 가정이 이 땅의 삶만이 전부인 것처럼 착각하는 어리석은 가정이 되지 않게 하여 주시옵소서. 그리하여 마지막 심판의 때를 준비하며 하나님을 경외하고 명령을 지키며 살아가는 참으로 복 있는 가정이 되게 하여 주시옵소서. 예수님의 이름으로 기도드립니다. (아멘)

7. 함께 축복하기   찬양하며 서로를 축복합니다

[사랑의 주님이]

오늘의 암송구절 전도서 1:2

전도자가 이르되 헛되고 헛되며 헛되고 헛되니 모든 것이 헛되도다

우리집 가정예배 일지

일 시	참석자
기도제목 • 응답내용	

>> 사랑의 노래　아 2:10~17

일어나서 함께 가자

029

1. 함께 찬양하기　　　　　찬송가 299장

〈 하나님 사랑은 〉

1) 하나님 사랑은 온전한 참 사랑
   내 맘에 부어 주시사 충만케 하소서
2) 내 주님 참 사랑 햇빛과 같으니
   그 사랑 내게 비추사 뜨겁게 하소서
3) 그 사랑 앞에는 풍파도 그치며
   어두운 밤도 환하니 그 힘이 크도다
4) 하나님 사랑은 온전한 참 사랑
   내 맘과 영에 채우사 새 힘을 주소서 (아멘)

2. 함께 본문 읽기　　　　　아가 2:10-17

(10) 나의 사랑하는 자가 내게 말하여 이르기를 나의 사랑, 내 어여쁜 자야 일어나서 함께 가자
(11) 겨울도 지나고 비도 그쳤고
(12) 지면에는 꽃이 피고 새가 노래할 때가 이르렀는데 비둘기의 소리가

　　　우리 땅에 들리는구나
(13) 무화과나무에는 푸른 열매가 익었고 포도나무는 꽃을 피워 향기를 토하는구나 나의 사랑, 나의 어여쁜 자야 일어나서 함께 가자
(14) 바위 틈 낭떠러지 은밀한 곳에 있는 나의 비둘기야 내가 네 얼굴을 보게 하라 네 소리를 듣게 하라 네 소리는 부드럽고 네 얼굴은 아름답구나
(15) 우리를 위하여 여우 곧 포도원을 허는 작은 여우를 잡으라 우리의 포도원에 꽃이 피었음이라
(16) 내 사랑하는 자는 내게 속하였고 나는 그에게 속하였도다 그가 백합화 가운데에서 양 떼를 먹이는구나
(17) 내 사랑하는 자야 날이 저물고 그림자가 사라지기 전에 돌아와서 베데르 산의 노루와 어린 사슴 같을지라

3. 함께 생각하기
인도자가 읽어줍니다

　　한 여자가 철학자 임마누엘 칸트에게 청혼을 하였습니다. 그녀는 오랜 기간 교제해 오던 칸트가 자신에게 청혼을 하지 않자 기다리다 지쳐서 먼저 청혼한 것이었습니다. 그러자 칸트는 그 청혼을 받고 잘 생각해 보겠다고 대답한 후에 그때부터 결혼에 대해 깊이 분석하기 시작하였습니다. 칸트는 먼저 그녀에 대한 자신의 감정을 분석하였고 도서관에서 사랑과 결혼에 관한 책을 모두 찾아 읽었습니다. 그리고 마침내 결혼의 장단점을 분석하고 청혼을 받아들이기로 결심하였습니다.
　　그녀와의 결혼을 결심한 후에 그는 멋지게 차려입고 그녀의 집을 찾

아갔습니다. 초인종을 누르고 잠시 기다리고 있자 그녀의 아버지가 나와서 무슨 일로 왔느냐고 물었습니다. 그러자 칸트는 "지난번에 따님의 청혼을 받고 오랜 분석 끝에 좋은 결혼이 될 것이란 결론에 도달하였습니다. 따님을 제게 주시면 행복하게 해드리겠습니다." 이 말을 들은 여자의 아버지는 이렇게 말하였습니다.

"무슨 말인가? 내 딸은 자네를 기다리다가 지쳐서 7년 전에 결혼했고, 지금 두 아이의 엄마가 되었네."

사랑은 이성적인 판단이나 분석을 통해 깨닫게 되는 것이 아니라 가슴으로 알고 반응하는 것입니다. 우리를 향하신 예수님의 크고 놀라운 사랑을 마음 깊이 깨닫고 때가 늦기 전에 반응할 수 있어야 합니다. 우리 주님은 바로 지금 당신에게 청혼하시는 분이십니다.

4. 함께 관찰하기 성경 본문을 보며 빈칸을 채웁니다

① 나의 ☐☐하는 자가 내게 말하여 이르기를 ☐☐ ☐☐, 내 ☐☐☐☐야 일어나서 함께 가자

② 우리를 위하여 ☐☐ 곧 ☐☐☐을 허는 ☐☐ ☐☐를 잡으라 우리의 ☐☐☐에 꽃이 피었음이라

③ 내 ☐☐하는 자는 내게 속하였고 나는 그에게 속하였도다 그가 ☐☐☐ 가운데에서 ☐☐를 먹이는구나

 **5. 함께 나누기**   질문에 따라 묵상한 내용을 나눕니다

① 지나온 삶의 순간들 중에서 하나님께서 나를 정말 사랑하시는 것을 깨달았던 경험을 생각해보고 서로 나누어 봅시다.

② "일어나서 함께 가자"라고 우리를 초청하시는 하나님의 말씀에 우리가 어떻게 반응하며 살아야 하는지 서로 나누어 봅시다.

아가서는 '너무나 아름답고 우아한 노래'라는 뜻으로 솔로몬과 술람미 여인 간의 지고지순한 사랑의 노래입니다. 본문에서 솔로몬은 술람미 여인을 향하여 "나의 사랑, 내 어여쁜 자야 일어나서 함께 가자"라는 아름다운 사랑의 노래를 불러 청혼하고 있습니다. 그런데 이런 고백을 받고 술람미 여인은 포도원을 허는 작은 여우를 잡으라고 요청하고 있습니다(15절). 여기 나오는 여우는 두 사람의 사랑에 방해 공작을 가해오는 모든 장애물들을 가리키는 상징적인 표현으로 볼 수 있습니다.

이와 같은 솔로몬과 술람미 여인 간의 지고지순한 사랑의 관계는 하나님과 우리 사이의 관계를 상징적으로, 비유적으로, 예표적으로 알려주고 있습니다. 우리가 잘 아는 바와 같이 기독교 신앙의 최고 덕목은 사랑이며 하나님께서 '먼저', '무조건', '끝까지' 우리를 사랑해 주신 그 사랑을 깨닫는 것으로부터 믿음의 삶이 출발합니다. 그 사랑을 깨닫고 그 사랑에 반응하며 나아가 하나님이 우리를 사랑해 주신 그 사랑을 가지고 하나님 사랑, 이웃 사랑의 삶을 온전히 살아가는 것이 참된 그리스도인의 삶입니다.

당대 최고의 권력자인 솔로몬이 유벽한 시골 처녀를 사랑하는 모습

처럼 우리를 먼저, 무조건, 끝까지 사랑해 주시는 하나님의 사랑을 우리는 반드시 깨달아야 합니다. 바로 이 사랑의 정신으로 경쟁과 분쟁이 가득한 이 세상을 아름다운 사랑의 나라로 만들어 나가야 하겠습니다.

6. 함께 기도하기   마무리하며 함께 기도합니다

우리를 사랑하셔서 구원의 은총을 베풀어 주시는 아버지 하나님! 은혜와 사랑을 감사드립니다. 무엇보다 먼저, 무조건, 끝까지 사랑하여 주시는 주님의 그 큰 사랑을 깨닫게 하시고, 나아가 그 사랑에 적극적으로 반응하며 살아가는 신실한 믿음의 가정이 되게 하여 주시옵소서. 예수님의 이름으로 기도드립니다. (아멘)

7. 함께 축복하기   찬양하며 서로를 축복합니다

[사랑의 주님이]

오늘의 암송구절   아가 2:10

나의 사랑하는 자가 내게 말하여 이르기를 나의 사랑, 내 어여쁜 자야 일어나서 함께 가자

우리집 가정예배 일지

일 시		참석자	
기도제목 · 응답내용			

PART_5

대예언서

>> 이사야의 소명   사 6:6~13

내가 여기 있나이다
나를 보내소서

030

1. 함께 찬양하기   찬송가 400장

〈 험한 시험 물 속에서 〉

1) 험한 시험 물 속에서 나를 건져주시고
   노한 풍랑 지나도록 나를 숨겨주소서
2) 권세 능력 무한하사 모든 시험 이기고
   풍랑까지 다스리는 주님 앞에 비오니
3) 죄악 길에 빠진 이 몸 캄캄한 데 헤매며
   부르짖는 나의 애원 들으소서 내 주여
(후렴) 주여 나를 돌보시사 고이 품어주시고
   험한 풍파 지나도록 나를 숨겨주소서 (아멘)

2. 함께 본문 읽기   이사야 6:6-10

(6) 그 때에 그 스랍 중의 하나가 부젓가락으로 제단에서 집은 바 핀 숯을 손에 가지고 내게로 날아와서
(7) 그것을 내 입술에 대며 이르되 보라 이것이 네 입에 닿았으니 네 악이 제하여졌고 네 죄가 사하여졌느니라 하더라

⑻ 내가 또 주의 목소리를 들으니 주께서 이르시되 내가 누구를 보내며 누가 우리를 위하여 갈꼬 하시니 그 때에 내가 이르되 내가 여기 있나이다 나를 보내소서 하였더니

⑼ 여호와께서 이르시되 가서 이 백성에게 이르기를 너희가 듣기는 들어도 깨닫지 못할 것이요 보기는 보아도 알지 못하리라 하여

⑽ 이 백성의 마음을 둔하게 하며 그들의 귀가 막히고 그들의 눈이 감기게 하라 염려하건대 그들이 눈으로 보고 귀로 듣고 마음으로 깨닫고 다시 돌아와 고침을 받을까 하노라 하시기로

 3. 함께 생각하기   인도자가 읽어줍니다

무디 목사님(1837~1899)은 남북전쟁 직후 침체되었던 미국 사회에 영적 대각성운동을 일으킨 분입니다. 사실 무디 목사님은 유년시절에 학교 교육을 제대로 받지 못했습니다. 성격도 난폭하고 심술궂었습니다. 17세 때는 가출하여 길거리를 배회하며 살았습니다. 그러다가 한 구둣가게에서 구두 수선하는 것을 배우게 되었습니다. 그런데 가게 주인은 무디를 받아주는 조건으로 주일에 교회 가서 예배를 드리자고 하였습니다.

무디가 찾아간 교회에는 에드워드 킴벌이라는 주일학교 선생님이 있었습니다. 킴벌은 무디에게 깊은 애정을 가지고 복음을 전했습니다. 때로는 직접 구둣가게까지 찾아가 말씀을 가르쳤습니다. 그 결과 무디는 자신의 과거를 회개하고 예수님을 영접하였습니다. 그리고 어머니에게 "어머니! 기뻐해 주세요. 1837년 2월 5일은 제가 어머니의 아들로 태어

난 제 생일이지요? 18년이 지난 오늘 4월 21일은 성령으로 거듭난 제 영적 생일입니다"라고 편지하였습니다.

　무디는 곧바로 거리에 나가서 방황하는 아이들에게 성경을 가르치기 시작하였습니다. 이 모임은 몇 년 후 1,000명이 넘는 주일학교를 이루었고 미국 순회전도집회로 이어지게 되었습니다. 교사의 사명을 감당한 킴벌 선생님으로 인해 무디 목사님이 탄생하였고 전도자의 사명을 감당한 무디 목사님으로 인해 미국 대각성운동이 일어나게 된 것입니다.

4. 함께 관찰하기 성경 본문을 보며 빈칸을 채웁니다

① 그 때에 그 □□ 중의 하나가 □□□□으로 제단에서 집은 바 핀 □을 □에 가지고 내게로 날아와서

② 그것을 내 □□에 대며 이르되 보라 이것이 네 □에 닿았으니 네 □이 제하여졌고 네 □가 사하여졌느니라 하더라

③ 내가 또 주의 □□□를 들으니 주께서 이르시되 내가 누구를 □□□ 누가 우리를 위하여 □□ 하시니 그 때에 내가 이르되 내가 여기 있나이다 나를 □□□□하였더니

 **5. 함께 나누기**   질문에 따라 묵상한 내용을 나눕니다

① 내가 지금 모습 이대로 하나님을 만난다면 가장 먼저 어떤 반응을 보이실지 생각해 보고 그 느낌을 서로 나누어 봅시다.

② 이사야와 같이 우리도 하나님의 부르심을 듣고 헌신했던 경험에 대하여 생각해 보고 그 결단을 서로 나누어 봅시다.

이사야서는 구약성경의 여러 예언서들 중에 가장 먼저 배치되어 있는 책입니다. 그리고 오늘 본문은 이사야의 소명을 다루고 있습니다. 이사야가 활동했던 주전 8세기는 온 세상이 혼돈 가운데 놓여 있었습니다. 남유다는 주변 나라들의 힘이 약해진 틈을 타서 정치적으로나 경제적으로 상당한 번영을 누렸습니다. 하지만 백성들은 하나님 신앙을 잃어버리고 우상숭배에 깊이 빠졌으며 일상생활에서도 악을 밥 먹듯이 행하였습니다.

남유다의 전성기를 이끌었던 웃시야왕은 교만해져서 제사장이 드려야 할 분향을 자기가 스스로 하였습니다. 이 일로 웃시야왕은 하나님의 심판을 받아 나병에 걸려 죽게 되었습니다. 웃시야왕이 죽던 해에 이사야는 거룩하신 하나님의 영광을 보았습니다. 그때 이사야는 "화로다 나여 망하게 되었도다"라고 소리치며 자신의 부정함을 깊이 깨달았습니다. 하나님께서는 이사야의 죄를 사해주시며 이 백성에게 누구를 보낼꼬 물으셨습니다. 그 물음에 이사야는 "내가 여기 있나이다. 나를 보내소서"라고 응답하였습니다.

하나님은 이사야에게 거룩을 버리고 죄악에 빠진 유다 백성들을 반드시 심판하시겠다고 말씀하셨습니다. 그러나 비록 모든 땅이 황폐하

게 될지라도 거룩한 씨가 그 땅의 그루터기로 남을 것이라고 약속하셨습니다. 악에 물들지 않은 '남은 자'(Remnant)가 있음을 알려주신 것입니다. 우리도 이 악한 시대에 반드시 거룩을 지키는 '남은 자'(Remnant)가 되어야 하겠습니다.

6. 함께 기도하기
마무리하며 함께 기도합니다

긍휼하신 하나님 아버지! 허물과 죄로 가득한 우리를 사랑하여 주셔서 주님의 보혈로 깨끗하게 씻어 주시니 감사드립니다. 하나님이 우리를 부르실 때 순종할 수 있는 믿음을 허락하여 주시고, 이 땅의 진정한 '남은 자'(Remnant)로 살아가는 가정이 되게 하여 주시옵소서. 예수님의 이름으로 기도합니다. (아멘)

7. 함께 축복하기
찬양하며 서로를 축복합니다

[사랑의 주님이]

오늘의 암송구절
이사야 6:8

내가 또 주의 목소리를 들으니 주께서 이르시되 내가 누구를 보내며 누가 우리를 위하여 갈꼬 하시니 그 때에 내가 이르되 내가 여기 있나이다 나를 보내소서 하였더니

우리집 가정예배 일지

일 시	참석자	
기도제목 · 응답내용		

031 〉〉 메시아 예언 사 11:1~9
여호와를 아는 지식이 충만할 것이라

1. 함께 찬양하기   찬송가 412장

〈 내 영혼의 그윽히 깊은 데서 〉

1) 내 영혼의 그윽히 깊은데서 맑은 가락이 울려나네
 하늘 곡조가 언제나 흘러나와 내 영혼을 고이싸네
2) 내 맘속에 솟아난 이 평화는 깊이 묻히인 보배로다
 나의 보화를 캐내어 가져갈 자 그 아무도 없으리라
3) 내 영혼에 평화가 넘쳐남은 주의 큰 복을 받음이라
 내가 주야로 주님과 함께 있어 내 영혼이 편히 쉬네
(후렴) 평화 평화로다 하늘 위에서 내려오네
 그 사랑의 물결이 영원토록 내 영혼을 덮으소서

2. 함께 본문 읽기   이사야 11:1-9

⑴ 이새의 줄기에서 한 싹이 나며 그 뿌리에서 한 가지가 나서 결실할 것이요
⑵ 그의 위에 여호와의 영 곧 지혜와 총명의 영이요 모략과 재능의 영이요 지식과 여호와를 경외하는 영이 강림하시리니
⑶ 그가 여호와를 경외함으로 즐거움을 삼을 것이며 그의 눈에 보이는

　　　대로 심판하지 아니하며 그의 귀에 들리는 대로 판단하지 아니하며
(4) 공의로 가난한 자를 심판하며 정직으로 세상의 겸손한 자를 판단할 것이며 그의 입의 막대기로 세상을 치며 그의 입술의 기운으로 악인을 죽일 것이며
(5) 공의로 그의 허리띠를 삼으며 성실로 그의 몸의 띠를 삼으리라
(6) 그 때에 이리가 어린 양과 함께 살며 표범이 어린 염소와 함께 누우며 송아지와 어린 사자와 살진 짐승이 함께 있어 어린 아이에게 끌리며
(7) 암소와 곰이 함께 먹으며 그것들의 새끼가 함께 엎드리며 사자가 소처럼 풀을 먹을 것이며
(8) 젖 먹는 아이가 독사의 구멍에서 장난하며 젖 뗀 어린 아이가 독사의 굴에 손을 넣을 것이라
(9) 내 거룩한 산 모든 곳에서 해 됨도 없고 상함도 없을 것이니 이는 물이 바다를 덮음 같이 여호와를 아는 지식이 세상에 충만할 것임이니라

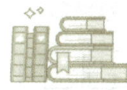 ## 3. 함께 생각하기　　　　인도자가 읽어줍니다

　　2005년 개봉한 'Merry Christmas'는 제1차 세계대전 중인 1914년 크리스마스 이브에 일어난 사건을 그린 영화입니다. 서로 100m도 안 되는 거리를 사이에 두고 독일군과 영국-프랑스 연합군 사이에 숨막히는 전쟁이 벌어지고 있었습니다. 그리고 12월 24일 밤 잠시 총성이 멈췄고 양 진영은 크리스마스를 기억하며 나름의 축하 파티를 하고 있었습니다.
　　조용한 축하 파티가 진행되던 중 영국군 참호에서 스코틀랜드 백파

이프 연주자가 고향의 민요를 연주하였는데 영국군은 가족들과 집을 그리워하며 나지막하게 노래를 부르기 시작하였습니다. 그 소리는 독일 진영에까지 그대로 전해졌습니다. 합창이 끝나자 독일군 진영에서 성악가로 공연하였던 오페라 가수 출신의 장교 한 사람이 참호 밖으로 나와 영국군의 합창에 화답하듯 '고요한 밤 거룩한 밤'을 부르기 시작하였습니다. 이 소리를 들은 영국군의 연주자는 노래에 맞춰 연주를 시작하였습니다.

놀랍게도 그들은 잠시 총을 내려놓고 참호 밖으로 나와 함께 캐롤을 불렀고 크리스마스 단 하루를 위한 휴전 협정이 맺어졌습니다. 그들은 무인지대에서 만나 예배를 드리며 서로 음식을 나누었고 축구 시합을 벌이기도 하였습니다. 이 사건은 당시 신문에 대서특필되며 알려졌습니다. 서로의 생명을 앗아가는 죽음의 전장에서 예수님으로 인하여 잠시 주어진 평화는 그야말로 크리스마스의 기적이며 선물이었습니다.

4. 함께 관찰하기 성경 본문을 보며 빈칸을 채웁니다

① 이새의 ▢▢에서 한 ▢이 나며 그 ▢▢에서 한 ▢▢가 나서 결실할 것이요

② 그의 위에 여호와의 영 곧 ▢▢와 ▢▢의 영이요 ▢▢과 ▢▢의 영이요 ▢▢과 여호와를 ▢▢▢하는 영이 ▢▢하시리니

③ 내 거룩한 산 모든 곳에서 ▢ 됨도 없고 ▢▢도 없을 것이니 이는 ▢이 ▢▢를 덮음 같이 ▢▢▢▢를 ▢▢▢▢ 이 세상에 충만할 것임이니라

 5. 함께 나누기 질문에 따라 묵상한 내용을 나눕니다

① 성경 말씀을 읽으며 생각하고 꿈꾸었던 하나님의 나라는 어떤 모습인지 서로 나누어 봅시다.

② 하나님이 약속하신 진정한 평화의 나라가 우리의 삶에 이루어지기 위하여 나는 무엇을 할 수 있을지 서로 나누어 봅시다.

    이사야가 활동하던 주전 8세기의 남유다는 참 어려운 시대로 북쪽에는 신흥강국인 앗수르의 위협과 남쪽으로는 애굽의 위협이 있었습니다. 무섭게 성장하는 앗수르를 대항하고자 북이스라엘은 애굽과 힘을 모아 반 앗수르 정책을 펼쳤지만 남유다 아하스 왕은 오히려 친 앗수르 정책을 펼쳤습니다. 이러한 정책으로 인해 앗수르를 대항하기 원했던 또 다른 주변 강국 아람과 북이스라엘이 힘을 모아 남유다를 침공하려 하였습니다. 남유다는 그야말로 일촉즉발 전쟁의 위태로운 상황에 빠졌습니다.

    이런 때에 하나님은 이사야에게 예언의 말씀을 주셨습니다. 먼저 7장에서 "보라 처녀가 잉태하여 아들을 낳을 것이요 그의 이름을 임마누엘이라 하리라"(7:14)고 선포하셨고, 9장에서는 그 아들이 평강의 왕으로 오실 것(9:6-7)임을 약속하셨습니다. 오늘 본문에서는 우리에게 오시는 평강의 왕은 이새의 줄기에서 나신 분이며(1절), 여호와의 영이 충만하셔서(2절), 공의와 정직으로 판단하며 모든 악인을 심판하실 것(4절)임을 말씀하셨습니다.

    이어서 6~9절에서는 임마누엘 평강의 왕이 가져올 아름다운 하나님

의 나라를 알려주셨는데, 그 나라는 전쟁이 없고 전우주적인 평화가 이루어질 것이며, 여호와를 아는 지식이 세상에 충만할 것이라고 위로해 주셨습니다. 이제 우리는 장차 예수님께서 재림주로 오셔서 완성하실 아름다운 평화의 나라를 바라보며 이 땅에서 진정한 그리스도인으로 살아야 하겠습니다.

 **6. 함께 기도하기**   마무리하며 함께 기도합니다

> 세상 끝 날까지 우리와 함께 하신다 약속하신 하나님 아버지! 모든 상황 속에서도 우리 가정을 위로하시고 보호하여 주시니 감사드립니다. 여전히 우리의 삶에서 아픔과 어려움이 있을지라도 주님의 동행하심을 굳건하게 믿고 참 평화를 누리며 살아가는 가정이 되게 하여 주옵소서. 예수님의 이름으로 기도드립니다. (아멘)

 **7. 함께 축복하기**   찬양하며 서로를 축복합니다

[사랑의 주님이]

오늘의 암송구절   이사야 11:9

내 거룩한 산 모든 곳에서 해 됨도 없고 상함도 없을 것이니 이는 물이 바다를 덮음 같이 여호와를 아는 지식이 세상에 충만할 것임이니라

우리집 가정예배 일지

일 시	참석자
기도제목 · 응답내용	

>> 하나님의 초청 　사 55:1~5
목마른 자들아 물로 나아오라

032

1. 함께 찬양하기 　　　찬송가 259장

〈 예수 십자가에 흘린 피로써 〉

1) 예수 십자가에 흘린 피로써 그대는 씻기어 있는가
　더러운 죄 희게하는 능력을 그대는 참 의지하는가
2) 주 예수와 밤낮으로 늘 함께 그대는 행동을 하는가
　아무 때나 어디서나 그대는 십자가 붙들고 있는가
3) 주님 예수 다시 올 때 그대는 영접할 예복이 있는가
　그대 몸은 거룩한 곳 천국에 들어갈 준비가 됐는가
후렴) 예수의 보혈로 그대는 씻기어 있는가
　　마음속의 여러 가지 죄악이 깨끗이 씻기어 있는가

2. 함께 본문 읽기 　　　이사야 55:1-5

(1) 오호라 너희 모든 목마른 자들아 물로 나아오라 돈 없는 자도 오라
　너희는 와서 사 먹되 돈 없이, 값 없이 와서 포도주와 젖을 사라
(2) 너희가 어찌하여 양식이 아닌 것을 위하여 은을 달아 주며 배부르게
　하지 못할 것을 위하여 수고하느냐 내게 듣고 들을지어다 그리하면

너희가 좋은 것을 먹을 것이며 너희 자신들이 기름진 것으로 즐거움을 얻으리라

(3) 너희는 귀를 기울이고 내게로 나아와 들으라 그리하면 너희의 영혼이 살리라 내가 너희를 위하여 영원한 언약을 맺으리니 곧 다윗에게 허락한 확실한 은혜이니라

(4) 보라 내가 그를 만민에게 증인으로 세웠고 만민의 인도자와 명령자로 삼았나니

(5) 보라 네가 알지 못하는 나라를 네가 부를 것이며 너를 알지 못하는 나라가 네게로 달려올 것은 여호와 네 하나님 곧 이스라엘의 거룩하신 이로 말미암음이니라 이는 그가 너를 영화롭게 하였느니라

 **3. 함께 생각하기**　　　　　인도자가 읽어줍니다

스펄전 목사님(1834~1892)은 많은 사람들을 회심시켰던 설교자였습니다. 그의 〈구원의 은혜〉라는 설교집에는 하나님께서 죄인을 부르시며 있는 모습 그대로를 받아주시는 분이심을 다음과 같이 전하고 있습니다.

"한 유명한 미술가가 자기가 살고 있는 동네를 그리는데, 그 그림 안에 그 동네에서 가장 잘 알려진 인물을 넣어 기념을 삼고자 하였습니다. 이 미술가는 동네 사람들에게 수소문한 끝에 청소부 한 사람을 택했고, 그 청소부가 잘 어울릴 만한 적당한 장소도 골라 놓았습니다. 이 미술가는 청소부에게 찾아가 내일 이곳에 와서 자신의 그림을 위한 모델이 되어줄 것을 요청하였고 후한 보수도 약속하였습니다. 그 청소부

는 기꺼이 그러겠다고 하였습니다. 다음 날, 청소부는 약속대로 아침 일찍 화가가 그림을 그릴 장소로 찾아갔습니다. 그런데 화가는 청소부의 모습을 보더니 그를 그냥 돌려보냈습니다. 왜냐하면 그가 깨끗이 면도하고 머리도 단장하고 또 말끔한 옷차림으로 왔기 때문입니다. 화가는 자신의 그림의 배경에 어울리는, 있는 모습 그대로의 청소부가 필요했던 것이지 말끔한 신사가 필요하지 않았던 것입니다."

하나님은 아름다운 구원과 회복의 자리로 모든 사람을 초대하고 계십니다. 우리가 그저 있는 모습 그대로 나아가기만 하면 하나님 안에서 참된 구원과 회복의 은혜를 누리게 되는 것입니다.

4. 함께 관찰하기 <small>성경 본문을 보며 빈칸을 채웁니다</small>

① 오호라 너희 모든 □□□ 자들아 물로 □□□□ 돈 없는 자도 □□ 너희는 와서 사 먹되 □ 없이, □ 없이 와서 □□□와 □을 사라

② 너희가 어찌하여 □□이 아닌 것을 위하여 □을 달아 주며 □□□□ 하지 못할 것을 위하여 □□하느냐 내게 듣고 들을지어다 그리하면 너희가 □□ □을 먹을 것이며 너희 자신들이 □□□ 으로 즐거움을 얻으리라

③ 보라 내가 그를 만민에게 □□ 으로 세웠고 만민의 □□□ 와 □□□로 삼았나니

 5. 함께 나누기 질문에 따라 묵상한 내용을 나눕니다

① 무엇인가를 얻기 위해 힘써 노력하였는데, 막상 얻고 나니 별것 아니라고 느꼈던 경험을 생각해 보고 서로 나누어 봅시다.

② 최근에 나를 지치고 힘들게 하는 일은 무엇인지 서로 나누어 보고 하나님이 도우실 것을 믿음으로 고백하여 봅시다.

    이사야 55장은 '초청의 장'으로서 하나님께서 뭇 백성을 구원과 회복으로 초대하시며, 또한 이를 반드시 이루실 것을 약속해 주시는 말씀입니다. 1~3절에서 하나님은 뭇 백성들을 구원과 회복의 자리로 초청하시는데 하나님께 나오는 자마다 값없이 생명과 구원과 축복을 누리게 될 것이라고 약속해 주셨습니다. 또한 이 땅의 현세적인 것, 물질적인 것에 몰두해 있는 자들을 책망하시며 참된 구원과 회복은 오직 하나님께 나아갈 때 누리게 될 것임을 분명히 말씀하셨습니다.

    이처럼 구원과 회복으로 초청하시는 하나님은 장차 메시아를 통해 구원의 언약을 새롭게 맺을 것이라고 말씀하셨습니다. 메시아는 이 새 언약의 '증인', '인도자', '명령자'로서 하나님의 참된 구원과 회복을 증거하시고 이 땅에 이루실 것입니다. 이 메시아가 바로 예수 그리스도이십니다.

    우리는 오직 예수 그리스도를 통하여 하나님께 나아갈 수 있고, 하나님 안에서만 참된 구원과 회복을 누릴 수 있습니다. 물론 완전한 회복은 주님께서 다시 오실 때 누리게 되겠지만, 그러나 우리가 이 땅을 살아갈 때도 하나님께 나아가기만 하면 하나님께서는 우리에게 값없이

구원과 회복의 은혜를 베풀어 주십니다. 날마다 하나님께 나아가 하나님이 베푸시는 회복의 은혜를 누리며 승리하는 삶을 살아가시기를 바랍니다.

6. 함께 기도하기   마무리하며 함께 기도합니다

> 사랑과 은혜가 풍성하신 하나님 아버지! 언제나 우리를 지켜주시고 선한 길로 인도하여 주시니 참으로 감사합니다. 삶 속에서 지치고 힘들 때마다 하나님께 나아가 새 힘과 위로를 얻게 하여 주시고, 하나님이 주시는 힘으로 날마다 승리하는 가정이 되게 하여 주시옵소서. 예수님의 이름으로 기도드립니다. (아멘)

7. 함께 축복하기   찬양하며 서로를 축복합니다

[사랑의 주님이]

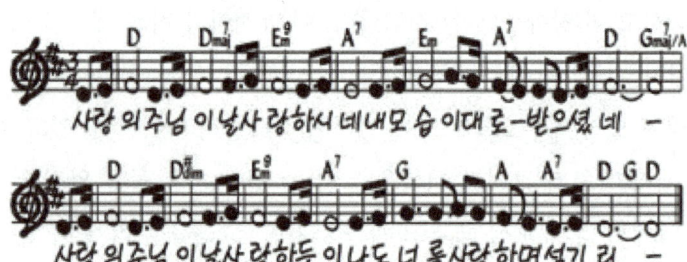

오늘의 암송구절   이사야 55:1

> 오호라 너희 모든 목마른 자들아 물로 나아오라 돈 없는 자도 오라 너희는 와서 사 먹되 돈 없이, 값 없이 와서 포도주와 젖을 사라

우리집 가정예배 일지

일 시	참석자
기도제목 · 응답내용	

033 >> 하나님의 선지자 렘 28:1~11

여호와께서 보내신 선지자라

🎵 1. 함께 찬양하기 찬송가 200장

〈 달고 오묘한 그 말씀 〉

1) 달고 오묘한 그 말씀 생명의 말씀은 귀한 그 말씀
   진실로 생명의 말씀이 나의 길과 믿음 밝히 보여주니
   아름답고 귀한 말씀 생명샘이로다 (×2)

2) 귀한 주님의 말씀은 내 노래 되도다 모든 사람을
   살리는 생명의 말씀을 값도 없이 받아 생명 길을 가니
   아름답고 귀한 말씀 생명샘이로다 (×2)

3) 널리 울리어 퍼지는 생명의 말씀은 맘에 용서와
   평안을 골고루 주나니 다만 예수 말씀 듣고 복을 받네
   아름답고 귀한 말씀 생명샘이로다 (×2)

2. 함께 본문 읽기 예레미야 28:5-11

(5) 선지자 예레미야가 여호와의 성전에 서 있는 제사장들과 모든 백성들이 보는 앞에서 선지자 하나냐에게 말하니라

(6) 선지자 예레미야가 말하니라 아멘, 여호와는 이같이 하옵소서 여호

와께서 네가 예언한 말대로 이루사 여호와의 성전 기구와 모든 포로를 바벨론에서 이 곳으로 되돌려 오시기를 원하노라

(7) 그러나 너는 내가 네 귀와 모든 백성의 귀에 이르는 이 말을 잘 들으라

(8) 나와 너 이전의 선지자들이 예로부터 많은 땅들과 큰 나라들에 대하여 전쟁과 재앙과 전염병을 예언하였느니라

(9) 평화를 예언하는 선지자는 그 예언자의 말이 응한 후에야 그가 진실로 여호와께서 보내신 선지자로 인정 받게 되리라

(10) 선지자 하나냐가 선지자 예레미야의 목에서 멍에를 빼앗아 꺾고

(11) 모든 백성 앞에서 하나냐가 말하여 이르되 여호와께서 이와 같이 말씀하시니라 내가 이 년 안에 모든 민족의 목에서 바벨론의 왕 느부갓네살의 멍에를 이와 같이 꺾어 버리리라 하셨느니라 하매 선지자 예레미야가 자기의 길을 가니라

 ### 3. 함께 생각하기 인도자가 읽어줍니다

　에이든 토저(Aiden Wilson Tozer)가 쓴「나는 진짜인가 가짜인가」라는 책이 있습니다. 이 책에서 저자는 우리 신앙의 본질과 정체성을 가감 없이 들여다보게 하면서 진짜 신앙과 가짜 신앙을 구분하고 있습니다.

　"진짜는 험한 십자가를 부끄러워하지 않습니다. 진짜는 솜사탕 복음을 거부하고, 가시면류관의 복음을 믿습니다. 주님의 '일' 보다 '주님'에게 우선순위를 두고, 행복보다 거룩을 열망하며, 신앙의 기본에 충실합니다."

　"반대로 가짜는 인스턴트일 뿐입니다. 가짜는 인격의 변화를 소홀히

합니다. 가짜는 하나님의 징계를 십자가 지는 것으로 착각합니다. 가짜는 행함으로 죄 용서함을 받으려고 합니다. 가짜는 신학을 경시하고, 감정을 등한히 여깁니다. 가짜는 영적 균형감이 없습니다."

우리가 사는 세상에는 진짜 같은 가짜가 참 많습니다. 하나님을 믿는 믿음에도 진짜가 있고, 진짜 같은 가짜가 있습니다. 그러나 진짜와 가짜 사이에는 큰 차이가 있습니다. 가짜에는 능력이 없습니다. 진짜를 '신앙생활'이라고 한다면, 가짜는 '종교생활'이라고 할 수 있습니다.

가짜인 종교생활은 내 마음에 드는 것만 받아들이고 마음에 들지 않으면 거부합니다. 하지만 진짜인 신앙생활은 때로는 힘들고 어렵고 고난이 닥쳐도 그것이 하나님의 말씀이라면 기꺼이 받아들이고 순종하며 살아갑니다. 그럴 때 하나님의 능력이 그의 삶 속에 나타납니다.

4. 함께 관찰하기 성경 본문을 보며 빈칸을 채웁니다

① 선지자 □□□□가 말하나라 □□, 여호와는 이같이 하옵소서 여호와께서 네가 □□한 말대로 이루사 여호와의 □□□와 모든 □□를 바벨론에서 이 곳으로 되돌려 오시기를 원하노라

② □□를 □□하는 선지자는 그 예언자의 말이 응한 후에야 그가 진실로 □□□께서 보내신 선지자로 □□ 받게 되리라

③ 선지자 □□□가 선지자 □□□□의 목에서 □□를 빼앗아 꺾고

5. 함께 나누기   질문에 따라 묵상한 내용을 나눕니다

① 하나냐처럼 우리도 삶 속에서 하나님의 뜻을 내 뜻과 내 편의에 따라 마음대로 바꾸며 살아가고 있지는 않은지 생각해 봅시다.

② '나의 생각'을 쫓아가는 것이 아니라 '하나님의 생각'을 듣고 순종하며 살기 위해서 나는 지금 무엇을 어떻게 결단해야 하겠습니까?

시드기야 제4년에 하나냐는 예언하기를 하나님께서 바벨론 왕 느부갓네살에게 빼앗긴 성전 기구들을 2년 안에 되돌려 올 것이고, 또한 포로로 끌려간 왕족과 백성들도 2년 안에 돌아오게 할 것이라고 하였습니다. 그러나 이것은 하나님의 뜻이 아니었습니다.

하나님의 뜻은 예레미야를 통하여 이미 선포되었습니다. 하나님은 이스라엘에게 돌이킬 때가 지나갔고, 그래서 바벨론에 포로로 끌려가 거기서 70년 동안 연단 받고 돌아올 것이라고 말씀해 주셨습니다. 이에 예레미야는 하나냐에게 예언자는 그 예언자의 말이 응한 후에야 그가 하나님께서 보내신 예언자인지 아닌지 판가름 난다고 하였습니다.

하나님께서 하신 말씀도 아닌데 자기 스스로 예언하거나, 하나님께서 말씀하셨어도 자기 맘대로 가감하는 자는 거짓 예언자입니다. 하나냐는 자기 맘대로 예언을 선포한 거짓 예언자였습니다. 아무리 듣기 좋은 말이라고 할지라도 하나님께서 말씀하지 않은 것이기 때문에 하나냐의 예언은 거짓 예언입니다. 그러나 듣기에 불편한 말씀이라 할지라도 70년 동안 연단받은 후에 돌아올 것을 선포한 예레미야의 예언은 참 예언입니다.

하나님은 우리에게 말씀하시고, 우리는 그 말씀을 들어야 합니다. 내가 듣고 싶은 말이 아닌 하나님이 주시는 말씀이 무엇인지 잘 분별하고 순종하여서 생명과 구원을 얻는 삶을 살아야 하겠습니다.

 6. 함께 기도하기   마무리하며 함께 기도합니다

사랑이 많고 은혜가 풍성하신 하나님 아버지! 어렵고 힘든 상황 속에서 '나의 생각'이 아닌 '하나님의 생각'만을 듣고 품을 수 있도록 인도하여 주시옵소서. 삶 속에서 늘 하나님 한 분만을 바라보며 그 말씀에 순종하는 우리 가정이 되도록 인도하여 주시옵소서. 예수님의 이름으로 기도드립니다. (아멘)

 7. 함께 축복하기   찬양하며 서로를 축복합니다

[사랑의 주님이]

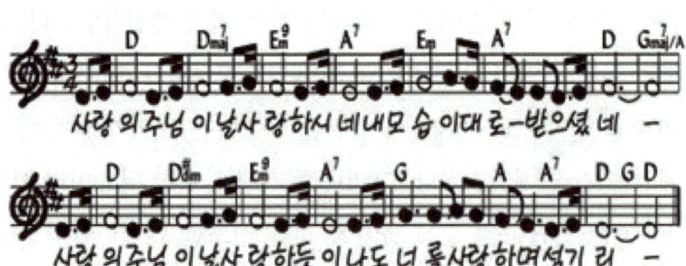

오늘의 암송구절
예레미야 28:9

평화를 예언하는 선지자는 그 예언자의 말이 응한 후에야 그가 진실로 여호와께서 보내신 선지자로 인정 받게 되리라

우리집 가정예배 일지

일 시	참석자
기도제목 · 응답내용	

>> 새 언약　렘 31:31~34

새 언약을 맺으리라

034

1. 함께 찬양하기　　찬송가 250장

〈 구주의 십자가 보혈로 〉

1) 구주의 십자가 보혈로 죄 씻음 받기를 원하네
   내 죄를 씻으신 주 이름 찬송합시다
2) 죄악을 속하여 주신 주 내 속에 들어와 계시네
   십자가 앞에서 주 이름 찬송합시다
3) 주 앞에 흐르는 생명수 날 씻어 정하게 하시네
   내 기쁨 정성을 다하여 찬송합시다
4) 내 주께 회개한 영혼은 생명수 가운데 젖었네
   흠 없고 순전한 주 이름 찬송합시다.
후렴) 찬송합시다 찬송합시다
   내 죄를 씻으신 주 이름 찬송합시다

2. 함께 본문 읽기　　예레미야 31:31-34

(31) 여호와의 말씀이니라 보라 날이 이르리니 내가 이스라엘 집과 유다 집에 새 언약을 맺으리라

(32) 이 언약은 내가 그들의 조상들의 손을 잡고 애굽 땅에서 인도하여 내던 날에 맺은 것과 같지 아니할 것은 내가 그들의 남편이 되었어도 그들이 내 언약을 깨뜨렸음이라 여호와의 말씀이니라
(33) 그러나 그 날 후에 내가 이스라엘 집과 맺을 언약은 이러하니 곧 내가 나의 법을 그들의 속에 두며 그들의 마음에 기록하여 나는 그들의 하나님이 되고 그들은 내 백성이 될 것이라 여호와의 말씀이니라
(34) 그들이 다시는 각기 이웃과 형제를 가리켜 이르기를 너는 여호와를 알라 하지 아니하리니 이는 작은 자로부터 큰 자까지 다 나를 알기 때문이라 내가 그들의 악행을 사하고 다시는 그 죄를 기억하지 아니하리라 여호와의 말씀이니라

3. 함께 생각하기
인도자가 읽어줍니다

사무엘 무어 선교사님이 '곤당골교회'를 세웠을 때 '봉줄'이라는 백정의 아들이 장티푸스에 걸려 죽게 되었다는 소식을 들었습니다. 무어 선교사님은 동료 선교사이자 고종의 주치의인 에비슨에게 부탁해서 봉줄이를 치료해 주었습니다. 완쾌된 백정 봉줄이는 후에 '박성춘'이란 새로운 이름을 얻어 선교사님으로부터 세례를 받아 교인이 되었습니다.
그러자 양반 교인들이 자신들은 백정과 함께 예배를 드릴 수 없으니 백정을 교회에서 내보내라고 요구하며 교회 출석을 거부하였습니다. 이때를 타서 '곤당골교회'에는 여러 백정들이 몰려오는 교회가 되었습니다. 한 달이 지났을 때 양반 교인들의 대표가 무어 선교사님을 찾아와 제안하였습니다. 예배당 앞자리에 양반들을 위한 좌석을 별도로 마

련해 주고 백정들을 그 뒷자리에 앉힌다면 다시 교회에 출석하겠다는 제안이었습니다. 하지만 무어 선교사님은 "주님의 몸 된 교회 안에서는 그런 차별적인 행위를 할 수 없다"고 하면서 요청을 거절하였습니다. 양반 교인들은 처음에는 선교사님의 지도에 반발하였지만 오래지 않아 자신들의 잘못을 뉘우치고 회개한 뒤 다시 무어 선교사님에게로 돌아왔습니다.

이처럼 기독교는 신분에 따라 차별을 받고 있었던 이 땅의 백성들에게 믿음 안에서는 아무런 차별이 없다는 평등사상과 성도는 모두 다 하나님의 자녀라는 새로운 신분을 갖게 하였습니다.

 4. 함께 관찰하기 성경 본문을 보며 빈칸을 채웁니다

① 여호와의 말씀이니라 보라 ☐이 이르리니 내가 ☐☐☐☐ 집과 ☐☐ 집에 ☐ ☐☐을 맺으리라

② 그러나 그 날 후에 내가 이스라엘 집과 맺을 ☐☐은 이러하니 곧 내가 나의 ☐을 그들의 ☐에 두며 그들의 ☐☐에 기록하여 나는 그들의 ☐☐☐이 되고 그들은 ☐ ☐☐이 될 것이라 여호와의 말씀이니라

③ 내가 그들의 ☐☐을 사하고 다시는 그 ☐를 기억하지 아니하리라 여호와의 ☐☐이니라

 **5. 함께 나누기**   질문에 따라 묵상한 내용을 나눕니다

① 하나님께서 우리에게 위로와 회복을 선포하여 주시는 궁극적인 이유가 무엇인지 서로 이야기를 나누어 봅시다.

② 아래의 설명을 읽고 '옛 언약'과 '새 언약'이 어떻게 다른지 충분히 이해한 다음에 가족들에게 설명하며 그 의미를 잘 새겨봅시다.

성경에 기록된 모든 예언서들의 앞부분에는 무서운 하나님의 경고와 심판이 있지만 그 마지막은 한결같이 위로와 회복의 말씀으로 끝납니다. 이것은 예언의 공식입니다. 예레미야서도 제1부에서는 하나님의 준엄한 심판이 선포되지만 제2부와 제3부에서는 하나님께서 이스라엘을 회복시켜 주실 것을 말씀하고 있습니다. 이 위로와 회복의 말씀이 예레미야 30장에서 33장까지 집중되어 있는데 바로 이 부분을 가리켜 우리는 '위로의 책'(The Book of Consolation)이라고 부르고 있습니다.

이 '위로의 책' 속에 있는 오늘의 본문은 하나님께서 우리를 위로하시고 회복시키시며 구원해 주신다는 '새 언약'이 선포되고 있습니다. 새 언약은 율법으로 말미암는 '옛 언약'과는 완전히 다른, 예수 그리스도로 말미암는 구원을 말합니다. '새 언약'은 동물의 피가 아닌 예수 그리스도의 보혈로 세워지고, 육체의 할례가 아니라 마음의 할례로 세워지며, 인간의 행위가 아니라 오직 예수 그리스도를 믿음으로 세워지는 것입니다.

예레미야는 날이 이르면 예수 그리스도로 말미암은 새 언약의 시대가 도래할 것이고, 우리는 행위가 아닌 믿음으로 구원받는 신약의 시대

를 맞이할 것이라고 예언하고 있는 것입니다. 그리고 그날, 곧 새 언약의 날에는 하나님께서 "나는 그들의 하나님이 되고 그들은 내 백성이 될 것이라"고 분명히 약속해 주셨습니다.

 6. 함께 기도하기   마무리하며 함께 기도합니다

> 우리를 위로하여 주시고 회복 시켜주시는 하나님 아버지! 우리 가정이 하나님의 크고 놀라운 사랑을 늘 기억하며 살아가게 하여 주시옵소서. 우리 가족 모두가 예수님을 통해 주신 새 언약을 붙잡고 하나님의 거룩한 백성이 되어 날마다 믿음으로 승리하며 살아가게 하여 주시옵소서. 예수님의 이름으로 기도드립니다. (아멘)

 7. 함께 축복하기   찬양하며 서로를 축복합니다

[사랑의 주님이]

오늘의 암송구절

예레미야 31:31

여호와의 말씀이니라 보라 날이 이르리니 내가 이스라엘 집과 유다 집에 새 언약을 맺으리라

우리집 가정예배 일지

일 시	참석자
기도제목 · 응답내용	

035 >> 경건한 사람들 렘 35:1~11
명령한 대로 행하였노라

1. 함께 찬양하기   찬송가 333장

〈 충성하라 죽도록 〉

1) 충성하라 죽도록 충성하라 주님께
　슬픔이나 괴로움이 주의 사랑 못 끊으리
　충성하라 죽도록 충성하라 끝까지
2) 충성하라 죽도록 충성하라 주님께
　찬란하다 저 면류관 들려온다 주의 음성
　충성하라 죽도록 충성하라 끝까지
3) 충성하라 죽도록 충성하라 주님께
　항상 내가 힘쓰오니 주님 나를 도우소서
　충성하라 죽도록 충성하리 끝까지 (아멘)

2. 함께 본문 읽기   예레미야 35:5-11

(5) 내가 레갑 사람들의 후손들 앞에 포도주가 가득한 종지와 술잔을 놓고 마시라 권하매
(6) 그들이 이르되 우리는 포도주를 마시지 아니하겠노라 레갑의 아들 우리 선조 요나답이 우리에게 명령하여 이르기를 너희와 너희 자손

은 영원히 포도주를 마시지 말며
(7) 너희가 집도 짓지 말며 파종도 하지 말며 포도원을 소유하지도 말고 너희는 평생 동안 장막에 살아라 그리하면 너희가 머물러 사는 땅에서 너희 생명이 길리라 하였으므로
(8) 우리가 레갑의 아들 우리 선조 요나답이 우리에게 명령한 모든 말을 순종하여 우리와 우리 아내와 자녀가 평생 동안 포도주를 마시지 아니하며
(9) 살 집도 짓지 아니하며 포도원이나 밭이나 종자도 가지지 아니하고
(10) 장막에 살면서 우리 선조 요나답이 우리에게 명령한 대로 다 지켜 행하였노라
(11) 그러나 바벨론의 느부갓네살 왕이 이 땅에 올라왔을 때에 우리가 말하기를 갈대아인의 군대와 수리아인의 군대를 피하여 예루살렘으로 가자 하고 우리가 예루살렘에 살았노라

 **3. 함께 생각하기** 인도자가 읽어줍니다

조선의 힘이 약해지던 1895년 10월 8일에 명성황후가 경복궁 건청궁 앞 옥호루 다리 위에서 시해되었습니다. 그때 일본 낭인들의 칼을 온몸으로 막으며 명성황후를 지키려고 했던 사람들이 있었습니다. 시위대장 홍계훈과 그 군사들이었습니다. 하지만 그들은 일본 낭인들의 적수가 되지 못하였습니다. 자객들은 그들을 먼저 죽이고 명성황후와 궁녀들을 시해하였습니다. 그리고 그 시신들 위에 기름을 붓고 불태워 버렸습니다. 명성황후의 장례식은 그로부터 2년이 지난 후에야 치를 수 있었습니다. 우리 역사에 있어서 너무나 가슴 아픈 일이었습니다.

    고종황제는 궁궐 안에서 자기 부인이 희생당하였지만 어떻게 손 쓸 수도 없었습니다. 그만큼 나라는 약해졌고 고종황제의 권위도 땅에 떨어진 상태였습니다. 하지만 망해가는 나라임에도 불구하고 신하로서 자신의 사명을 철저히 지킨 사람들이 있었습니다. 고종황제는 그들의 희생을 잊지 않으려고 하였습니다. 그래서 그들을 기억하기 위하여 남산 밑에 단(壇)을 하나 만들고, 신하들의 충성심을 기념하기 위해 차린 단이란 뜻으로 그 이름을 '장충단'(獎忠壇)이라고 불렀습니다.

    다 쓰러져가는 나라의 황후를 위해서도 목숨을 던지는 게 신하의 사명입니다. 그렇다면 천지를 창조하시고 다스리시는 하나님의 백성으로서 우리의 사명은 무엇이겠습니까? 그 사명을 충성스럽게 감당해야 합니다.

4. 함께 관찰하기   성경 본문을 보며 빈칸을 채웁니다

① 내가 ☐☐ 사람들의 후손들 앞에 ☐☐☐가 가득한 종지와 술잔을 놓고 마시라 권하매

② 너희가 ☐도 짓지 말며 ☐☐도 하지 말며 ☐☐☐을 소유하지도 말고 너희는 평생 동안 ☐☐에 살아라 그리하면 너희가 머물러 사는 땅에서 너희 ☐☐이 길리라

③ 우리가 레갑의 아들 우리 선조 ☐☐☐이 우리에게 명령한 모든 말을 ☐☐하여 우리와 우리 아내와 자녀가 평생 동안 ☐☐를 마시지 아니하며

 **5. 함께 나누기** 질문에 따라 묵상한 내용을 나눕니다

① 우리 가정에 조상 적부터 지켜오고 있는 아름다운 전통은 어떤 것이 있는지 그 유래와 경험을 서로 나누어 봅시다.

② 레갑 사람들처럼 우리가 지켜야 할 하나님의 명령 중에서 내가 생각하는 가장 중요한 신앙 원칙은 무엇인지 서로 나누어 봅시다.

하나님께서는 예레미야에게 레갑 사람들을 만나 그들에게 포도주를 권해보라고 하셨습니다. 레갑 사람들은 '겐 족속'이라고 불리는 미디안 족속입니다. 그들은 이스라엘 민족이 광야 생활을 할 때부터 이스라엘 민족과 함께 하였으며 가나안 땅에 들어와서도 하나님을 신실하게 섬겼습니다.

그런데 레갑 사람들은 자신들의 유목 생활의 순수성을 보전하기 위하여 몇 가지의 금지규정을 가지고 있었습니다. 이 금지규정은 레갑 사람들의 정신적 지주였던 요나답에 의하여 확립된 것입니다. 그 규정들은 첫째는 포도주를 마시지 말 것, 둘째는 유목 생활을 유지할 것, 셋째는 장막 생활을 할 것 등입니다. 이러한 규정들은 정착 생활에서 오는 안일함과 세상 문화의 악영향에서 벗어나기 위해 취해진 매우 중요한 영적 조치들이었습니다.

예레미야는 하나님의 명령대로 레갑 사람들을 성전 부속실에 있는 방으로 데리고 가서 포도주를 마시라고 권하였습니다. 그러나 레갑 사람들은 선조 요나답의 명령에 따라 포도주를 마시지 않겠다고 하였습니다. 이처럼 그들은 요나답이 명령한 규정을 300년이 넘도록 철저히 지키고 있었습니다.

유다 백성들은 불신과 죄악과 우상숭배를 행하면서 하나님께 신실하지 못하였지만 레갑 사람들은 조상들 앞에서 행한 약속들을 신실하게 지키고 있었습니다. 이는 오늘날 우리의 신앙생활에도 큰 도전을 줍니다. 신앙의 순수성을 지켜내는 것은 우리가 지켜야 할 이 시대 최고의 사명입니다.

 **6. 함께 기도하기**   마무리하며 함께 기도합니다

> 사랑과 은혜가 풍성하신 하나님 아버지! 우리 가정에 하나님을 섬기는 아름다운 전통을 허락해 주셔서 진심으로 감사드립니다. 레갑 사람들처럼 세월이 흐르고 흘러도 영원히 변하지 않는 믿음의 전통을 세워가는 아름다운 가정이 되게 하여 주시옵소서. 예수님의 이름으로 기도드립니다. (아멘)

 **7. 함께 축복하기**   찬양하며 서로를 축복합니다

[사랑의 주님이]

오늘의 암송구절   예레미야 35:8

우리가 레갑의 아들 우리 선조 요나답이 우리에게 명령한 모든 말을 순종하여 우리와 우리 아내와 자녀가 평생 동안 포도주를 마시지 아니하며

우리집 가정예배 일지

일 시	참석자

기도제목
·
응답내용

>> 슬픔의 노래 애 3:19~26

내 고초와 재난을 기억하소서

036

1. 함께 찬양하기
찬송가 383장

〈 눈을 들어 산을 보니 〉

1) 눈을 들어 산을 보니 도움 어디서 오나
   천지 지은 주 하나님 나를 도와주시네
   나의 발이 실족 않게 주가 깨어 지키며
   택한 백성 항상 지켜 길이 보호 하시네
2) 도우시는 하나님이 네게 그늘 되시니
   낮의 해와 밤의 달이 너를 상치 않겠네
   네게 화를 주지 않고 혼을 보호 하시며
   너의 출입 지금부터 영영 인도 하시리 아멘

2. 함께 본문 읽기
예레미야애가 3:19-26

(19) 내 고초와 재난 곧 쑥과 담즙을 기억하소서
(20) 내 마음이 그것을 기억하고 내가 낙심이 되오나
(21) 이것을 내가 내 마음에 담아 두었더니 그것이 오히려 나의 소망이 되었사옴은

(22) 여호와의 인자와 긍휼이 무궁하시므로 우리가 진멸되지 아니함이니이다
(23) 이것들이 아침마다 새로우니 주의 성실하심이 크시도소이다
(24) 내 심령에 이르기를 여호와는 나의 기업이시니 그러므로 내가 그를 바라리라 하도다
(25) 기다리는 자들에게나 구하는 영혼들에게 여호와는 선하시도다
(26) 사람이 여호와의 구원을 바라고 잠잠히 기다림이 좋도다

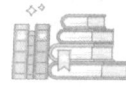 3. 함께 생각하기   인도자가 읽어줍니다

    찬양곡 '나를 받으옵소서', '시편 23편' 등으로 잘 알려진 박종호 장로는 35년 넘게 찬양사역을 하고 있습니다. 그런데 그가 처음부터 찬양사역자의 길에 들어선 것은 아니었습니다. 그는 중학생 때부터 음악 재능을 인정받아 이후 서울대 음대에 들어갔고, 4년간 모든 실기 점수에서 A+를 받으며 세계적인 테너가 될 것이라는 기대를 한 몸에 받았습니다. 그런 그가 이탈리아 유학을 한 달 앞두고 뜨거운 신앙 체험을 하였고 그 후로 오직 하나님만을 찬양하는 사역자의 길을 선택하였습니다.
    그런데 찬양사역자의 길이 순탄하지만은 않았습니다. 경제적인 어려움도 많았고, 대학 동기인 소프라노 가수 조수미 씨와 자주 비교당하기도 하였습니다. 그는 다시 성악의 길을 걷고자 39세에 미국 오페라 가수 오디션에 지원해서 합격하였습니다. 그런데 바로 그날 밤에 뇌출혈로 쓰러지고 말았습니다. 다행히 응급처치가 잘 되어 생명을 건질 수

있었는데 그 짧은 시간 동안 박종호 장로는 큰 깨달음을 얻게 되었습니다. 지금까지 자신의 것이라고 생각했던 음악적 재능과 자신의 모든 삶이 모두 하나님의 은혜였다는 사실을 깨달은 것입니다.

그는 눈물을 흘리며 나의 나 된 것이 모두 하나님의 은혜임을 고백하였고 찬양곡 '나를 지으신 이가 하나님' 이라는 곡을 만들었습니다. 그는 지금도 하나님의 은혜를 기억하며 찬양사역을 계속하고 있습니다.

4. 함께 관찰하기 성경 본문을 보며 빈칸을 채웁니다

① 내 □□와 재난 곧 □과 □□을 □□하소서

② 여호와의 □□와 □□이 무궁하시므로 우리가 □□되지 아니함이니이다 이것들이 □□마다 새로우니 주의 □□하심이 크시도소이다

③ □□□□ 자들에게나 □□□ 영혼들에게 여호와는 □하시도다 사람이 여호와의 □□을 바라고 잠잠히 □□□이 좋도다

5. 함께 나누기 질문에 따라 묵상한 내용을 나눕니다

① 지금까지 살아오면서 고초와 재난, 쑥과 담즙과 같은 경험이 있었다면 그것을 어떻게 해결하였는지 서로 나눠봅시다.

② 하나님은 우리의 간구를 기억하시고 은혜를 베풀어 주십니다. 하나님께서 들어주실 줄 믿고 간절히 바라는 것을 서로 나눠봅시다.

예레미야애가는 예레미야가 남왕국 유다의 패망을 바라보면서 큰 슬픔과 안타까움 가운데 지어 불렀던 슬픈 노래(哀歌)입니다. 남왕국 유다는 예레미야를 비롯한 많은 선지자들의 거듭된 경고에도 불구하고 여전히 죄악에서 돌이키지 않았고 우상숭배에 빠져서 하나님께 불순종하였습니다. 그 결과, 이스라엘은 하나님의 심판을 받아 바벨론에게 패망하고 말았습니다.

막상 나라가 패망하자 유다 백성들은 물론이고 예레미야 자신도 그 고통과 슬픔을 주체하기가 어려웠습니다. 특별히 하나님 임재의 상징인 예루살렘 성전이 파괴되는 것을 보면서 더욱더 깊은 좌절과 신앙적 회의에 빠졌습니다. 이러한 좌절과 슬픔이 예레미야애가에 가득합니다.

그런데 예레미야애가는 이러한 애통과 절망만을 노래한 것이 아닙니다. 예레미야는 하나님의 인자(헷세드)와 긍휼에 기대어 회복을 소망하였습니다. 하나님께서 언제나 이스라엘을 기억해(자카르) 주시고(19절), 성실하게 은혜를 베풀어주시기 때문입니다(23절). 그래서 애통 중에도 오직 하나님을 바라고 여호와의 선하심을 기대하고 바란다고 노래하였습니다(24~26절).

　우리도 눈물을 흘리며 슬픈 노래를 부를 수밖에 없는 연약한 존재입니다. 그러나 그때에 '자카르(기억하다)'라는 단어를 붙드십시오. 하나님은 언제나 우리를 기억하시고 가장 필요한 은혜를 베풀어주시는 분이십니다. 하나님의 은혜를 붙잡고 삶에 큰 위로와 용기를 얻으시기를 바랍니다.

 ## 6. 함께 기도하기 　　마무리하며 함께 기도합니다

　사랑이 많고 은혜가 풍성하신 하나님 아버지! 언제나 우리 가정을 기억하여 주시고 쉴만한 물가와 푸른 초장으로 인도하여 주시니 감사드립니다. 하나님께서 언제나 우리를 기억하사 지키시고 돌보아 주심을 굳게 믿고 날마다 승리하는 삶을 살아가게 하옵소서. 예수님의 이름으로 기도드립니다. (아멘)

 ## 7. 함께 축복하기 　　찬양하며 서로를 축복합니다

[사랑의 주님이]

오늘의 암송구절
예레미야애가 3:22-23

여호와의 인자와 긍휼이 무궁하시므로 우리가 진멸되지 아니함이니이다 이것들이 아침마다 새로우니 주의 성실하심이 크시도소이다

우리집 가정예배 일지

일 시	참석자
기도제목 · 응답내용	

>> 마른 뼈 환상 겔 37:1~10

너희가 살아나리라

037

 1. 함께 찬양하기   찬송가 305장

〈 나 같은 죄인 살리신 〉

1) 나 같은 죄인 살리신 주 은혜 놀라워
   잃었던 생명 찾았고 광명을 얻었네
2) 큰 죄악에서 건지신 주 은혜 고마워
   나 처음 믿은 그 시간 귀하고 귀하다
3) 이제껏 내가 산 것도 주님의 은혜라
   또 나를 장차 본향에 인도해 주시리
4) 거기서 우리 영원히 주님의 은혜로
   해처럼 밝게 살면서 주 찬양하리라 (아멘)

 **2. 함께 본문 읽기**   에스겔 37:1-7

(1) 여호와께서 권능으로 내게 임재하시고 그의 영으로 나를 데리고 가서 골짜기 가운데 두셨는데 거기 뼈가 가득하더라
(2) 나를 그 뼈 사방으로 지나가게 하시기로 본즉 그 골짜기 지면에 뼈가 심히 많고 아주 말랐더라

⑶ 그가 내게 이르시되 인자야 이 뼈들이 능히 살 수 있겠느냐 하시기로 내가 대답하되 주 여호와여 주께서 아시나이다
⑷ 또 내게 이르시되 너는 이 모든 뼈에게 대언하여 이르기를 너희 마른 뼈들아 여호와의 말씀을 들을지어다
⑸ 주 여호와께서 이 뼈들에게 이같이 말씀하시기를 내가 생기를 너희에게 들어가게 하리니 너희가 살아나리라
⑹ 너희 위에 힘줄을 두고 살을 입히고 가죽으로 덮고 너희 속에 생기를 넣으리니 너희가 살아나리라 또 내가 여호와인 줄 너희가 알리라 하셨다 하라
⑺ 이에 내가 명령을 따라 대언하니 대언할 때에 소리가 나고 움직이며 이 뼈, 저 뼈가 들어 맞아 뼈들이 서로 연결되더라

 **3. 함께 생각하기**　　　　　　　　인도자가 읽어줍니다

　폴린 해밀턴이라는 선교사님은 젊은 시절 한때 매우 반항적이었고 음주와 흡연, 마약에 중독된 삶을 살았습니다. 그러던 중 폐결핵이 발병하자 극심한 절망 가운데 스스로 목숨을 끊으려고까지 하였습니다. 그녀는 자동차를 타고 절벽에서 추락사하려고 하였는데 마침 자동차 타이어가 펑크 나는 바람에 가까스로 목숨을 건졌습니다. 그런데 그 순간 그녀는 하나님께서 자신의 죽음을 막아주신 것으로 받아들였습니다.
　이후 그녀는 하나님의 사랑을 더욱 깊이 알게 되었고 결핵에서 완치되었으며 대학교수의 자리도 얻게 되었습니다. 하지만 그녀는 대학교수라는 안정된 삶을 포기하고 중국내지선교회의 일반선교사로 헌신하

였습니다. 그곳에서 그녀는 보육원과 학교를 세우고 중국의 아이들을 돌보며 가르쳤습니다. 그렇게 많은 사람들에게 선한 영향력을 끼쳤던 해밀턴은 자신의 생을 마감하기 전에 이런 고백을 하였습니다.

"하나님께서는 죽음의 문턱에 있는 저를 살려주시고 새 생명을 허락해주셨습니다. 질병의 고통과 선교사역의 어려움 가운데서도 하나님께서는 모든 필요를 채우셨습니다. 믿음으로 사는 삶이란 모든 일이 내 계획대로 되지 않을 때조차 하나님을 신뢰하는 것입니다."

그녀의 말처럼 하나님은 믿고 의지하는 자들을 반드시 돌보아주십니다. 그러므로 어떤 상황 속에도 하나님을 의지하며 살아야 하겠습니다.

 4. 함께 관찰하기   성경 본문을 보며 빈칸을 채웁니다

① 여호와께서 □□으로 내게 □□하시고 그의 □으로 나를 데리고 가서 □□□ 가운데 두셨는데 거기 □가 가득하더라

② 또 내게 이르시되 너는 이 모든 □에게 대언하여 이르기를 너희 □□□들아 여호와의 □□을 들을지어다

③ 주 □□□께서 이 □들에게 이같이 말씀하시기를 내가 □를 너희에게 들어가게 하리니 너희가 □□□□□

 **5. 함께 나누기**   질문에 따라 묵상한 내용을 나눕니다

① 도저히 실현될 것 같지 않아 일찌감치 포기해 버렸을 때 하나님께서 내 마음에 들려주신 음성이 있다면 서로 나누어 봅시다.

② 마른 뼈가 살아나는 기적 같은 하나님의 역사가 우리 가정 가운데 이루어지기 위해서 내가 해야 할 일은 무엇인지 나누어 봅시다.

이스라엘의 남북 왕조는 모두 예언자들을 통하여 들려주신 하나님의 뜻을 거역하고 계속해서 우상숭배를 일삼으며 온갖 죄를 범하다가 결국은 멸망에 이르고 말았습니다. 그러나 하나님의 사랑은 끝이 없었습니다. 하나님은 멸망 당하여 포로로 끌려간 백성들이지만 그들에게 새로운 희망을 주시고자 한 사람의 걸출한 예언자 에스겔을 들어 사용하셨습니다.

하나님께서는 마른 뼈가 가득한 골짜기로 에스겔을 데려가셨습니다. 그리고 마른 뼈들을 향해 하나님의 말씀을 선포하라고 하셨습니다. 에스겔이 하나님의 명령을 따라 대언하자 뼈들이 서로 연결되고 힘줄이 생기고 살이 오르며 가죽이 덮였습니다. 그 후에 하나님께서는 에스겔에게 생기를 향하여 대언하라고 하셨습니다. 생기가 이 죽음을 당한 자들에게 와서 살아나게 하라는 말씀이었습니다. 에스겔이 다시 하나님의 말씀을 대언하자 생기가 들어가서 그 죽은 자들이 살아났고 큰 군대를 이루게 되었습니다.

사실 하나님의 심판을 받은 이스라엘은 마른 뼈와 같이 아무 소망이 없었습니다. 이스라엘의 소망은 오직 하나님께서 새 생명을 불어넣어

주시는 방법밖에 없었습니다. "이 뼈들이 능히 살 수 있겠느냐?"라는 질문에 에스겔이 "주 여호와여 주께서 아시나이다"라고 대답했던 것처럼 우리의 구원은 전적으로 하나님의 주권과 은혜에 달려 있습니다. 이 사실을 기억하여 오직 하나님께만 소망을 두며 살아가는 성도들이 되기를 바랍니다.

6. 함께 기도하기   마무리하며 함께 기도합니다

우리의 소망이 되시는 아버지 하나님! 여러 가지 어려움 가운데서도 우리 가정을 보호해주시고 회복시켜 주시니 감사를 드립니다. 우리가 마른 뼈 같은 상황에 처해진다 할지라도 생명을 주시고 회복시켜 주시는 하나님을 의지하여 소망 가운데 살아가는 우리 가정이 되게 하여 주시옵소서. 예수님의 이름으로 기도드립니다. (아멘)

7. 함께 축복하기   찬양하며 서로를 축복합니다

[사랑의 주님이]

오늘의 암송구절
에스겔 37:5

주 여호와께서 이 뼈들에게 이같이 말씀하시기를 내가 생기를 너희에게 들어가게 하리니 너희가 살아나리라

우리집 가정예배 일지

일 시	참석자
기도제목 · 응답내용	

〉〉 생명 강 환상   겔 47:6~12

그 물이 성소를 통하여 나옴이라

  038

1. 함께 찬양하기   찬송가 320장

〈 나의 죄를 정케 하사 〉

1) 나의 죄를 정케 하사 주의 일꾼 삼으신
   구세주의 넓은 사랑 항상 찬송합니다
2) 내게 부어 주시려고 은혜 예비하신 주
   주의 은혜 채워 주사 능력 있게 하소서
3) 주여 내게 성령으로 충만하게 채우사
   생명수가 강물처럼 흐르게 하옵소서
후렴) 나를 일꾼 삼으신 주 크신 능력 주시고
   언제든지 주 뜻대로 사용하여 주소서 (아멘)

2. 함께 본문 읽기   에스겔 47:6-12

(6) 그가 내게 이르시되 인자야 네가 이것을 보았느냐 하시고 나를 인도하여 강 가로 돌아가게 하시기로
(7) 내가 돌아가니 강 좌우편에 나무가 심히 많더라
(8) 그가 내게 이르시되 이 물이 동쪽으로 향하여 흘러 아라바로 내려가서 바다에 이르니 이 흘러내리는 물로 그 바다의 물이 되살아나리라

(9) 이 강물이 이르는 곳마다 번성하는 모든 생물이 살고 또 고기가 심히 많으리니 이 물이 흘러 들어가므로 바닷물이 되살아나겠고 이 강이 이르는 각처에 모든 것이 살 것이며

(10) 또 이 강 가에 어부가 설 것이니 엔게디에서부터 에네글라임까지 그물 치는 곳이 될 것이라 그 고기가 각기 종류를 따라 큰 바다의 고기 같이 심히 많으려니와

(11) 그 진펄과 개펄은 되살아나지 못하고 소금 땅이 될 것이며

(12) 강 좌우 가에는 각종 먹을 과실나무가 자라서 그 잎이 시들지 아니하며 열매가 끊이지 아니하고 달마다 새 열매를 맺으리니 그 물이 성소를 통하여 나옴이라 그 열매는 먹을 만하고 그 잎사귀는 약 재료가 되리라

 3. 함께 생각하기   인도자가 읽어줍니다

    샤르니라는 사람이 황제에게 밉게 보여 감옥에 갇히게 되었습니다. 오랜 세월이 흘러 그는 친구들에게조차 잊혀지게 되었습니다. 자주 면회를 오던 가족들과도 점점 멀어졌습니다. 그는 너무나 쓸쓸하였습니다. 그는 돌 조각으로 벽에 이렇게 적었습니다.

    "아무도 나를 돌보지 않는다."

    그러던 어느 날 감옥 바닥에 깔려 있던 돌 틈에서 푸른 싹 하나가 고개를 들고 나왔습니다. 샤르니는 자신의 목마름을 참아가며 간수가 주는 소중한 물을 조금씩 남겨 푸른 잎사귀에 부어주었습니다. 그러자 그 싹에서 꽃봉오리가 생기더니 마침내 아름다운 꽃을 피웠습니다. 그는 먼저 썼던 글을 지우고 다시 이렇게 썼습니다.

"하나님이 돌보신다."

소망이 생기는 순간이었습니다. 감옥에 아름다운 꽃이 피었다는 소문은 입에서 입으로 전해져 황제의 귀에까지 들어갔습니다. 황제는 말하였습니다.

"꽃을 진심으로 사랑하고 돌보는 이는 결코 나쁜 사람이 될 수가 없다."

마침내 샤르니는 석방되었습니다. 샤르니는 감옥에서 핀 꽃을 집으로 가지고 왔습니다. 그리고는 목숨이 다하기까지 가꾸었습니다.

생명의 물 한 방울은 아름다운 꽃뿐만 아니라 한 사람의 목숨까지도 살려내었습니다. 생명의 물을 주시는 하나님은 예수 그리스도를 통하여 우리 모두에게 영원한 새 생명도 허락하여 주셨습니다. 이 크고 놀라운 회복의 은혜를 기억하며 살아가는 성도들이 되시기 바랍니다.

4. 함께 관찰하기   성경 본문을 보며 빈칸을 채웁니다

① 내가 돌아가니 ☐ 좌우편에 ☐☐가 심히 많더라

② 그가 내게 이르시되 이 물이 ☐☐으로 향하여 흘러 아라바로 내려가서 ☐☐에 이르리니 이 흘러내리는 ☐로 그 바다의 ☐이 ☐☐☐☐☐☐

③ 이 강물이 이르는 곳마다 ☐☐하는 모든 ☐☐이 살고 또 ☐ 가 심히 많으리니 이 ☐이 흘러 들어가므로 바닷물이 ☐☐ ☐☐☐☐ 이 강이 이르는 각처에 모든 것이 살 것이며

 **5. 함께 나누기** 질문에 따라 묵상한 내용을 나눕니다

① 내 삶 속에 치료와 회복이 필요한 부분이 무엇인지 깊이 생각해보고 가족들과 서로 나누어 봅시다.

② 성전에서 흘러내린 생명의 물처럼 예수님은 우리에게 새 생명을 베풀어 주셨습니다. 새 생명을 얻은 기쁨을 서로 나누어 봅시다.

에스겔서 후반부에는 하나님께서 이스라엘을 회복시키시고 새 생명을 주신다는 말씀이 주로 기록되어 있습니다. 특별히 '성전'에 관한 이야기가 많이 등장하고 있는데 과거에 이스라엘의 죄악으로 인하여 하나님의 영광이 떠나갔던 그 성전이 이제는 완전히 새롭게 될 것이라고 선포하십니다.

에스겔은 성전 문지방에 흘러내린 생명 강의 환상을 보았습니다. 그 강물은 흐르고 흘러 모든 지경에 흘러넘쳤고, 동쪽으로 흘러 아라바 저지대로 내려가서는 드디어 바다에 이르렀습니다. 사실 그 바다는 어떤 생물도 살 수가 없는 사해 바다였습니다. 그러나 그 강물이 사해 바다에 닿자마자 죽었던 바다가 다시 살아나 수많은 생물들이 살게 되었고 온갖 물고기들로 넘쳐났습니다. 그리고 강 좌우에는 과실나무가 자라나 달마다 새 열매를 맺고 그 잎사귀는 약 재료가 되었습니다. 이렇게 성전에서 흘러내린 강물은 온갖 생물과 나무들을 살려내는 생명의 물이 되었던 것입니다.

오늘 말씀에서 물은 하나님의 생명의 역사를 상징하는 것으로 The Water of Life, 생명의 물이라 할 수 있습니다. 그 물이 성전에서 흘러나왔다는 것은 생명의 역사는 하나님께로부터 말미암는다는 것을 의미

합니다. 생명강 환상은 하나님이 허락하시는 영적인 축복을 상징하고 있고, 모든 만물을 살려내시는 하나님의 회복의 역사를 나타냅니다. 물은 생명입니다. 예수님은 우리의 생명의 물이 되십니다(요 4:14). 그러므로 생명의 강가로 나와서 우리를 되살려주시는 여호와 라파의 하나님을 뵙고, 여러분 모두 소성함을 입게 되길 간절히 바랍니다.

6. 함께 기도하기   마무리하며 함께 기도합니다

> 우리에게 영원한 생명을 주신 아버지 하나님! 은혜와 사랑을 감사드립니다. 우리 가족 모두가 치료하시고 회복시켜 주시는 주님의 그 크신 사랑을 기억하며 살아가게 하여 주시옵소서. 무엇보다 생명의 말씀이 선포되는 자리에 늘 머물 수 있도록 우리를 지켜주시옵소서. 예수님의 이름으로 기도드립니다. (아멘)

7. 함께 축복하기   찬양하며 서로를 축복합니다

[사랑의 주님이]

오늘의 암송구절
에스겔 47:8

그가 내게 이르시되 이 물이 동쪽으로 향하여 흘러 아라바로 내려가서 바다에 이르리니 이 흘러내리는 물로 그 바다의 물이 되살아나리라

우리집 가정예배 일지

일 시	참석자
기도제목 · 응답내용	

>> 뜻을 정한 사람들 단 1:8~21

자기를 더럽히지 아니하니라

1. 함께 찬양하기
찬송가 312장

〈 너 하나님께 이끌리어 〉

1) 너 하나님께 이끌리어 일평생 주만 바라면
   너 어려울 때 힘주시고 언제나 지켜주시리
   주 크신 사랑 믿는 자 그 반석 위에 서리라
2) 너 설레는 맘 가다듬고 희망 중 기다리면서
   그 은혜로신 주의 뜻과 사랑에 만족하여라
   우리를 불러주신 주 마음의 소원 아신다
3) 주 찬양하고 기도하며 네 본문 힘써 다하라
   주 약속하신 모든 은혜 네게서 이뤄지리라
   참되고 의지하는 자 주께서 기억하시리 (아멘)

2. 함께 본문 읽기
다니엘 1:8-15

(8) 다니엘은 뜻을 정하여 왕의 음식과 그가 마시는 포도주로 자기를 더럽히지 아니하리라 하고 자기를 더럽히지 아니하도록 환관장에게 구하니

(9) 하나님이 다니엘로 하여금 환관장에게 은혜와 긍휼을 얻게 하신지라

(10) 환관장이 다니엘에게 이르되 내가 내 주 왕을 두려워하노라 그가 너희 먹을 것과 너희 마실 것을 지정하셨거늘 너희의 얼굴이 초췌하여 같은 또래의 소년들만 못한 것을 그가 보게 할 것이 무엇이냐 그렇게 되면 너희 때문에 내 머리가 왕 앞에서 위태롭게 되리라 하니라
(11) 환관장이 다니엘과 하나냐와 미사엘과 아사랴를 감독하게 한 자에게 다니엘이 말하되
(12) 청하오니 당신의 종들을 열흘 동안 시험하여 채식을 주어 먹게 하고 물을 주어 마시게 한 후에
(13) 당신 앞에서 우리의 얼굴과 왕의 음식을 먹는 소년들의 얼굴을 비교하여 보아서 당신이 보는 대로 종들에게 행하소서 하매
(14) 그가 그들의 말을 따라 열흘 동안 시험하더니
(15) 열흘 후에 그들의 얼굴이 더욱 아름답고 살이 더욱 윤택하여 왕의 음식을 먹는 다른 소년들보다 더 좋아 보인지라

 **3. 함께 생각하기**　　　　　인도자가 읽어줍니다

　연주회에 가면 지휘자가 등단하기 전에 오케스트라단이 먼저 자리를 잡습니다. 그리고 오케스트라 단원들이 악기를 집어 들면 어디선가 삐~ 하는 목관 소리가 들려옵니다. 그러면 그 소리에 맞춰 모든 오케스트라단이 동시에 악기를 조율하는 것을 볼 수 있습니다. 악기마다 미묘하게 음이 달라 산만하고 시끄러운 상황임에도 불구하고 그 목관악기의 소리는 여러 소음들 중에서 유독 또렷하게 들립니다. 삐-하고 소리를 내며 오케스트라의 기준음이 되는 악기는 다름 아닌 '오보에' 입니다.
　프랑스어로 오보에(Hautbois)는 '높다'는 뜻의 '오'(haut)와 '나무'

라는 뜻의 '부아'(bois)라는 단어가 합쳐진 말입니다. 그러니깐 오보에는 만들어질 때부터 높은음을 내게끔 만들어진 악기여서 오보에의 음을 듣고 다른 악기들이 음을 조율합니다. 만약에 조율되지 않은 상태에서 오케스트라 연주가 시작된다면 어떻게 되겠습니까? 소음이 되고 말 것입니다.

오케스트라에 기준음이 필요하듯이 우리 삶에도 기준이 필요합니다. 그리고 그 기준은 바로 하나님의 말씀인 성경입니다. 성경 속에 담긴 하나님의 뜻이 기준이 되어야 하는 것입니다. 우리 삶의 기준인 하나님의 말씀대로 살아가지 못한다면 우리들의 삶 또한 뒤죽박죽 엉망이 되고 말 것입니다. 하나님의 말씀은 우리 삶의 기준입니다. 우리 삶의 기준인 하나님의 말씀을 따라 말씀대로 살아가는 성도들이 됩시다.

4. 함께 관찰하기   성경 본문을 보며 빈칸을 채웁니다

① 다니엘은 ☐을 정하여 왕의 ☐☐과 그가 마시는 ☐☐☐로 ☐☐를 더럽히지 아니하리라 하고

② 하나님이 다니엘로 하여금 환관장에게 ☐☐와 ☐☐을 얻게 하신지라

③ 그가 그들의 말을 따라 열흘 동안 ☐☐하더니 열흘 후에 그들의 얼굴이 더욱 ☐☐답고 살이 더욱 ☐☐하여 왕의 음식을 먹는 다른 소년들보다 더 ☐☐ 보인지라

 **5. 함께 나누기** 질문에 따라 묵상한 내용을 나눕니다

① 하나님의 뜻 가운데 살아가기 위해 방해되는 것을 깊이 생각해 보고 가족들과 함께 나누어 봅시다.

② 우리 삶의 기준인 하나님의 말씀대로 살아가기 위해 내가 가져야 할 신앙의 모습은 어떤 것이 있을지 서로 나누어 봅시다.

다니엘서는 바벨론 제국이 고대 근동의 패권을 장악하고 있던 시대를 배경으로 하고 있습니다. 바벨론 제국은 유다를 침공하여 포로로 끌고 온 유다 왕족과 귀족들 가운데서 느부갓네살의 왕궁에서 섬기게 할 만한 이스라엘 청년들을 선발하였습니다. 그렇게 뽑힌 청년들은 왕궁에서 집단생활을 하며, 왕이 정하여 내린 음식과 포도주를 먹으며 3년 동안 기르게 하였습니다. 이때 포로로 끌려간 이들이 바로 다니엘과 세 친구입니다.

다니엘과 세 친구는 뜻을 정하여 왕의 음식과 포도주로 자신을 더럽히지 아니하기로 결심하였습니다. 다니엘과 세 친구는 감독관과의 합의 하에 열흘 동안 시험을 해보자고 하였고, 나중에 보니 그들의 얼굴은 다른 청년들보다 더욱 윤택하고 아름다웠습니다. 그 후에 그들은 왕을 모시는 사람들로 뽑혔고, 그 나라의 박수와 술객보다 열 배나 나은 지혜와 총명으로 이방 나라에서도 존귀함을 얻는 사람들이 되었습니다.

다니엘이 살았던 시대는 참으로 말 못 할 고난의 시대였습니다. 이 심각한 고난의 시대에 '묵시문학'이란 것이 싹트게 되었는데, 묵시문학의 주제는 끝까지 견디는 자가 구원을 받는다는 것이었습니다. 다니

엘과 세 친구는 고난의 시대에 거룩하기로, 우상을 섬기지 않기로, 믿음을 지키기로 뜻을 정하여 살았습니다. 우리도 고난과 배교의 어려운 시대를 살아가고 있는데, 뜻을 정하여 하나님 앞에 살아갔던 다니엘과 세 친구처럼 믿음의 삶을 잘 살아가 최후의 승리를 얻는 성도들이 되시기 바랍니다.

6. 함께 기도하기   마무리하며 함께 기도합니다

우리의 소망 되시며 영원한 기쁨이 되시는 아버지 하나님! 여러 어려움 가운데서도 우리를 선하게 인도하시니 참 감사를 드립니다. 다니엘이 뜻을 정하여 하나님 앞에 살아갔던 것처럼, 이를 본받아서 우리 가정도 하나님만 의지하며 뜻을 정하여 살아갈 수 있도록 인도하여 주시옵소서. 예수님의 이름으로 기도드립니다. (아멘)

7. 함께 축복하기   찬양하며 서로를 축복합니다

[사랑의 주님이]

오늘의 암송구절
다니엘 1:8

다니엘은 뜻을 정하여 왕의 음식과 그가 마시는 포도주로 자기를 더럽히지 아니하리라 하고 자기를 더럽히지 아니하도록 환관장에게 구하니

우리집 가정예배 일지

일 시	참석자
기도제목 · 응답내용	

>> 하나님의 묵시 단 12:1~4

마지막 때까지
이 말을 간수하라

040

1. 함께 찬양하기　　　　　찬송가 488장

〈 이 몸의 소망 무언가 〉

1) 이 몸의 소망 무언가 우리 주 예수뿐일세
　우리 주 예수밖에는 믿을 이 아주 없도다
2) 무섭게 바람 부는 밤 물결이 높이 설렐 때
　우리 주 크신 은혜에 소망의 닻을 주리라
3) 세상에 믿던 모든 것 끊어질 그날 되어도
　구주의 언약 믿사와 내 소망 더욱 크리라
4) 바라던 천국 올라가 하나님 앞에 뵈올 때
　구주의 의를 힘입어 어엿이 바로 서리라
후렴) 주 나의 반석이시니 그 위에 내가 서리라
　　 그 위에 내가 서리라

2. 함께 본문 읽기　　　　　다니엘 12:1-4

(1) 그 때에 네 민족을 호위하는 큰 군주 미가엘이 일어날 것이요 또 환난이 있으리니 이는 개국 이래로 그 때까지 없던 환난일 것이며 그

때에 네 백성 중 책에 기록된 모든 자가 구원을 받을 것이라
(2) 땅의 티끌 가운데에서 자는 자 중에서 많은 사람이 깨어나 영생을 받는 자도 있겠고 수치를 당하여서 영원히 부끄러움을 당할 자도 있을 것이며
(3) 지혜 있는 자는 궁창의 빛과 같이 빛날 것이요 많은 사람을 옳은 데로 돌아오게 한 자는 별과 같이 영원토록 빛나리라
(4) 다니엘아 마지막 때까지 이 말을 간수하고 이 글을 봉함하라 많은 사람이 빨리 왕래하며 지식이 더하리라

3. 함께 생각하기   인도자가 읽어줍니다

2세기의 교부 크리소스톰은 로마 황제로부터 예수 그리스도를 믿는 신앙을 포기하라는 명령을 받았습니다. 그러나 그는 절대로 예수님을 포기하지 않겠다고 하였습니다. 화가 난 황제는 크리소스톰을 체포하여 독방에 감금하라고 명령하였습니다. 그러자 한 신하가 "폐하! 예수 믿는 사람은 혼자 있는 것을 좋아합니다. 만일 그 사람을 독방에 가두시면 하루 종일 싱글벙글 웃으면서 중얼중얼할 것입니다. 우리 눈에는 보이지 않지만 예수 믿는 사람은 하나님과 함께 이야기한답니다. 그러니까 혼자 두게 하면 그에게 좋은 일만 하는 셈입니다."

그 말을 들은 황제는 다시 명령했습니다.

"그러면 크리소스톰을 극악무도한 죄인들이 있는 감방에 집어넣어라!"

그러자 신하가 또 말했습니다.

"폐하! 크리소스톰을 다른 죄수들과 함께 두면 오히려 전도할 기회가 생겼다고 매우 좋아할 것입니다. 아마 얼마 지나지 않아서 그 감방에 있는 죄수들은 모조리 크리스천이 되고 말 것입니다."

화가 난 황제는 "그러면 당장 그놈의 목을 쳐라!"라고 하였습니다. 그러자 신하가 사색이 되어서 다시 말하였습니다.

"폐하! 그 사람들의 제일 큰 상급은 순교입니다. 예수 믿는 사람은 처형당하는 것을 두려워하지 않고 오히려 기뻐합니다. 그를 죽이신다면 그에게 제일 좋은 것을 안겨주는 셈입니다."

황제는 더 이상 어떻게 하지 못하고 크리소스톰을 풀어주었다고 합니다. 고난 중에도 굳건히 신앙을 지켰던 크리소스톰의 모습은 이 시대 우리에게 큰 신앙의 도전을 줍니다.

4. 함께 관찰하기 성경 본문을 보며 빈칸을 채웁니다

① 그 때에 네 민족을 호위하는 큰 군주 ☐☐☐이 일어날 것이요 또 ☐☐이 있으리니 이는 개국 이래로 그 때까지 없던 ☐☐일 것이며 그 때에 네 백성 중 책에 기록된 모든 자가 ☐☐을 받을 것이라

② 지혜 있는 자는 궁창의 ☐과 같이 빛날 것이요 많은 사람을 ☐☐로 돌아오게 한 자는 ☐과 같이 영원토록 빛나리라

③ 다니엘아 ☐☐☐ ☐까지 이 말을 ☐☐하고 이 글을 ☐하라 많은 사람이 빨리 왕래하며 ☐☐이 더하리라

 5. 함께 나누기 질문에 따라 묵상한 내용을 나눕니다

① 살아오면서 그리스도인으로서 신앙을 지키기 어려웠던 고난이나 어려움들을 생각하여 보고 서로 나누어 봅시다.

② 언젠가 하나님의 때에 역사의 심판과 종말이 있다는 사실이 우리에게 어떤 위로와 소망을 주는지 서로 나누어 봅시다.

다니엘은 7~12장에서 4가지 묵시를 보았습니다. 그 4가지는 네 짐승에 대한 환상(7장), 뿔 가진 숫양과 숫염소에 대한 환상(8장), 칠십 이레에 대한 예언(9장), 마지막 날에 대한 계시(10~12장)입니다.

7장에 나오는 네 짐승은 바벨론 이후 일어날 네 제국과 동시에 하나님의 다스림을 거부하는 이 땅의 악한 세력들을 의미합니다. 8장의 뿔 가진 숫양과 숫염소의 환상에서 특별히 숫염소의 뿔에서 나온 작은 뿔은 적그리스도를 의미합니다. 9장의 칠십 이레 환상은 하나님의 정한 때가 이르면 모든 죄악이 제거되고 종말의 때에 하나님의 의가 온전히 이루어질 것을 말씀하고 있습니다. 10장부터 12장까지 이어지는 마지막 날에 대한 계시에서는 바벨론 이후 일어날 모든 제국들과 인류 역사는 결국 하나님의 주권 아래 진행된다는 사실을 알려주고 있습니다.

다니엘서가 알려주는 대로 우리가 살아가는 세상은 온갖 악한 세력들이 권세를 잡은 것같이 보입니다. 그러나 종말의 때가 반드시 옵니다. 그때가 오면 우리 예수님께서 오셔서 모든 자들을 심판하시고 믿는 자들을 구원하시며 영화롭게 하여 주실 것입니다. 우리가 살아가고 있는 이 시대는 한 마디로 배교의 시대입니다. 가치관이 혼탁하고 속임과

거짓, 불의가 가득한 시대입니다. 이런 시대에 우리는 종말이 있음을 기억하고 참으로 지혜 있는 자들로 살아가야 할 것입니다.

6. 함께 기도하기　　마무리하며 함께 기도합니다

한결같은 사랑과 은혜를 베풀어주시는 하나님 아버지! 우리에게 믿음을 선물로 주셔서 주님을 나의 구주로 고백하게 하시고, 하늘나라를 소망하며 살아가게 하시니 감사합니다. 이 소망을 마음에 품고 하나님의 자녀로서 날마다 거룩한 삶을 온전히 살아가도록 인도하여 주시옵소서. 예수님의 이름으로 기도드립니다. (아멘)

7. 함께 축복하기　　찬양하며 서로를 축복합니다

[형제의 모습에 보이는]

오늘의 암송구절
다니엘 12:3

지혜 있는 자는 궁창의 빛과 같이 빛날 것이요 많은 사람을 옳은 데로 돌아오게 한 자는 별과 같이 영원토록 빛나리라

우리집 가정예배 일지

일 시	참석자
기도제목 · 응답내용	

PART_6

소예언서

>> 인애와 긍휼   호 6:1~11

여호와께로 돌아가자

041

1. 함께 찬양하기   찬송가 325장

〈 예수가 함께 계시니 〉

1) 예수가 함께 계시니 시험이 오나 겁없네
   기쁨의 근원 되시는 예수를 위해 삽시다
2) 이 세상 사는 동안에 주 이름 전파하면서
   무한한 복락 주시는 예수를 위해 삽시다
3) 이 세상 친구 없어도 예수는 나의 친구니
   불의한 일을 버리고 예수를 위해 삽시다
4) 주께서 심판하실 때 잘했다 칭찬 하리니
   이러한 상급 받도록 예수를 위해 삽시다
후렴) 날마다 주를 섬기며 언제나 주를 기리고
   그 사랑 안에 살면서 딴 길로 가지 맙시다

2. 함께 본문 읽기   호세아 6:1-6

(1) 오라 우리가 여호와께로 돌아가자 여호와께서 우리를 찢으셨으나
   도로 낫게 하실 것이요 우리를 치셨으나 싸매어 주실 것임이라

(2) 여호와께서 이틀 후에 우리를 살리시며 셋째 날에 우리를 일으키시리니 우리가 그의 앞에서 살리라

(3) 그러므로 우리가 여호와를 알자 힘써 여호와를 알자 그의 나타나심은 새벽 빛 같이 어김없나니 비와 같이, 땅을 적시는 늦은 비와 같이 우리에게 임하시리라 하니라

(4) 에브라임아 내가 네게 어떻게 하랴 유다야 내가 네게 어떻게 하랴 너희의 인애가 아침 구름이나 쉬 없어지는 이슬 같도다

(5) 그러므로 내가 선지자들로 그들을 치고 내 입의 말로 그들을 죽였노니 내 심판은 빛처럼 나오느니라

(6) 나는 인애를 원하고 제사를 원하지 아니하며 번제보다 하나님을 아는 것을 원하노라

 **3. 함께 생각하기**   인도자가 읽어줍니다

미국의 록그룹 이글스(Eagles)의 노래 중에 'Desperado'라는 불후의 명곡이 있습니다. 이 곡의 가사는 다음과 같습니다.

"젊은 날이 영원한 게 아니야. 자네의 고통과 배고픔, 그들이 너를 집으로 몰아가겠지. 그리고 자유! 아 그 자유란 건, 그냥 어떤 사람들이 떠들어대는 것일 뿐이고. 세상 모든 곳이 감옥이야. 겨울이면 발이 시리지 않은가? 하늘에선 눈이 안 내릴 거고 태양도 빛나지 않을 거라네. 낮과 밤을 구별하기도 힘들어질 거야. 자네는 인간성을 잃어가고 있어. 그리고 그렇게 인간성이 사라져 가는 게 우습지 않나? 자네 이젠 좀 제정신으로 돌아오는 게 어떤가? 울타리에서 내려와 문을 열어봐. 비가

내리지만, 머리 위엔 무지개가 있지. 누군가 자네를 사랑하게 해 줘 봐. 때가 너무 늦기 전에."

이 노래에서 이글스는 젊은이들을 향해 때가 늦기 전에 "돌아오라"고 노래하고 있습니다.

오늘 말씀에서 호세아도 때가 늦기 전에 우리에게 돌아오라고 외치고 있습니다. 그러면 우리는 어디로 돌아가야 합니까? 우리를 낫게 하실 것이요 싸매어 주실 여호와 하나님께로 돌아가야 합니다. 돌아가서 하나님을 알아가기에 힘써야 합니다. 오늘 말씀을 통해 더 이상의 방황을 그치고 하나님께로 돌아갈 수 있기를 기도합니다. 또한 힘써 하나님을 알아감으로 풍성하고 행복한 삶을 누릴 수 있기를 기도합니다.

 **4. 함께 관찰하기** 성경 본문을 보며 빈칸을 채웁니다

① 오라 우리가 □□□께로 □□□□□ 여호와께서 우리를 찢으셨으나 도로 □□ 하실 것이요 우리를 치셨으나 □□□ 주실 것임이라

② 그러므로 우리가 여호와를 □□ 힘써 여호와를 □□ 그의 나타나심은 □□□ 같이 어김없나니 비와 같이, 땅을 적시는 □□□와 같이 우리에게 임하시리라 하니라

③ 나는 □□를 원하고 □□를 원하지 아니하며 □□보다 □□□을 □□ 것을 원하노라

 **5. 함께 나누기** 질문에 따라 묵상한 내용을 나눕니다

① 힘써 여호와를 알기 위해서 나는 지금 어떠한 노력을 하고 있는지 서로 나누어 봅시다.

② 영적인 슬럼프에 빠져 있을 때 하나님께로 다시 돌아가야 한다고 느꼈던 순간을 생각해 보고 서로 나누어 봅시다.

호세아는 주전 8세기의 예언자입니다. 호세아가 예언 활동을 펼쳤던 때는 북왕국 이스라엘의 제13대 왕인 여로보암 2세가 통치하고 있던 시대였습니다. 그 당시는 정치적, 경제적 부흥과 함께 영토를 크게 확장하는 등 여러 가지 면에서 번영을 이루고 있을 때였습니다. 그러나 그로 인하여 북왕국의 지도자와 백성들은 물질만능주의와 현세의 세속적인 이기심에 빠져 종교적 도덕적 타락의 길로 접어들고야 말았습니다. 이러한 때에 예언자로 부르심을 받은 호세아는 하나님의 사랑을 새롭게 증거하며 속히 북이스라엘이 사랑의 하나님께로 돌아올 것을 호소하였습니다.

하나님께서는 선지자 호세아에게 고멜이라는 음란한 여인을 아내로 맞이하게 하셨습니다. 그 여인이 음란한 자녀 곧 다른 사람의 아이를 낳는 것과 그것도 모자라서 바람이 나 집을 나간 후 노예가 된 상황에서 값을 지불하고 그녀를 다시 되찾아 오는 상황들을 경험하게 하셨습니다.

이것은 하나님의 사랑이 이와 같다는 것을 이스라엘 백성이 깨닫게 하시기 위함이었습니다. 결국 호세아서가 우리에게 알려주는 중요한 메시지는 하나님은 이렇게 한도 끝도 없는 사랑을 우리에게 쏟아부어

주시는 우리의 남편 되시는 분이시라 하는 것입니다. 그러므로 이제는 우리도 여호와께 돌아가서 그분의 품 안에서 크신 은혜와 사랑을 느끼며 날마다 풍성한 생명의 삶을 살아가야 하겠습니다.

 6. 함께 기도하기   마무리하며 함께 기도합니다

은혜가 풍성하신 하나님 아버지! 우리를 자녀 삼아주시고, 변함 없는 사랑으로 인도하여 주심에 진심으로 감사드립니다. 악한 시대 가운데서 우리를 사랑하시는 하나님을 힘써 알도록 인도하여 주시고, 하나님께로 날마다 나아가는 복된 가정이 되도록 보살펴 주시옵소서. 예수님의 이름으로 기도드립니다. (아멘)

 7. 함께 축복하기   찬양하며 서로를 축복합니다

[형제의 모습에 보이는]

오늘의 암송구절
호세아 6:1

오라 우리가 여호와께로 돌아가자 여호와께서 우리를 찢으셨으나 도로 낫게 하실 것이요 우리를 치셨으나 싸매어 주실 것임이라

우리집 가정예배 일지

일 시	참석자
기도제목 · 응답내용	

>> 영적 회복   욜 2:28~32

내 영을 만민에게 부어주리라

042

1. 함께 찬양하기   찬송가 184장

〈 불길 같은 주 성령 〉

1) 불길 같은 주 성령 간구하는 우리게
   지금 강림하셔서 영광 보여주소서
2) 주의 제단 불 위에 우리 몸과 영혼과
   우리 가진 모든 것 지금 바치옵니다
3) 모든 것 다 바치고 비고 빈 내 마음에
   성령 충만하도록 주여 채워주소서
4) 구속하신 주께서 약속하신 성령을
   믿고 간구하오니 지금 내려주소서
후렴) 성령이여 임하사 우리 영의 소원을 만족하게 하소서
   기다리는 우리게 불로 불로 충만하게 하소서 아멘

2. 함께 본문 읽기   요엘 2:28-32

(28) 그 후에 내가 내 영을 만민에게 부어 주리니 너희 자녀들이 장래 일

을 말할 것이며 너희 늙은이는 꿈을 꾸며 너희 젊은이는 이상을 볼 것이며

(29) 그 때에 내가 또 내 영을 남종과 여종에게 부어 줄 것이며

(30) 내가 이적을 하늘과 땅에 베풀리니 곧 피와 불과 연기 기둥이라

(31) 여호와의 크고 두려운 날이 이르기 전에 해가 어두워지고 달이 핏빛 같이 변하려니와

(32) 누구든지 여호와의 이름을 부르는 자는 구원을 얻으리니 이는 나 여호와의 말대로 시온 산과 예루살렘에서 피할 자가 있을 것임이요 남은 자 중에 나 여호와의 부름을 받을 자가 있을 것임이니라

3. 함께 생각하기　　　　　인도자가 읽어줍니다

　영국의 성공회 신부이자 찬송가 작가로 유명한 존 뉴턴(John Newton)은 독실한 기독교 신자인 어머니 밑에서 자랐습니다. 하지만 11살에 배를 타기 시작하면서 방탕한 삶에 물들었습니다. 그는 노예무역선의 선원이 되었고 급기야는 선장의 자리에까지 올라갔습니다. 그러던 어느 날 엄청난 폭풍을 만나 배가 난파될 상황에 처하게 되었고, 그는 선원들과 함께 사투를 벌였지만 소용이 없었습니다. 그때 그는 자신의 힘으로는 어쩔 수 없음을 깨닫고 이렇게 외쳤습니다.

　"주여, 우리에게 자비를 베푸소서!"

　그날 밤 존 뉴턴은 하나님을 다시 만났으며 무서운 폭풍에서 빠져나올 수 있었습니다. 이 사건으로 인해 그는 방탕한 자신의 삶을 청산하

였고 노예무역도 그만두었습니다. 그리고 많은 찬송시를 지어 사람들에게 하나님의 은혜를 전하였습니다. 그 가운데 한 곡이 바로 찬송가 305장 〈나 같은 죄인 살리신 주 은혜 놀라워〉입니다.

하나님은 폭풍이란 도구를 통해서 존 뉴턴에게 돌아오라고 하신 것처럼 요엘 선지자 시대에는 메뚜기 재앙을 통해서 이스라엘 백성들에게 돌아오라고 말씀하셨습니다. 이스라엘이 회개하고 하나님께로 돌아오면 위로와 회복을 주시겠다고 약속하셨습니다. 마찬가지로 하나님께서는 오늘 우리에게도 돌아오라고 말씀하고 계십니다. 하나님의 음성을 듣고 하나님께로 돌아가 구원과 축복의 은혜를 얻으시기 바랍니다.

4. 함께 관찰하기   성경 본문을 보며 빈칸을 채웁니다

① 그 후에 내가 내 ▢을 ▢▢에게 부어 주리니 너희 자녀들이 ▢▢ 일을 말할 것이며 너희 늙은이는 ▢을 꾸며 너희 젊은이는 ▢▢을 볼 것이며

② ▢▢▢의 크고 두려운 ▢이 이르기 전에 해가 어두워지고 달이 ▢▢ 같이 변하려니와

③ 누구든지 여호와의 ▢▢을 부르는 자는 ▢▢을 얻으리니 이는 나 ▢▢▢의 말대로 ▢▢ 산과 ▢▢▢▢에서 ▢▢ 자가 있을 것임이요

 5. 함께 나누기   질문에 따라 묵상한 내용을 나눕니다

① 요엘 선지자가 활동했던 시대와 오늘날 우리가 살아가는 시대는 어떤 모습이 닮아있는지 생각해 보고 서로 나누어 봅시다.

② 하나님의 말씀을 듣고 나 자신의 죄와 잘못이 떠올라서 간절히 회개하고 돌이켰던 경험을 생각해 보고 서로 나누어 봅시다.

요엘 선지자의 이름은 '여호와는 하나님이시다' 라는 뜻을 지닙니다. 그 이름대로 요엘서의 핵심은 "내가 이스라엘 가운데에 있어 너희 하나님 여호와가 되고, 다른 이가 없는 줄을 너희가 알 것이라"(2:27) 하는 말씀입니다.

요엘 시대에 남유다를 비롯한 팔레스틴 전역에는 심각한 메뚜기 재앙이 덮쳤습니다. 요엘은 그 재앙을 하나님의 징계라고 언급하면서 '여호와의 날'(1:15)이 가까웠다고 선포하였습니다. 그런데 여호와의 날은 하나님의 역사 개입에 따라 멸망과 심판의 날이 될 수도 있고, 구원과 축복의 날이 될 수도 있습니다. 그러므로 메뚜기 재앙을 하나님의 징계로 알고 죄를 회개하고 하나님께로 돌아오면 하나님의 은총을 받을 것이라고 선포한 것입니다.

하나님의 징계와 심판을 깨닫고 회개하여 하나님께 돌아오는 자들에게는 하나님께서 놀라운 위로와 회복의 은총을 주시겠다고 약속하셨습니다. 이른 비와 늦은 비라고 표현한 것처럼 이 땅에서의 복도 주시고, '성령 강림'의 은혜를 허락해 주시며, 구원의 은총을 베풀어주실 것이라고 약속하셨습니다.

특별히 요엘서에 나타난 성령강림의 예언은 오순절 성령강림 사건으

로 성취되었으며, 오늘날에도 회개하고 하나님께로 돌아와 예수님을 믿는 성도들에게 성령 충만으로 임하고 있습니다. 그러므로 우리는 시대의 징조를 잘 분별하여서 하나님의 뜻을 깨달아야 합니다. 무엇보다도 성령 충만하여 여호와의 날에 온전히 구원받고 축복받는 성도들이 되어야 하겠습니다.

6. 함께 기도하기   마무리하며 함께 기도합니다

하나님 아버지! 우리 가정이 이 세대를 본받지 말고 오직 마음을 새롭게 함으로 변화를 받아 하나님의 선하시고 기뻐하시고 온전하신 뜻이 무엇인지 분별하며 살게 하여 주옵소서. 무엇보다 성령충만한 가정이 되어서 이웃에게 선한 영향력을 끼치는 믿음의 명문 가문이 되게 하여 주옵소서. 예수님의 이름으로 기도드립니다. (아멘)

7. 함께 축복하기   찬양하며 서로를 축복합니다

[형제의 모습에 보이는]

오늘의 암송구절   요엘 2:28

그 후에 내가 내 영을 만민에게 부어 주리니 너희 자녀들이 장래 일을 말할 것이며 너희 늙은이는 꿈을 꾸며 너희 젊은이는 이상을 볼 것이며

우리집 가정예배 일지

일 시	참석자	
기도제목 · 응답내용		

>> 하나님의 공의 암 5:21~27

정의를 물같이, 공의를 강같이

043

1. 함께 찬양하기   찬송가 516장

〈 옳은 길 따르라 의의 길을 〉

1) 옳은 길 따르라 의의 길을 세계 만민의 참된 길
   이 길 따라서 살기를 온 세계에 전하세 만백성이 나갈 길
2) 주 예수 따르라 승리의 주 세계 만민이 나아갈
   길과 진리요 참 생명 네 창검을 부수고 다 따르라 화평왕
3) 놀라운 이 소식 알리어라 세계 만민을 구하려
   내 주 예수를 보내신 참 사랑의 하나님 만백성이 따를 길
4) 고난 길 헤치고 찾아온 길 많은 백성을 구한 길
   내 주 예수를 보내신 온 세상이 마침내 이 진리에 살겠네
후렴) 어둔 밤 지나고 동튼다 환한 빛 보아라 저 빛
   주 예수의 나라 이 땅에 곧 오겠네 오겠네

2. 함께 본문 읽기   아모스 5:21-27

(21) 내가 너희 절기들을 미워하여 멸시하며 너희 성회들을 기뻐하지 아니하나니

(22) 너희가 내게 번제나 소제를 드릴지라도 내가 받지 아니할 것이요 너희의 살진 희생의 화목제도 내가 돌아보지 아니하리라

(23) 네 노랫소리를 내 앞에서 그칠지어다 네 비파 소리도 내가 듣지 아니하리라

(24) 오직 정의를 물 같이, 공의를 마르지 않는 강 같이 흐르게 할지어다

(25) 이스라엘 족속아 너희가 사십 년 동안 광야에서 희생과 소제물을 내게 드렸느냐

(26) 너희가 너희 왕 식굿과 기윤과 너희 우상들과 너희가 너희를 위하여 만든 신들의 별 형상을 지고 가리라

(27) 내가 너희를 다메섹 밖으로 사로잡혀 가게 하리라 그의 이름이 만군의 하나님이라 불리우는 여호와께서 말씀하셨느니라

 **3. 함께 생각하기**　　　인도자가 읽어줍니다

　독일의 히틀러 치하에서 강력한 저항 운동을 하였던 마틴 니뮐러(1892~1984)는 〈그들이 왔다〉라는 시를 썼습니다.

　"처음에는 그들은 공산주의자를 잡으러 왔다. 나는 아무 말도 하지 않았다. 나는 공산주의자가 아니었으니까. 그들은 유대인을 잡으러 왔다. 나는 아무 말도 하지 않았다. 나는 유대인이 아니었으니까. 그들은 노동조합원을 잡으러 왔다. 나는 아무 말도 하지 않았다. 나는 노동조합원이 아니었으니까. 그들은 가톨릭 신자를 잡으러 왔다. 나는 아무 말도 하지 않았다. 나는 개신교 신자였으니까. 그들은 나를 잡으러 왔다. 그런데 이제 말해줄 사람은 아무도 남아 있지 않았다."

　마틴 니묄러는 이 시를 통해서 공의와 정의를 세우는 것에 관심 가질 것을 촉구하고 있습니다.

　하나님께서는 아모스 선지자를 통해 오직 정의를 물같이, 공의를 마르지 않는 강같이 흐르게 하라고 말하면서 이 땅에 정의와 공의가 흘러넘치게 하라고 말씀합니다. 고아와 과부와 이방인을 압제하거나 학대하지 말며 그들을 돌보아 이 땅에 하나님의 정의와 공의가 바로 서도록 행하라고 말씀하고 있습니다. 이 땅에 하나님의 공의와 하나님의 정의가 마르지 않는 강같이 흘러넘치게 되기를 간절히 소망합니다.

　즐거워하는 자들과 함께 즐거워하고 우는 자들과 함께 울라(롬 12:15)는 말씀처럼 타인의 삶에 관심 가지며 하나님의 정의를 세우는 데 힘쓰는 성도들이 될 수 있기를 바랍니다.

4. 함께 관찰하기　　성경 본문을 보며 빈칸을 채웁니다

① 내가 너희 ☐☐들을 미워하여 ☐☐하며 너희 ☐☐들을 기뻐하지 아니하나니 너희가 내게 ☐☐나 ☐☐를 드릴지라도 내가 받지 아니할 것이요 너희의 살진 ☐☐의 ☐☐☐도 내가 돌아보지 아니하리라

② 오직 ☐☐를 물같이, ☐☐를 마르지 않는 강같이 흐르게 할지어다

③ 이스라엘 족속아 너희가 ☐☐ 년 동안 ☐☐에서 희생과 ☐☐☐을 내게 드렸느냐

 **5. 함께 나누기** 질문에 따라 묵상한 내용을 나눕니다

① 아모스 선지자가 활동했던 시대와 오늘날 우리가 살아가는 시대는 어떤 모습이 닮아있는지 생각해 보고 서로 나누어 봅시다.

② 이 시대 가운데 그리스도인들이 관심을 가지고 세워나가야 할 공의와 정의가 무엇인지 함께 고민해 보고 서로 나누어 봅시다.

아모스는 주전 8세기 예언자로 주로 북이스라엘을 향하여 예언의 말씀을 선포하였으며, 이 시대는 북왕국 이스라엘이 가장 번성하던 시기였습니다. 북왕국 제13대 왕 여로보암2세(BC 793~753)는 아람을 공격하여 그 수도인 다메섹을 정복하였을 뿐만 아니라 모압까지 공략함으로써 영토를 크게 넓혔습니다. 그는 국가 경영에도 능하여 국가의 부를 크게 증진시켰으며, 이로써 북이스라엘은 당시에 경제적, 정치적 최전성기를 구가하였습니다.

하지만 이러한 때에 북이스라엘은 오히려 극심한 종교적, 도덕적 타락에 빠져 온갖 악을 자행하였습니다. 이러한 때에 아모스는 북이스라엘 백성들을 향하여 하나님의 심판이 임박하였음을 선포하였습니다. "오직 정의를 물같이, 공의를 마르지 않는 강같이 흐르게 할지어다"라고 선포하면서 하나님 앞에서 공의와 정의를 회복하는 것이 멸망 가운데서 구원받을 수 있는 길임을 깨닫고 속히 회개하고 돌아오기를 촉구하였습니다.

지금 우리가 살아가고 있는 이 시대는 아모스 당시의 북이스라엘보다 훨씬 더 그 타락의 정도가 심합니다. 오늘날 이 시대 역시 물신주의,

세속주의, 쾌락주의, 이기주의, 포스트모더니즘이 판을 치는 세상 가운데 하나님의 공의를 무시하고 불신앙 속으로 빠져들고 있습니다. 그러므로 오늘을 사는 성도들은 아모스의 선포를 마음 깊이 새겨 진정 공의로운 삶을 회복해야 할 것입니다. 그때 하나님이 우리를 온전히 회복시켜 주실 것입니다.

6. 함께 기도하기   마무리하며 함께 기도합니다

하나님 아버지! 오직 정의를 물같이, 공의를 마르지 않는 강같이 흐르게 하라는 아모스의 외침을 우리 마음 깊이 새깁니다. 그 어느 때보다 타락하여 하나님을 떠나 살아가고 있는 이 시대 가운데 하나님의 정의와 공의를 바로 세우는 데 앞장설 수 있는 우리 교회와 가정이 되게 하여 주시옵소서. 예수님의 이름으로 기도드립니다. (아멘)

7. 함께 축복하기   찬양하며 서로를 축복합니다

[형제의 모습에 보이는]

오늘의 암송구절
아모스 5:24

오직 정의를 물같이, 공의를 마르지 않는 강같이 흐르게 할지어다

우리집 가정예배 일지

일 시	참석자
기도제목 • 응답내용	

>> 에돔의 심판 옵 1:1~9

에돔에 대하여 심판하시니라

044

1. 함께 찬양하기   찬송가 369장

〈 죄 짐 맡은 우리 구주 〉

1) 죄 짐 맡은 우리 구주 어찌 좋은 친군지
   걱정 근심 무거운 짐 우리 주께 맡기세
   주께 고함 없는 고로 복을 받지 못하네
   사람들은 어찌하여 아뢸 줄을 모를까

2) 시험 걱정 모든 괴롬 없는 사람 누군가
   부질없이 낙심 말고 기도드려 아뢰세
   이런 진실하신 친구 찾아볼 수 있을까
   우리 약함 아시오니 어찌 아니 아뢸까

3) 근심 걱정 무거운 짐 아니진 자 누군가
   피난처는 우리 예수 주께 기도드리세
   세상 친구 멸시하고 너를 조롱하여도
   예수 품에 안기어서 참된 위로 받겠네 (아멘)

2. 함께 본문 읽기   오바댜 1:3-9

(3) 너의 마음의 교만이 너를 속였도다 바위 틈에 거주하며 높은 곳에 사는 자여 네가 마음에 이르기를 누가 능히 나를 땅에 끌어내리겠느냐 하니

(4) 네가 독수리처럼 높이 오르며 별 사이에 깃들일지라도 내가 거기에서 너를 끌어내리리라 여호와의 말씀이니라

(5) 혹시 도둑이 네게 이르렀으며 강도가 밤중에 네게 이르렀을지라도 만족할 만큼 훔치면 그치지 아니하였겠느냐 혹시 포도를 따는 자가 네게 이르렀을지라도 그것을 얼마쯤 남기지 아니하였겠느냐 네가 어찌 그리 망하였는고

(6) 에서가 어찌 그리 수탈되었으며 그 감춘 보물이 어찌 그리 **빼앗겼는고**

(7) 너와 약조한 모든 자들이 다 너를 쫓아 변경에 이르게 하며 너와 화목하던 자들이 너를 속여 이기며 네 먹을 것을 먹는 자들이 네 아래에 함정을 파니 네 마음에 지각이 없음이로다

(8) 여호와의 말씀이니라 그 날에 내가 에돔에서 지혜 있는 자를 멸하며 에서의 산에서 지각 있는 자를 멸하지 아니하겠느냐

(9) 드만아 네 용사들이 놀랄 것이라 이로 말미암아 에서의 산에 있는 사람은 다 죽임을 당하여 멸절되리라

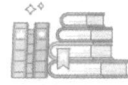 ### 3. 함께 생각하기 인도자가 읽어줍니다

　영국의 어느 제과업자 이야기입니다. 이 제과업자는 빵을 만들어 마을 사람들에게 팔았습니다. 그런데 그 제과업자에게는 매일 아침 버터를 만들어 공급해 주는 가난한 농부가 있었습니다. 하루는 제과업자가 납품되는 버터를 보니 정량보다 조금 모자라는 것 같았습니다. 그래서 며칠을 두고 납품된 버터를 저울로 일일이 달아 보았습니다. 예측한 대로 정량에 미달되어 있었습니다.

　화가 난 이 제과업자는 버터를 납품하는 농부에게 변상할 것을 요구하며 그를 법정에 고발하였습니다. 결국 농부는 체포되어 재판을 받았

습니다. 재판을 하던 재판관은 농부의 진술을 듣고 깜짝 놀랐습니다. 가난한 농부의 집에는 저울이 없었습니다. 그래서 버터를 만들고 그 제과업자가 파는 1파운드짜리 빵의 규격에 맞추어 버터를 자르고 포장해서 납품을 했다는 것입니다. 그러니까 문제는 그 제과업자가 이익을 남기기 위해 그 1파운드짜리 빵의 양을 줄였던 것입니다. 그것도 모르고 이 농부는 줄여서 만들어진 빵에 맞추어서 버터를 만들고 납품을 한 것입니다.

누구의 잘못일까요? 자기의 이익을 위해 빵을 줄인 결과가 자신에게 돌아오고야 만 것입니다. 우리가 남을 헐뜯고 비난하고 거짓말을 하게 되면 그 비난과 헐뜯음과 미움과 증오, 거짓은 결국 자기에게 돌아옵니다. 선한 일을 하면 그 선한 결과가 자기에게로 돌아옵니다. 심은 대로 거둔다는 만고불변의 진리가 여기에 있습니다.

4. 함께 관찰하기   성경 본문을 보며 빈칸을 채웁니다

① 너의 마음의 ☐☐ 이 너를 속였도다 ☐☐ ☐에 거주하며 ☐☐ ☐에 사는 자여 네가 ☐☐에 이르기를 누가 능히 나를 땅에 끌어내리겠느냐 하니

② 네가 ☐☐☐ 처럼 높이 오르며 ☐ 사이에 깃들일지라도 내가 거기에서 너를 ☐☐☐☐☐☐☐ 여호와의 말씀이니라

③ 여호와의 말씀이니라 그 날에 내가 ☐☐에서 ☐☐ 있는 자를 멸하며 ☐☐의 ☐에서 ☐☐ 있는 자를 멸하지 아니하겠느냐

 5. 함께 나누기 질문에 따라 묵상한 내용을 나눕니다

① 힘들고 어려웠던 순간에 나를 위로해 주기는커녕 오히려 더 나를 힘들게 만들었던 사람을 생각해 보고 그 경험을 나눠봅시다.

② 장차 도래할 '하나님의 날'을 사모하며 살아간다는 것은 어떠한 것인지 가족들에게 이야기해 보고 이를 대하는 다짐을 나눠봅시다.

'오바댜'는 주전 586년 경 남왕국 유다가 바벨론에 의하여 멸망할 당시에 남유다 백성들에게 하나님을 진정으로 경배할 것을 촉구한 예언자로, 그 이름은 '여호와의 종' 혹은 '여호와를 경배하는 자'란 뜻을 가지고 있습니다. 오바댜는 하나님의 뜻을 받들어 이스라엘의 대적 에돔이 멸망할 것임을 알려주면서 동시에 선민 이스라엘은 반드시 회복시켜 주실 것임을 선포하였습니다.

남유다가 멸망당할 때에 에돔이 남유다 백성을 바벨론 군대에 넘겨주어 살육게 한 사건은 큰 충격이었습니다. 이에 오바댜는 남유다 백성들에게 비록 과거에 지은 죄 때문에 하나님의 징계를 받고 있지만 하나님은 이스라엘 백성들에게 수치와 모욕을 준 에돔을 멸망시키시고 이스라엘은 반드시 회복시켜 주실 것임을 선포하며 백성들에게 위로와 희망을 전하였습니다.

오바댜서는 당시 이스라엘 백성들에게 에돔의 멸망을 통해 위로와 회복을 전하고 있는 말씀이지만 한편 오고 오는 종말의 때에 일어날 일을 알려주고 있습니다. 하나님은 택한 백성들에게는 비록 그들의 죄에 대하여 징계하실지라도, 회개하고 돌아오기만 하면 용서하시고 궁극적

으로 구원에 이르게 하시는 분입니다. 여호와의 날이 도래하면 모든 악한 세력은 멸망하게 될 것이며 세상 만민 중에 택함 받은 성도들은 다 구원받게 될 것입니다. 그러므로 공의와 은혜의 하나님을 신뢰하며 믿음의 삶을 잘 살아가야 하겠습니다.

6. 함께 기도하기 마무리하며 함께 기도합니다

공의와 정의를 베푸시는 하나님 아버지! 우리의 마음이 교만하지 않게 하시고 항상 겸손하여서 하나님을 온전히 바라보게 하여 주옵소서. 무엇보다 장차 도래할 하나님의 날을 간절히 사모하게 하시고 하나님의 은혜로 구원받는 주의 백성들이 되게 하여 주시옵소서. 우리의 소망이 되시는 예수님의 이름으로 기도드립니다. (아멘)

7. 함께 축복하기 찬양하며 서로를 축복합니다

[형제의 모습에 보이는]

오늘의 암송구절   오바댜 1:4

네가 독수리처럼 높이 오르며 별 사이에 깃들일지라도 내가 거기에서 너를 끌어내리리라 여호와의 말씀이니라

우리집 가정예배 일지

일 시	참석자	
기도제목 · 응답내용		

>> 니느웨의 구원 욘 4:1~11

내가 어찌 아끼지 아니하겠느냐

045

 **1. 함께 찬양하기** 찬송가 310장

〈 아 하나님의 은혜로 〉

1) 아 하나님의 은혜로 이 쓸데없는 자
   왜 구속하여 주는지 난 알 수 없도다
2) 왜 내게 굳센 믿음과 또 복음 주셔서
   내 맘이 항상 편한지 난 알 수 없도다
3) 왜 내게 성령 주셔서 내 마음 감동해
   주 예수 믿게 하는지 난 알 수 없도다
4) 주 언제 강림하실지 혹 밤에 혹 낮에
   또 주님 만날 그곳도 난 알 수 없도다
후렴) 내가 믿고 또 의지함은 내 모든 형편 아시는 주님
    늘 보호해 주실 것을 나는 확실히 아네

 **2. 함께 본문 읽기** 요나 4:5-11

(5) 요나가 성읍에서 나가서 그 성읍 동쪽에 앉아 거기서 자기를 위하여 초막을 짓고 그 성읍에 무슨 일이 일어나는가를 보려고 그 그늘 아래에 앉았더라

(6) 하나님 여호와께서 박넝쿨을 예비하사 요나를 가리게 하셨으니 이

는 그의 머리를 위하여 그늘이 지게 하며 그의 괴로움을 면하게 하려 하심이었더라 요나가 박넝쿨로 말미암아 크게 기뻐하였더니

(7) 하나님이 벌레를 예비하사 이튿날 새벽에 그 박넝쿨을 갉아먹게 하시매 시드니라

(8) 해가 뜰 때에 하나님이 뜨거운 동풍을 예비하셨고 해는 요나의 머리에 쪼이매 요나가 혼미하여 스스로 죽기를 구하여 이르되 사는 것보다 죽는 것이 내게 나으니이다 하니라

(9) 하나님이 요나에게 이르시되 네가 이 박넝쿨로 말미암아 성내는 것이 어찌 옳으냐 하시니 그가 대답하되 내가 성내어 죽기까지 할지라도 옳으니이다 하니라

(10) 여호와께서 이르시되 네가 수고도 아니하였고 재배도 아니하였고 하룻밤에 났다가 하룻밤에 말라 버린 이 박넝쿨을 아꼈거든

(11) 하물며 이 큰 성읍 니느웨에는 좌우를 분변하지 못하는 자가 십이만여 명이요 가축도 많이 있나니 내가 어찌 아끼지 아니하겠느냐 하시니라

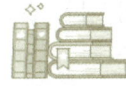 ## 3. 함께 생각하기   인도자가 읽어줍니다

어느 목사님이 시골의 한 마을을 방문하였습니다. 그 마을의 공터에는 큰 풍향계가 세워져 있었고, 풍향을 가리키는 화살촉이 바람이 부는 대로 움직이고 있었습니다. 그런데 그 화살촉 밑에 자그마한 꼬리표가 붙어 있었습니다. 그게 무엇인지 궁금한 목사님이 가까이 다가가서 그 꼬리표를 보니까 거기에는 '하나님은 당신을 사랑하십니다.' 라는 말이 쓰여 있었습니다. 목사님은 그 마을 사람들의 지혜에 감탄을 하였습니다.

그런데 바람의 방향이 바뀌자 풍향계의 방향도 바뀌었습니다. 화살

촉이 이번에는 목사님 옆에 있던 사람을 가리키는 것이었습니다. 그러자 옆에 있던 사람이 농담 삼아 말을 했습니다.

"하나님의 사랑은 변덕스럽나 봅니다. 아까는 하나님이 목사님을 사랑하신다고 하시더니 이제는 저를 사랑하신다고 합니다."

그 말을 들은 목사님은 입가에 웃음을 띠면서 대답하였습니다.

"형제님! 아까 하나님께서 저를 사랑하신다고 사인을 보내셨을 때 형제님 마음속에 '하나님은 나는 사랑하시지 않는가?'라는 의심이 들었나 봅니다. 그래서 하나님은 형제님도 사랑한다고 하시면서 바람을 바꿔주신 것 같습니다. 하나님은 우리가 어떤 사람인지 따지지 않으십니다. 하나님은 우리가 어느 곳에 있더라도 여전히 우리를 사랑하십니다."

이 이야기처럼 하나님은 세상 모든 사람을 사랑하시는 분이심을 믿고 우리도 힘써 하나님의 사랑을 전하며 살아야 하겠습니다.

4. 함께 관찰하기   성경 본문을 보며 빈칸을 채웁니다

① 하나님이 ☐☐를 예비하사 이튿날 새벽에 그 ☐☐☐을 갉아먹게 하시매 시드니라

② 여호와께서 이르시되 네가 ☐☐도 아니하였고 ☐☐도 아니하였고 ☐☐☐에 났다가 ☐☐☐에 말라 버린 이 ☐☐☐을 아꼈거든

③ 하물며 이 큰 성읍 ☐☐☐에는 좌우를 분변하지 못하는 자가 ☐☐☐여 명이요 ☐☐도 많이 있나니 내가 어찌 ☐☐☐ 아니하겠느냐 하시니라

 5. 함께 나누기 질문에 따라 묵상한 내용을 나눕니다

① 하기 싫은 일을 맡게 되었을 때 그 일을 회피했던 때와 억지로라도 그 일을 감당했을 때의 경험을 서로 나누어 봅시다.

② 요나에게 박넝쿨을 주셨다가 다시 말라버리게 하신 하나님의 뜻이 무엇인지 생각해 보고 어떤 교훈을 얻었는지 나누어 봅시다.

하나님은 요나에게 앗수르의 수도 니느웨로 가서 회개의 말씀을 전하라고 하셨습니다. 앗수르는 북왕국 이스라엘을 멸망시킨 원수 나라였기에 요나는 그곳으로 가기가 싫었습니다. 그래서 하나님의 명령을 거절하고 다시스로 가는 배를 탔습니다. 그런데 갑자기 큰 풍랑이 휘몰아쳤습니다. 선원들과 배에 있던 사람들은 풍랑을 잠재우려고 제비를 뽑았습니다. 결국 요나가 제비에 뽑혀 바다에 내던져졌습니다. 그때 하나님께서는 큰 물고기를 준비하셔서 그를 삼키게 하셨습니다.

요나는 물고기 뱃속에서 하나님께 간절히 회개의 기도를 드렸습니다. 그리고 물고기가 요나를 토해내자 니느웨에 들어가서 하루 동안 돌아다니며 회개하기를 촉구하였습니다. 그런데 그 악한 성읍 니느웨 백성들이 하나님을 믿고, 금식을 선포하며, 굵은 베옷을 입고 회개를 하는 것이었습니다. 그 모습을 본 요나는 잔뜩 화가 났습니다. 원수 나라인 앗수르가 회개하고 구원을 받는 것이 싫었던 것입니다.

그때 하나님은 요나의 머리 위에 박넝쿨 그늘을 만들어주셨다가 이튿날 그것을 시들게 하셨습니다. 햇빛이 강하게 내리쬐자 요나는 더위에 지쳐 하나님을 향해 한탄하였습니다. 그때 하나님은 요나에게 네가

하룻밤에 났다가 하룻밤에 말라 버린 박넝쿨도 아끼는데, 하물며 내가 니느웨의 12만 명의 사람들을 아끼는 것이 당연한 것 아니냐고 말씀하셨습니다.

6. 함께 기도하기   마무리하며 함께 기도합니다

우리에게 구원의 은혜를 베풀어주신 하나님 아버지! 우리 가정뿐만 아니라 우리 친척들과 이웃들, 그리고 우리가 아는 모든 사람들이 다 예수님을 믿고 구원을 얻을 수 있도록 은혜를 베풀어 주옵소서. 이들을 위하여 간절히 기도하며 전도할 수 있게 하여 주시옵소서. 예수님의 이름으로 기도드립니다. (아멘)

7. 함께 축복하기   찬양하며 서로를 축복합니다

[형제의 모습에 보이는]

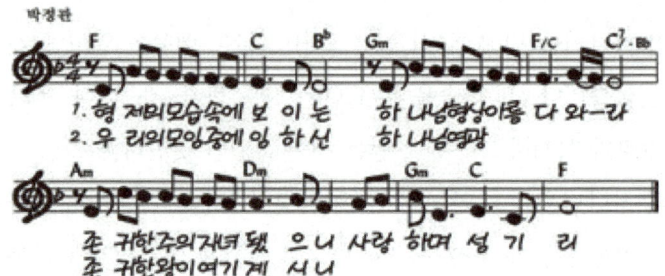

오늘의 암송구절

요나 4:11

하물며 이 큰 성읍 니느웨에는 좌우를 분변하지 못하는 자가 십이만여 명이요 가축도 많이 있나니 내가 어찌 아끼지 아니하겠느냐 하시니라

우리집 가정예배 일지

일 시		참석자	
기도제목 • 응답내용			

>> 정의와 사랑   미 6:6~8

여호와께서 네게 구하시는 것

046

1. 함께 찬양하기
찬송가 314장

〈 내 구주 예수를 더욱 사랑 〉

1) 내 구주 예수를 더욱 사랑 엎드려 비는 말 들으소서

   내 진정 소원이 내 구주 예수를 더욱 사랑 더욱 사랑

2) 이전엔 세상낙 기뻤어도 지금 내 기쁨은 오직 예수

   다만 내 비는 말 내 구주 예수를 더욱 사랑 더욱 사랑

3) 이 세상 떠날 때 찬양하고 숨질 때 하는 말 이것일세

   다만 내 비는 말 내 구주 예수를 더욱 사랑 더욱 사랑

2. 함께 본문 읽기
미가 6:6-8

(6) 내가 무엇을 가지고 여호와 앞에 나아가며 높으신 하나님께 경배할까 내가 번제물로 일 년 된 송아지를 가지고 그 앞에 나아갈까

(7) 여호와께서 천천의 숫양이나 만만의 강물 같은 기름을 기뻐하실까

내 허물을 위하여 내 맏아들을, 내 영혼의 죄로 말미암아 내 몸의 열매를 드릴까

(8) 사람아 주께서 선한 것이 무엇임을 네게 보이셨나니 여호와께서 네게 구하시는 것은 오직 정의를 행하며 인자를 사랑하며 겸손하게 네 하나님과 함께 행하는 것이 아니냐

 3. 함께 생각하기   인도자가 읽어줍니다

몹시 추운 어느 겨울날, 맨발의 사도 썬다씽이 동료 한 사람과 함께 눈보라를 헤치며 히말라야 산맥을 넘어가고 있었습니다. 설풍이 몰아치는 저녁 산길은 매우 춥고 앞이 잘 보이지도 않았습니다. 그렇게 눈을 헤치며 걸어가던 중 벼랑 아래에서 누군가의 신음소리가 들려왔습니다. 산길을 걷던 중 발을 헛디뎌 벼랑 아래로 떨어진 사람의 신음소리였습니다. 추위에 쓰러져 죽어가고 있는 사람을 발견하고 썬다싱은 저 사람을 구하자고 제안했지만 동료는 그 제안을 거절하였습니다.

동료는 혼자 길을 떠났고, 다친 사람을 버려두고 갈 수 없었던 썬다싱은 다친 사람을 등에 업고 다시 길을 떠났습니다. 그런데 길을 떠난 지 얼마 되지 않아 죽은 한 사람을 발견하게 되었는데 그는 바로 앞서 떠난 동료였습니다. 썬다싱은 등에 업은 사람과 서로의 열기로 살아남을 수 있었지만 혼자 떠난 동료는 동사하고 말았던 것입니다. 약자와의 동행은 약자만을 살리는 길이 아니라 결국은 내가 살고 모두가 사는 길

입니다.

　오늘 미가 선지자는 정의를 행하며, 인자를 사랑하며, 네 하나님과 함께 행하라고 말씀합니다. 예배드리는 모습뿐만 아니라 삶의 모습까지도 온전할 것에 대해 명령하신 것입니다. 미가 예언자의 선포대로 정의를 행하며, 사랑을 실천하며, 겸손히 하나님과 동행하는 성도들이 되시기를 바랍니다.

4. 함께 관찰하기   성경 본문을 보며 빈칸을 채웁니다

① 내가 무엇을 가지고 □□□ 앞에 나아가며 높으신 하나님께 경배할까 내가 □□□로 일 년 된 송아지를 가지고 그 앞에 나아갈까

② 여호와께서 천천의 □□이나 만만의 □□ 같은 □□을 기뻐하실까 내 허물을 위하여 내 □□□을, 내 영혼의 죄로 말미암아 내 □의 열매를 드릴까

③ 사람아 주께서 □한 것이 무엇임을 네게 보이셨나니 여호와께서 네게 구하시는 것은 오직 □□를 행하며 인자를 □□하며 □□하게 네 하나님과 함께 행하는 것이 아니냐

5. 함께 나누기   질문에 따라 묵상한 내용을 나눕니다

① 우리가 예배를 드릴 때 형식적으로 하나님 앞에 나아왔던 모습은 없었는지 돌아보며 서로의 경험을 나누어 봅시다.

② 어떻게 하면 정의를 행하고 이웃을 사랑하고 겸손히 하나님과 동행하는 삶을 살 수 있을지 구체적인 실천 방법을 나누어 봅시다.

주전 8세기에 북이스라엘과 남유다는 각각 여로보암2세와 웃시야의 통치시대에 정치적, 경제적 호황을 누렸습니다. 당시 북이스라엘과 남유다를 괴롭혔던 아람 군대가 물러가고 일시적으로 전쟁이 없는 평화시대를 맞이했기 때문입니다. 그러나 그러한 평화의 시대도 잠시일 뿐, 미가 예언자가 활동했던 주전 735년경에 앗수르가 본격적으로 남진 정책을 펼치기 시작하였고, 남과 북 이스라엘은 앗수르의 위협으로 인해 크게 불안에 떨 수밖에 없었습니다. 이런 상황 속에서 남과 북 이스라엘은 앗수르의 침입에 대비하기보다는 안일과 방탕 속에서 죄악을 밥 먹듯이 저질렀습니다.

이런 모습들에 대하여 미가 예언자는 하나님의 심판을 선포하면서, 이제 백성들이 어떤 모습을 회복해야 하는지 예언의 말씀을 선포하였습니다. 하나님의 심판이 확정되었으므로 그것을 달게 받고, 남과 북 이스라엘 백성들에게 회개하고 돌이켜 구원을 받으라고 선포하였습니다.

이러한 말씀들 가운데 특별히 6장 6~8절의 말씀은 하나님의 택한 백성들에게 요구하시는 참된 신앙의 태도가 무엇인지 잘 알려주고 있습니다. 형식적인 예배, 좋은 제물만 드리면 된다고 생각하는 그릇된

생각에서 벗어나서 하나님께서 원하시는 정의를 행하고 하나님과 이웃을 사랑하며 겸손히 하나님과 동행하라고 말씀하고 있습니다. 미가 예언자의 선포대로 정의와 인자와 동행의 삶은 오늘 우리가 회복해야 할 참된 신앙의 모습입니다.

 **6. 함께 기도하기** 마무리하며 함께 기도합니다

> 하나님 아버지! 우리가 형식적으로 예배드렸던 모습을 회개합니다. 우리 가정이 하나님께서 원하시는 모습으로 예배의 자리에 나아갈 수 있도록 인도하여 주옵소서. 하나님을 더욱 사랑하며 하나님과 동행하는 참으로 아름다운 믿음의 가정이 되도록 인도하여 주옵소서. 감사드리며 예수님의 이름으로 기도드립니다. (아멘)

 **7. 함께 축복하기** 찬양하며 서로를 축복합니다

[형제의 모습에 보이는]

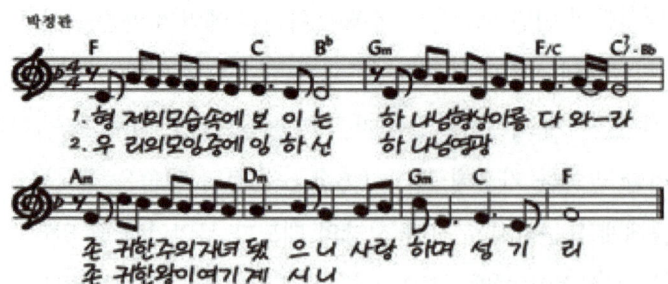

오늘의 암송구절   미가 6:8

너의 행사를 여호와께 맡기라 그리하면 네가 경영하는 것이 이루어지리라

우리집 가정예배 일지

일 시		참석자	
기도제목 · 응답내용			

047

>> 니느웨의 심판 나 1:1~8

니느웨에 대한 경고의 말씀이라

1. 함께 찬양하기   찬송가 342장

〈 너 시험을 당해 〉

1) 너 시험을 당해 죄 짓지 말고 너 용기를 다해 곧 물리치라
   너 시험을 이겨 새 힘을 얻고 주 예수를 믿어 늘 승리하라
2) 네 친구를 삼가 잘 선택하고 너 언행을 삼가 늘 조심하라
   너 열심을 다해 늘 충성하고 온 정성을 다해 주 봉사하라
3) 잘 이기는 자는 상 받으리니 너 낙심치 말고 늘 전진하라
   네 구세주 예수 힘 주시리니 주 예수를 믿어 늘 승리하라
후렴) 우리 구주의 힘과 그의 위로를 빌라
   주님 네 편에 서서 항상 도우시리 (아멘)

2. 함께 본문 읽기   나훔 1:1-8

(1) 니느웨에 대한 경고 곧 엘고스 사람 나훔의 묵시의 글이라
(2) 여호와는 질투하시며 보복하시는 하나님이시니라 여호와는 보복하시며 진노하시되 자기를 거스르는 자에게 여호와는 보복하시며 자기를 대적하는 자에게 진노를 품으시며

(3) 여호와는 노하기를 더디하시며 권능이 크시며 벌 받을 자를 결코 내 버려두지 아니하시느니라 여호와의 길은 회오리바람과 광풍에 있고 구름은 그의 발의 티끌이로다
(4) 그는 바다를 꾸짖어 그것을 말리시며 모든 강을 말리시나니 바산과 갈멜이 쇠하며 레바논의 꽃이 시드는도다
(5) 그로 말미암아 산들이 진동하며 작은 산들이 녹고 그 앞에서는 땅 곧 세계와 그 가운데에 있는 모든 것들이 솟아오르는도다
(6) 누가 능히 그의 분노 앞에 서며 누가 능히 그의 진노를 감당하랴 그의 진노가 불처럼 쏟아지니 그로 말미암아 바위들이 깨지는도다
(7) 여호와는 선하시며 환난 날에 산성이시라 그는 자기에게 피하는 자들을 아시느니라
(8) 그가 범람하는 물로 그 곳을 진멸하시고 자기 대적들을 흑암으로 쫓아내시리라

 **3. 함께 생각하기**   인도자가 읽어줍니다

미국 법원에서 있었던 일입니다. 재판장 와프너 판사가 심히 괴로운 마음으로 판결을 내리면서 다음과 같은 말을 하였습니다.

"내 평생에 이렇게 괴로운 판결을 내려본 적은 없습니다. 피고인, 당신은 악한 사람이요, 남을 속인 것이 분명한데, 교묘하게 법망을 잘 피했소. 당신이 악한 사람인 줄 알면서도 당신에게 승소 판결을 내려야 하는 나의 심정은 괴롭소. 피고인에게 승소를 선고합니다."

그 일이 있은 지 얼마 후에 미국 연방대법원장을 지낸 호레이스 그레

이 대법관이 우연히 길거리에서 그 사람을 만났습니다. 그는 무죄 석방을 받아 거리를 활보하고 있었습니다. 그레이 판사는 그에게 다가가 이렇게 말하였습니다.

"당신이 유죄인 것은 나도 알고 당신도 알고 있소. 지금 우리 법으로는 당신을 어찌지 못하지만 후일에 당신은 위대하신 재판장 앞에 설 것이오. 거기서는 세상의 법률이 아니라 하나님의 공의대로 심판을 받을 것이오. 이것을 기억하시오."

성경은 사람들이 행한 모든 일에 대해서 하나님께서 심판하신다고 말씀합니다. 죄가 가득한 시대 가운데 공의로 심판하실 하나님을 두려워하며 정직하게 살아야 하겠습니다.

 **4. 함께 관찰하기** 성경 본문을 보며 빈칸을 채웁니다

① ☐☐☐에 대한 경고 곧 엘고스 사람 ☐☐의 묵시의 글이라

② 여호와는 ☐☐하시며 ☐☐하시는 하나님이시니라 여호와는 ☐☐하시며 ☐☐하시되 자기를 거스르는 자에게 여호와는 ☐☐하시며 자기를 대적하는 자에게 ☐☐를 품으시며

③ ☐☐☐는 ☐하시며 환난 날에 산성이시라 그는 자기에게 ☐☐☐ 자들을 아시느니라

 **5. 함께 나누기**   질문에 따라 묵상한 내용을 나눕니다

① 죄에서 돌이킬 시간이 충분히 주어졌는데도 여전히 고집부리며 돌이키지 않았던 모습을 생각해 보고 서로 나누어봅시다.

② 하나님은 선하시며 환난 날에 산성이 되시는 분이십니다. 이런 하나님을 체험한 경험에 대해 서로 나누어봅시다.

주전 7세기의 예언자 나훔의 시대에 앗수르 제국은 사악하였고, 이웃 나라에 대하여 아주 포악하고 간교하였으며, 무엇보다 크게 교만하였습니다. 이러한 악한 제국에 대하여 하나님께서는 나훔 예언자를 통해 패역한 니느웨에 대하여 하나님의 공의와 심판이 철저히 행해질 것임을 선포하셨습니다.

나훔 예언자는 하나님의 뜻을 받들어 하나님의 공의에 의해 니느웨는 반드시 심판받을 것이며, 이 사실로 말미암아 당시 억압받던 유다 백성들을 위로하며 소망을 갖게 하였습니다. 더 나아가 나훔은 하나님이 세계 만민의 주인이시며 그들의 삶을 주관하시는 우주적 주권을 갖고 계신 분이심을 선포하였습니다. 하나님의 주권이 온 세상에 두루 미치고 있으며, 죄악된 삶을 사는 자에게는 반드시 하나님의 공의와 심판이 임할 것임을 보여주고 있습니다.

니느웨가 아무리 부유하고 강성하다 할지라도 그들의 패역한 죄악 때문에 멸망할 수밖에 없다는 사실은 오늘날 우리에게 참 귀한 교훈을 전해주고 있습니다. 그 교훈의 핵심은 하나님은 악한 자, 악한 나라를 반드시 심판하신다는 사실입니다. 하지만 하나님께서는 자기에게 피하

는 자들을 아시고 그들을 구원해 주시는 분이십니다. 이 사실을 기억하여 심판받는 존재가 아닌, 구원받는 성도들이 되시기를 바랍니다.

 **6. 함께 기도하기**　　　마무리하며 함께 기도합니다

> 하나님 아버지! 죄로 인하여 죽을 수밖에 없는 우리를 구원하여 주심을 진심으로 감사드립니다. 노하기를 더디 하시며, 인자가 풍성하시고, 죄로부터 돌이키기를 기다리시는 하나님 앞에 늘 깨어 있어 심판이 아닌 구원받는 우리 가정이 되도록 인도하여 주옵소서. 예수님의 이름으로 기도드립니다. (아멘)

 **7. 함께 축복하기**　　　찬양하며 서로를 축복합니다

[형제의 모습에 보이는]

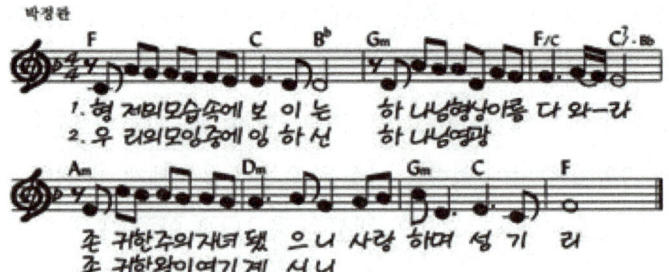

오늘의 암송구절   나훔 1:7

여호와는 선하시며 환난 날에 산성이시라 그는 자기에게 피하는 자들을 아시느니라

우리집 가정예배 일지

일 시	참석자	
기도제목 · 응답내용		

048 〉〉 하박국의 노래 합 3:16~19
여호와로 말미암아 기뻐하리로다

1. 함께 찬양하기　　　　찬송가 391장

〈 오 놀라운 구세주 예수 〉

1) 오 놀라운 구세주 예수 내 주 참 능력의 주시로다
　　큰 바위 밑 안전한 그곳으로 내 영혼을 숨기시네
2) 오 놀라운 구세주 예수 내주 내 모든 짐 벗기시네
　　죄악에서 날 끌어 올리시며 또 나에게 힘주시네
3) 측량 못할 은혜로 채우시며 늘 성령의 감화주사
　　큰 기쁨 중 주님을 찬양토록 내 믿음을 도우시네
4) 주 예수님 공중에 임하실 때 나 일어나 맞이하리
　　그 구원이 은총을 노래하리 저 천군과 천사함께
후렴) 메마른 땅을 종일 걸어가도 나 피곤치 아니하며 저 위험한 곳
　　　내가 이를 때면 큰 바위에 숨기시고 주 손으로 덮으시네

2. 함께 본문 읽기　　　　하박국 3:16-19

(16) 내가 들었으므로 내 창자가 흔들렸고 그 목소리로 말미암아 내 입술이 떨렸도다 무리가 우리를 치러 올라오는 환난 날을 내가 기다리

므로 썩이는 것이 내 뼈에 들어왔으며 내 몸은 내 처소에서 떨리는 도다

(17) 비록 무화과나무가 무성하지 못하며 포도나무에 열매가 없으며 감람나무에 소출이 없으며 밭에 먹을 것이 없으며 우리에 양이 없으며 외양간에 소가 없을지라도

(18) 나는 여호와로 말미암아 즐거워하며 나의 구원의 하나님으로 말미암아 기뻐하리로다

(19) 주 여호와는 나의 힘이시라 나의 발을 사슴과 같게 하사 나를 나의 높은 곳으로 다니게 하시리로다 이 노래는 지휘하는 사람을 위하여 내 수금에 맞춘 것이니라

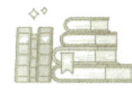

3. 함께 생각하기
인도자가 읽어줍니다

단편 드라마 〈눈먼 새의 노래〉 주인공 강영우 박사의 어린 시절은 매우 불우하였습니다. 열세 살 때 아버지를 여의고 이듬해 중학생이던 그는 학교에서 축구공에 눈을 맞아 시력을 잃고 말았습니다. 거기에 어머니가 갑자기 돌아가시고 몇 년 후엔 의지하던 누나까지 세상을 떠나 졸지에 고아가 되고 말았습니다.

하지만 하나님의 계획과 목적을 깨달아 대학 졸업과 유학의 길에 올라 한국 최초의 시각 장애인 박사가 되었습니다. 이후 미국 백악관 장애위원회 정책 차관보에 올랐고 유엔 세계 장애위원회 부의장 겸 루스벨트 재단 고문으로 일하기도 하였습니다. 또한 2012년 췌장암으로 타계하기까지 장애인의 인권과 복지를 위해 크게 일하였습니다. 강영우

　박사는 어둠 속에서 하나님을 믿음의 눈으로 보았고, 훗날 자기 삶이 결코 고통의 시간이 아니라 하나님이 베풀어주신 축복의 시간이었다고 고백하고 있습니다.

　우리의 삶에는 도무지 이해할 수 없는 수많은 문제가 발생하기에 회의를 느낄 때가 있습니다. 그러나 중요한 것은 문제를 대하는 자기 생각과 태도입니다. 하나님을 믿는 백성들은 어떠한 어려움이 있더라도 모든 것을 합력하여 선으로 바꾸시는 하나님의 섭리를 기억하며 기쁨과 감사로 살아가야 하겠습니다.

4. 함께 관찰하기　　성경 본문을 보며 빈칸을 채웁니다

① 비록 □□□나무가 무성하지 못하며 □□나무에 열매가 없으며 □□나무에 소출이 없으며 밭에 먹을 것이 없으며 우리에 □이 없으며 외양간에 □가 없을지라도

② 나는 □□□로 말미암아 즐거워하며 나의 □□의 하나님으로 말미암아 □□하리로다

③ 주 여호와는 나의 □이시라 나의 발을 □□과 같게 하사 나를 나의 □□ 곳으로 다니게 하시리로다 이 노래는 지휘하는 사람을 위하여 내 □□에 맞춘 것이니라

 **5. 함께 나누기** 질문에 따라 묵상한 내용을 나눕니다

① 나의 삶에서 도무지 이해할 수 없는 문제가 발생했던 경우를 생각하여 보고 그때의 경험을 서로 나누어 봅시다.

② 어려움 속에서 하나님을 바라보면서 믿음으로 행동하며 감사했던 경험을 생각해 보고 서로 나누어 봅시다.

주전 7세기의 예언자 하박국 시대는 참 암울하였습니다. 바벨론은 앗수르 제국을 함락시키고, 갈그미스 전투에서 애굽마저 대패시키면서 승승장구하고 있었습니다. 이렇게 불안한 상황 속에서도 남유다는 나라의 말기적 현상으로서 종교적, 도덕적 타락이 아주 극에 달하였습니다.

하박국은 이런 죄악된 모습을 보고 어떻게 공의의 하나님께서 악인들을 가만히 내버려 두시는지 질문하였습니다. 하나님은 남유다의 죄악을 절대 묵과하지 않을 것이며, 바벨론을 심판의 도구로 사용해서라도 징계할 것이라고 대답해 주셨습니다. 그런데 하박국은 두 번째로 왜 하필이면 남쪽 유다보다 더 악한 이방 민족 바벨론을 들어 하나님의 백성들을 심판하시는지 질문하였습니다. 그때 하나님은 죄를 범한 유다를 징계하기 위해 잠시 바벨론을 들어 사용하는 것뿐이지 바벨론도 결국 그들의 죄악대로 심판받을 것이라고 말씀해 주셨습니다. 그러면서 시대가 어떠하든지, 어떤 형편에 있든지 오직 믿음으로 살아가는 의인은 구원받게 된다고 말씀하셨습니다.

이로 말미암아 하박국의 신앙적 회의는 말끔히 사라졌습니다. 그리고 오히려 너무 기쁘고, 감사하여 어떤 어려움의 상황과 환경이 있더라

도 여호와로 말미암아 즐거워하며 나의 구원의 하나님으로 말미암아 기뻐하리라(18절)고 고백하고 있습니다. 하나님의 섭리하심을 온전히 신뢰하며 어떤 어려움 속에서도 기쁨과 감사가 넘치는 성도들이 되시기를 바랍니다.

6. 함께 기도하기   마무리하며 함께 기도합니다

하나님 아버지! 우리의 삶에는 이해할 수 없는 수많은 고난과 문제가 있습니다. 그러나 하나님의 섭리하심을 믿음으로 고백하며 의지합니다. 그리하여 여호와로 말미암아 즐거워하며 구원의 하나님으로 인하여 기뻐하는 우리의 가정이 되게 하여 주시옵소서. 예수님의 이름으로 기도합니다. (아멘)

7. 함께 축복하기   찬양하며 서로를 축복합니다

[형제의 모습에 보이는]

오늘의 암송구절　　하박국 3:18

나는 여호와로 말미암아 즐거워하며 나의 구원의 하나님으로 말미암아 기뻐하리로다

우리집 가정예배 일지

일 시	참석자
기도제목 · 응답내용	

>> 여호와의 날 습 3:14~20

너로 말미암아 기뻐하시리라

049

1. 함께 찬양하기 찬송가 299장

〈 하나님 사랑은 〉

1) 하나님 사랑은 온전한 참 사랑

   내 맘에 부어 주시사 충만케 하소서

2) 내 주님 참 사랑 햇빛과 같으니

   그 사랑 내게 비추사 뜨겁게 하소서

3) 그 사랑 앞에는 풍파도 그치며

   어두운 밤도 환하니 그 힘이 크도다

4) 하나님 사랑은 온전한 참 사랑

   내 맘과 영에 채우사 새 힘을 주소서 아멘.

2. 함께 본문 읽기 스바냐 3:14-17

(14) 시온의 딸아 노래할지어다 이스라엘아 기쁘게 부를지어다 예루살렘 딸아 전심으로 기뻐하며 즐거워할지어다

(15) 여호와가 네 형벌을 제거하였고 네 원수를 쫓아냈으며 이스라엘 왕 여호와가 네 가운데 계시니 네가 다시는 화를 당할까 두려워하지 아니할 것이라

(16) 그 날에 사람이 예루살렘에 이르기를 두려워하지 말라 시온아 네 손을 늘어뜨리지 말라

(17) 너의 하나님 여호와가 너의 가운데에 계시니 그는 구원을 베푸실 전능자이시라 그가 너로 말미암아 기쁨을 이기지 못하시며 너를 잠잠히 사랑하시며 너로 말미암아 즐거이 부르며 기뻐하시리라 하리라

 ## 3. 함께 생각하기 　　　　인도자가 읽어줍니다

　한 집사님의 중학생 아들이 게임 중독에 빠졌습니다. 학교에서 돌아오기만 하면 게임에 푹 빠져서 게임만 하던 아들이 엄마에게 "엄마 나 공부 못해서 밉지? 나 괜히 낳았지?"라는 말을 반복해서 말하였다고 합니다.

　이런 아들을 보며 그 집사님은 "엄마는 네가 어떤 모습이든 너를 사랑해. 아들이 있어서 엄마는 너무 행복해. 너는 하나님이 주신 소중한 아들이야"라는 말을 아이에게 계속 들려주었다고 합니다. 변함없는 엄마의 사랑에 마음이 녹은 아들은 엄마의 이야기에 귀 기울이게 되었고, 게임 대신 책을 붙잡게 되었다고 합니다.

　인생을 살아갈 때 중요한 일이 있습니다. 그것은 내가 누구인가를 분명히 아는 것입니다. 자신의 신분을 잊어버리면 어리석은 삶을 살거나 허송세월할 수밖에 없습니다.

　스바냐 예언자를 통해 하나님은 우리로 말미암아 기쁨을 이기지 못하시며 우리를 잠잠히 사랑하시며 우리로 말미암아 즐거이 부르며 기뻐하시리라고 말씀하십니다. 우리가 이와 같은 정체성을 잘 기억하며 살 때 다른 길로 가지 아니하고 하나님께서 예비해 두신 옛적 길, 올람의 길로 나아갈 수 있습니다. 나는 하나님의 존귀한 자녀라는 사실을 기억하며 살아가는 성도들이 되시기를 바랍니다.

 **4. 함께 관찰하기**　　성경 본문을 보며 빈칸을 채웁니다

① 시온의 딸아 ☐☐할지어다 ☐☐☐☐아 기쁘게 부를지어다 예루살렘 딸아 ☐☐으로 기뻐하며 즐거워할지어다

② 그 날에 사람이 ☐☐☐☐에 이르기를 두려워하지 말라 ☐☐아 네 손을 늘어뜨리지 말라

③ 너의 하나님 여호와가 너의 가운데에 계시니 그는 ☐☐을 베푸실 ☐☐☐이시라 그가 너로 말미암아 ☐☐을 이기지 못하시며 너를 잠잠히 ☐☐하시며 너로 말미암아 즐거이 부르며 ☐☐하시리라 하리라

 5. 함께 나누기   질문에 따라 묵상한 내용을 나눕니다

① 이 땅에 다시 오실 예수님을 기다리며 어떻게 살아야 할지 깊이 생각해 보고 서로 나누어 봅시다.

② 지금까지 항상 하나님이 나의 기쁨이 되어주셨는데, 이제는 내가 어떻게 하면 하나님의 기쁨이 될지 서로 나누어 봅시다.

    스바냐는 주전 7세기의 예언자로서 우상숭배를 일삼는 남유다와 그 주변 나라들을 향하여 하나님의 심판을 선포하였습니다. 당시 유다 백성들과 지도자들은 심각하게 타락하였습니다. 하나님을 배반하고 우상을 섬겼으며, 가난한 자들을 압제하고, 사치와 방종을 일삼았습니다.
    스바냐는 이처럼 죄악에 물든 유다 백성들을 향하여 하나님께서 '여호와의 날'에 반드시 심판하실 것이라고 아주 단호하게 경고하였습니다. 그러면서 이러한 여호와의 날은 심판의 날이요 환난과 고통의 날이지만, 동시에 하나님의 구원이 이루어지는 회복의 날임을 또한 선포하였습니다.
    스바냐는 여호와의 날에 대한 기대와 희망을 품고 구원의 노래를 부르고 있는데 그 노래가 바로 오늘의 본문입니다. 오늘 우리도 영적으로 무지하고 타락한 배교의 시대를 살아가고 있습니다. 믿음을 지켜가기 어려운 이 때에 우리 주님만 의지하며, 우리가 누리게 될 구원과 영화로운 면류관을 소망하며 끝까지 믿음으로 승리하는 삶을 살아가야 하겠습니다.
    특히 17절 말씀을 통하여 하나님이 우리 가운데 계시며, 그분만이 우

리의 구원이시며, 나로 말미암아 기쁨을 이기지 못하시며, 나를 잠잠히 사랑하시며, 즐거이 부르며 기뻐하심을 분명히 기억하고 이제부터 하나님께 기쁨을 올려드리는 성도들이 꼭 되시기를 바랍니다.

 **6. 함께 기도하기**   마무리하며 함께 기도합니다

하나님 아버지! 여호와의 날이 심판의 날이지만 동시에 우리의 구원이 완성되는 날임을 기억하게 하여 주시옵소서. 우리가 하나님의 사랑받는 자녀라는 사실을 잊지 않게 하시고, 이제부터 하나님께 기쁨을 올려드리는 우리 가정이 되게 하여 주시옵소서. 예수님의 이름으로 기도드립니다. (아멘)

 **7. 함께 축복하기**   찬양하며 서로를 축복합니다

[형제의 모습에 보이는]

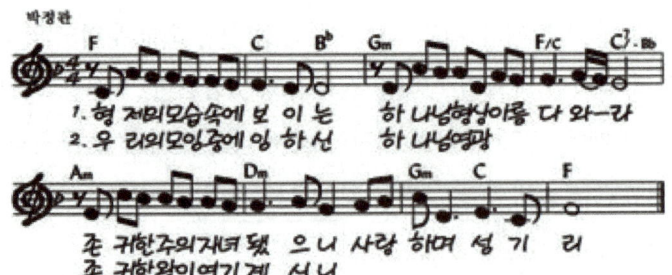

오늘의 암송구절
스바냐 3:17

너의 하나님 여호와가 너의 가운데에 계시니 그는 구원을 베푸실 전능자이시라 그가 너로 말미암아 기쁨을 이기지 못하시며 너를 잠잠히 사랑하시며 너로 말미암아 즐거이 부르며 기뻐하시리라 하리라

우리집 가정예배 일지

일 시	참석자	
기도제목 · 응답내용		

〉〉 성전의 영광 학 2:1~9

이 성전의 나중 영광이 더 크리라

050

1. 함께 찬양하기
찬송가 210장

〈 시온성과 같은 교회 〉

1) 시온성과 같은 교회 그의 영광 한없다
   허락하신 말씀대로 주가 친히 세웠다
   반석 위에 세운 교회 흔들 자가 누구랴
   모든 원수 에워싸도 아무 근심 없도다
2) 생명샘이 솟아 나와 모든 성도 마시니
   언제든지 흘러넘쳐 부족함이 없도다
   이런 물이 흘러가니 목마를 자 누구랴
   주의 은혜 풍족하여 넘치고도 넘친다

2. 함께 본문 읽기
학개 2:1-9

(1) 일곱째 달 곧 그 달 이십일일에 여호와의 말씀이 선지자 학개에게 임하니라 이르시되
(2) 너는 스알디엘의 아들 유다 총독 스룹바벨과 여호사닥의 아들 대제사장 여호수아와 남은 백성에게 말하여 이르라
(3) 너희 가운데에 남아 있는 자 중에서 이 성전의 이전 영광을 본 자가 누구냐 이제 이것이 너희에게 어떻게 보이느냐 이것이 너희 눈에 보잘것없지 아니하냐

(4) 그러나 여호와가 이르노라 스룹바벨아 스스로 굳세게 할지어다 여호사닥의 아들 대제사장 여호수아야 스스로 굳세게 할지어다 여호와의 말이니라 이 땅 모든 백성아 스스로 굳세게 하여 일할지어다 내가 너희와 함께 하노라 만군의 여호와의 말이니라
(5) 너희가 애굽에서 나올 때에 내가 너희와 언약한 말과 나의 영이 계속하여 너희 가운데에 머물러 있나니 너희는 두려워하지 말지어다
(6) 만군의 여호와가 이같이 말하노라 조금 있으면 내가 하늘과 땅과 바다와 육지를 진동시킬 것이요
(7) 또한 모든 나라를 진동시킬 것이며 모든 나라의 보배가 이르리니 내가 이 성전에 영광이 충만하게 하리라 만군의 여호와의 말이니라
(8) 은도 내 것이요 금도 내 것이니라 만군의 여호와의 말이니라
(9) 이 성전의 나중 영광이 이전 영광보다 크리라 만군의 여호와의 말이니라 내가 이 곳에 평강을 주리라 만군의 여호와의 말이니라

 **3. 함께 생각하기**   인도자가 읽어줍니다

어느 마을에 '많은 등불의 집'이라 불리는 예배당이 있었습니다. 오래전 이 예배당을 지은 공작에게는 10명의 딸들이 있었습니다. 그런데 딸들이 성장하여 결혼을 하게 되자 공작은 매우 슬퍼졌습니다. 딸들의 자리가 비어서 집안의 분위기도 어두워졌기 때문입니다.

어느 날 공작은 마을 사람들을 위해서 예배당을 하나 짓기로 하였습니다. 사람들과 함께 하나님을 예배하면 큰 위로를 얻을 것 같았기 때문입니다. 예배당이 완성되었을 때 공작은 큰 잔치를 열어서 딸들을 초대하였습니다. 그런데 예배당을 둘러보던 큰딸이 의아해하면서 "아버지, 등불은 어디다 걸죠? 등불을 걸만한 데가 하나도 없어요" 하고 물

었습니다. 그때 공작은 미소를 띠며 딸에게 말하였습니다.

"예배당에 등불이 없는 건 예배당에 오는 사람들이 각기 자기 등불을 들고 와야만 하기 때문이란다. 이미 내가 마을 사람들에게 각자 하나씩의 놋쇠등을 나누어주었거든. 만약 예배 시간에 그들이 오지 않으면 그 가족들의 자리는 어두워질 수밖에 없는 거야. 하나님의 자녀들이 예배를 드리지 않으면 하나님의 집 어느 한구석은 어둡고 쓸쓸하게 되거든."

공작의 바람대로 그 마을의 각 가정에 전해진 놋쇠 등불은 아버지에게서 아들에게로, 어머니에게서 딸에게로 이어져 내려왔습니다. 어느 가정에서나 그 등을 소중히 여기고 자기 집 등불이 꺼지지 않도록 고이 간직하였습니다. 예배당의 종소리가 울려 퍼지면 마을 사람들은 제각기 자기 집의 등불을 가지고 예배당에 모여들었습니다. 아무도 자기 자리가 어둡고 쓸쓸한 구석이 되는 것을 바라지 않았기 때문입니다.

4. 함께 관찰하기   성경 본문을 보며 빈칸을 채웁니다

① 너희 가운데에 □□ □□ 자 중에서 이 □□의 이전 □□을 본 자가 누구냐 이제 이것이 너희에게 어떻게 보이느냐 이것이 너희 눈에 □□□□□ 아니하냐

② 또한 모든 나라를 진동시킬 것이며 모든 나라의 □□가 이르리니 내가 이 □□에 □□이 충만하게 하리라 만군의 여호와의 말이니라

③ 이 성전의 나중 □□이 이전 □□보다 크리라 만군의 여호와의 말이니라 내가 이 곳에 □□을 주리라 만군의 여호와의 말이니라

 **5. 함께 나누기**   질문에 따라 묵상한 내용을 나눕니다

① 예배당이 너무나 그립고 예배당에서 예배드리는 것이 무엇보다 중요하다는 생각을 가졌던 경험을 서로 나누어 봅시다.

② 학개 예언자가 이스라엘 백성들에게 예루살렘 성전의 재건을 강조하였던 이유가 무엇인지 찾아보고 서로 나누어 봅시다.

    학개는 포로기 이후의 예언자로서 오직 성전 재건사업에 대해서만 예언의 말씀을 선포하였습니다. 이전에 이스라엘은 하나님 앞에 범죄함으로 인해 바벨론에게 멸망당하여 70년의 포로생활을 겪게 되었습니다. 하지만 하나님은 거룩한 그루터기인 남은 자들을 남겨두셨습니다. 그들을 통하여 이스라엘을 회복시키고 열방에 제사장 나라로 삼으려고 하셨습니다.

    70년 복역의 때를 마치고 주전 537년에 이스라엘은 예루살렘으로 귀환할 수 있게 되었습니다. 스룹바벨을 중심으로 한 1차 귀환자들은 곧바로 예루살렘 성전의 재건사업을 시작하였습니다. 그들은 포로기 동안에 성전 예배의 중요성을 뼈저리게 느꼈습니다. 하지만 그 땅에 거주하고 있던 사마리아인들의 조직적인 방해와 이스라엘 사회의 내부적인 갈등, 백성들의 신앙심 약화 등 여러 요인들 때문에 성전 재건은 16년 동안 중단되었습니다.

    바로 그때 학개 예언자가 나타나 성전 재건사업을 독려하였습니다. 학개는 백성들에게 자신들은 좋은 집에 살면서 하나님의 성전은 신경 쓰지 않고 있다며 책망하였습니다. 그리고 성전 재건을 통해 여호와 신

앙을 회복하는 것이 가장 중요한 일임을 강조하였습니다. 비록 예전의 솔로몬 성전에 비해서는 초라해 보이지만 새 성전에 하나님의 영광이 임할 것이고 성전을 통해 하나님께서 큰 은혜를 주실 것을 선포하였습니다. 학개 예언자의 외침을 깊이 받아들이고 성전 중심의 신앙을 꼭 회복해야 하겠습니다.

6. 함께 기도하기 마무리하며 함께 기도합니다

하나님 아버지! 하나님의 전인 우리 교회에 늘 임재하여 주시고 교회를 통해서 큰 은혜를 내려주시니 감사드립니다. 우리 가정이 교회를 더욱 사랑하며 예배를 드리기에 최선을 다하게 하여 주옵소서. 교회를 통하여 더 큰 은혜를 받을 수 있도록 헌신과 봉사를 잘 감당하게 하여 주옵소서. 예수님의 이름으로 기도드립니다. 아멘.

7. 함께 축복하기 찬양하며 서로를 축복합니다

[형제의 모습에 보이는]

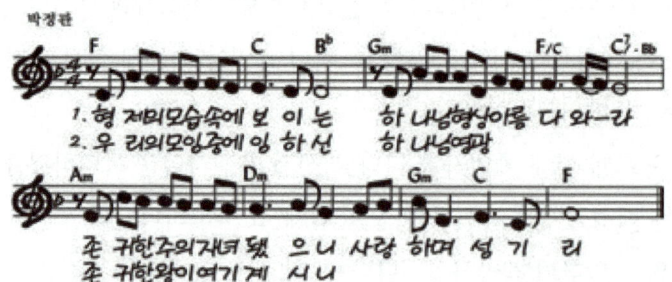

오늘의 암송구절

학개 3:9

이 성전의 나중 영광이 이전 영광보다 크리라 만군의 여호와의 말이니라 내가 이 곳에 평강을 주리라 만군의 여호와의 말이니라

우리집 가정예배 일지

일 시	참석자
기도제목 • 응답내용	

051

>> 하나님의 영 슥 4:1~10

오직 나의 영으로 되느니라

1. 함께 찬양하기   찬송가 421장

〈 내가 예수 믿고서 〉

1) 내가 예수 믿고서 죄사함 받아 나의 모든 것 다 변했네
   지금 내가 가는길 천국길이요 주의 피로 내 죄가 씻겼네
2) 주님 밝은 빛 되사 어둠 헤치니 나의 모든 것 다 변했네
   지금 내가 주 앞에 온전케됨은 주의 공로를 의지함일세
3) 내게 성령 임하고 그 크신 사랑 나의 맘에 가득 채우며
   모든 공포 내게서 물리치시니 내 맘 항상 주 안에 있겠네
후렴) 나의 모든 것 변하고 그 피로 구속받았네
      하나님은 나의 구원되시오니 내게 정죄함 없겠네

2. 함께 본문 읽기   스가랴 4:1-6

⑴ 내게 말하던 천사가 다시 와서 나를 깨우니 마치 자는 사람이 잠에서 깨어난 것 같더라
⑵ 그가 내게 묻되 네가 무엇을 보느냐 내가 대답하되 내가 보니 순금 등잔대가 있는데 그 위에는 기름 그릇이 있고 또 그 기름 그릇 위에

일곱 등잔이 있으며 그 기름 그릇 위에 있는 등잔을 위해서 일곱 관이 있고

(3) 그 등잔대 곁에 두 감람나무가 있는데 하나는 그 기름 그릇 오른쪽에 있고 하나는 그 왼쪽에 있나이다 하고

(4) 내게 말하는 천사에게 물어 이르되 내 주여 이것들이 무엇이니이까 하니

(5) 내게 말하는 천사가 대답하여 이르되 네가 이것들이 무엇인지 알지 못하느냐 하므로 내가 대답하되 내 주여 내가 알지 못하나이다 하니

(6) 그가 내게 대답하여 이르되 여호와께서 스룹바벨에게 하신 말씀이 이러하니라 만군의 여호와께서 말씀하시되 이는 힘으로 되지 아니하며 능력으로 되지 아니하고 오직 나의 영으로 되느니라

 **3. 함께 생각하기** 　　　　　인도자가 읽어줍니다

　영국의 허드슨 테일러 선교사가 중국 내지에서 선교활동을 하는 중에 번아웃이 되었습니다. 영혼육이 모두 지쳐서 하는 모든 일이 힘들고 마음의 절망 속에서 어려움을 겪고 있었습니다. 사역에는 열매가 보이지 않는 것 같고 '하나님이 날 부르신 게 맞나' 라는 사명에 대한 회의감 마저 들면서 심각한 무기력증에 빠지게 되었습니다.

　이렇게 실망과 좌절에 빠져 있을 때 그의 누이에게서 편지 한 통이 왔습니다. 오빠는 포도나무 가지에 불과하니까 하나님에게 맡기고 의지하면서 쉬라고 하는 내용이었습니다. 포도나무 가지는 영양분을 끌어 올리려고 애쓸 필요도 없고 꽃을 피우려고 열매를 맺으려고도 힘쓸

필요도 없으니 하나님에게 꼭 붙어 있으면 저절로 사역의 열매가 아름답게 맺히게 될 것이라고 격려해 주었습니다.

그 후로 테일러는 자신의 인간적인 노력을 포기하고 온전히 주님께 맡기고 의지할 수 있었습니다. 그는 하나님의 놀라운 능력으로 많은 열매를 거두고 큰 업적을 남기게 되었는데 그는 다음과 같이 고백하였습니다.

"저는 패배감에 사로잡혀 있었습니다. 그러던 어느 날 저는 내 힘이 아닌 하나님의 능력을 신뢰하며 나아가기로 결단하였습니다. 내 힘을 빼고 주님께 온전히 의지할 때 하나님께서 제 삶에서 일하기 시작하셨고 사역에도 열매가 나타나기 시작하였습니다."

 ## 4. 함께 관찰하기   성경 본문을 보며 빈칸을 채웁니다

① 내가 보니 ☐☐ ☐☐☐가 있는데 그 위에는 기름 그릇이 있고 또 그 기름 그릇 위에 ☐☐ 등잔이 있으며 그 기름 그릇 위에 있는 ☐☐을 위해서 일곱 관이 있고

② 그 등잔대 곁에 두 ☐☐☐☐가 있는데 하나는 그 기름 그릇 ☐☐쪽에 있고 하나는 그 ☐☐에 있나이다 하고

③ 만군의 여호와께서 말씀하시되 이는 ☐으로 되지 아니하며 ☐으로 되지 아니하고 오직 나의 ☐으로 되느니라

 **5. 함께 나누기**   질문에 따라 묵상한 내용을 나눕니다

① 하나님의 도우심으로 말미암아 큰 산과도 같던 문제들이 해결된 은혜의 경험을 생각해보고 서로 나누어 봅시다.

② 우리가 그리스도인으로 살아갈 때에 성령충만한 삶을 살아가려면 어떻게 해야 하는지 서로 나누어 봅시다.

바벨론에 사로잡혀 간 자 중에 1차로 돌아온 자들이 스룹바벨을 중심으로 성전을 건축하다가 어려운 상황을 만나 중단하게 되었습니다. 16년 동안 방치되어 있었을 때 하나님은 스가랴 예언자에게 환상을 보여주셨는데 그 가운데 하나가 순금 등잔대의 환상이었습니다. 이 등잔대는 순금으로 만들어져 있으며 기름 그릇 위에 일곱 등잔이 있었습니다. 그런데 그 순금 등잔대 곁에는 두 감람나무가 있었는데 등잔대의 좌우편에 있었습니다.

이렇게 천사가 순금 등잔대와 두 감람나무를 보여주었을 때 스가랴는 천사에게 이것들이 무엇입니까 하고 물었습니다. 그때에 천사는 스가랴의 질문에 이렇게 대답하였습니다. "만군의 여호와께서 말씀하시되 이는 힘으로 되지 아니하며 능력으로 되지 아니하고 오직 나의 영으로 되느니라"(슥 4:6). 여기서 먼저 순금 등잔대는 다름이 아니라, 예루살렘 성전을 상징하고 있습니다. 그런데 이 순금 등잔대의 불이 꺼지지 아니하고 계속적으로 빛을 발하려고 하면 심지를 태우는 기름이 계속적으로 공급되어야 합니다. 그런데 그렇게 공급되어야 하는 기름이 바로 그 곁에 서 있었던 두 감람나무에게서 지속적으로 흘러나온다는 것입니다.

이 환상은 포로귀환 후에 성전의 재건이나 하나님 나라의 확장이 무력한 인간의 힘으로는 결코 이루어질 수 없다는 것이며 오직 성령의 능력에 의해서만 비로소 가능하다는 사실을 보여주신 것입니다.

6. 함께 기도하기 마무리하며 함께 기도합니다

> 하나님 아버지! 믿음의 삶을 살아가면서 내 힘과 능력이 아니라 오직 성령의 능력으로 모든 것을 감당할 수 있도록 인도하여 주시옵소서. 큰 장애물 앞에서 낙심하고 넘어지는 삶이 아니라 성령님을 의지함으로 기쁨과 영생복락을 누리며 살아가는 우리 가정이 되게 역사하여 주시옵소서. 예수님의 이름으로 기도드립니다. (아멘)

7. 함께 축복하기 찬양하며 서로를 축복합니다

[형제의 모습에 보이는]

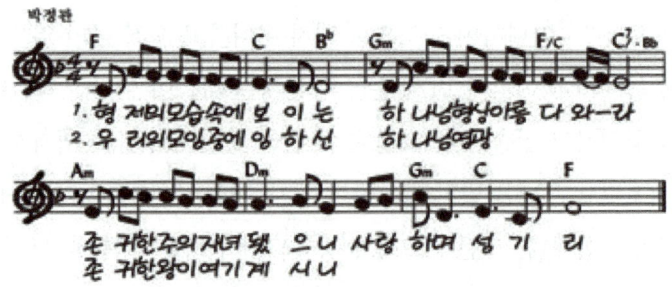

오늘의 암송구절   스가랴 4:6

만군의 여호와께서 말씀하시되 이는 힘으로 되지 아니하며 능력으로 되지 아니하고 오직 나의 영으로 되느니라

우리집 가정예배 일지

일 시	참석자
기도제목 · 응답내용	

>> 심판과 구원 말 4:1~6

율례와 법도를 기억하라

052

1. 함께 찬양하기   찬송가 179장

〈 주 예수의 강림이 〉

1) 주 예수의 강림이 가까우니 저 천국을 얻을 자 회개하라
   주 성령도 너희를 부르시고 뭇 천사도 나와서 영접하네
2) 주 예수님 너희를 찾으시니 왜 의심을 하면서 오지 않나
   온 세상 죄 담당한 어린양은 죄 많은 자 불러서 구원하네
3) 이 세상이 즐기는 재물로는 네 근심과 고초를 못 면하리
   또 숨질 때 위로를 못 얻으면 저 천국에 갈 길도 못 찾으리
4) 내 아버지 주시는 생명 양식 다 배불리 먹고서 영생하라
   곧 의심을 버리고 주께 오면 그 한없는 자비를 힘 입으리

2. 함께 본문 읽기   말라기 4:1-6

(1) 만군의 여호와가 이르노라 보라 용광로 불 같은 날이 이르리니 교만한 자와 악을 행하는 자는 다 지푸라기 같을 것이라 그 이르는 날에 그들을 살라 그 뿌리와 가지를 남기지 아니할 것이로되
(2) 내 이름을 경외하는 너희에게는 공의로운 해가 떠올라서 치료하는 광

　　선을 비추리니 너희가 나가서 외양간에서 나온 송아지 같이 뛰리라
(3) 또 너희가 악인을 밟을 것이니 그들이 내가 정한 날에 너희 발바닥 밑에 재와 같으리라 만군의 여호와의 말이니라
(4) 너희는 내가 호렙에서 온 이스라엘을 위하여 내 종 모세에게 명령한 법 곧 율례와 법도를 기억하라
(5) 보라 여호와의 크고 두려운 날이 이르기 전에 내가 선지자 엘리야를 너희에게 보내리니
(6) 그가 아버지의 마음을 자녀에게로 돌이키게 하고 자녀들의 마음을 그들의 아버지에게로 돌이키게 하리라 돌이키지 아니하면 두렵건대 내가 와서 저주로 그 땅을 칠까 하노라 하시니라

3. 함께 생각하기　　　　인도자가 읽어줍니다

　　미국의 유명한 부흥사인 무디 목사님에게 어느 날 한 청년이 근심하며 찾아와 이렇게 말하였습니다.
　　"저는 회사에서 회계 업무를 담당하는 사람입니다. 그런데 잠시 눈이 멀어 회삿돈 1,500달러를 훔쳤습니다. 그래서 돈을 다시 돌려 드리고 용서를 빌고 싶은데 거의 써 버리고 남은 것이 얼마 없습니다. 남은 돈으로 장사를 하여 1,500달러를 받은 후에 갚으려고 하는데 어떨까요?"
　　이에 무디 목사님은 "훔친 돈으로 장사를 한다는 것은 말도 안 됩니다. 남은 돈이라도 우선 돌려드리고 용서를 구하는 것이 어떻겠습니까?"라고 말하였습니다.

그때 그는 "그렇게 하고 싶지만 혼자서는 도저히 찾아갈 용기가 나지 않습니다"라고 하였습니다.

이에 무디는 그 청년과 함께 사장을 찾아갔습니다.

이야기를 다 듣고 난 사장은 "몰랐는데 이렇게 찾아와서 용서를 구하니 오히려 나도 기쁩니다"라고 말하며 그 청년의 잘못을 너그럽게 용서해 주었습니다.

잘못이 있으면 반드시 용서를 구해야 합니다. 사랑이 많고 은혜가 풍성하신 하나님께서는 오늘도 우리가 주께 돌아오기를 바라며 기다리고 계십니다. 우리의 죄와 허물을 있는 그대로 고백하여 용서받기를 원하십니다. 하나님께로 돌이키는 삶이 날마다 이루어질 때 우리는 하나님의 성결한 백성이 될 수 있습니다.

4. 함께 관찰하기 성경 본문을 보며 빈칸을 채웁니다

① 내 이름을 ☐☐하는 너희에게는 ☐☐로운 ☐가 떠올라서 ☐☐하는 ☐☐을 비추리니 외양간에서 나온 ☐☐☐ 같이 뛰리라

② 너희는 내가 호렙에서 온 ☐☐☐☐을 위하여 내 종 모세에게 명령한 법 곧 ☐☐와 ☐☐를 기억하라

③ ☐☐들의 마음을 그들의 ☐☐☐에게로 돌이키게 하리라 돌이키지 아니하면 두렵건대 내가 와서 ☐☐로 그 ☐을 칠까 하노라 하시니라

 **5. 함께 나누기**   질문에 따라 묵상한 내용을 나눕니다

① 구약성경의 마지막 책 말라기를 함께 살펴보고 있는데, 그동안 구약의 말씀 중에 나에게 가장 크게 부딪혀 왔던 말씀을 나누어 봅시다.

② 최근에 내가 돌이켰을 때 하나님께서 용서해 주신 사랑을 경험했던 사건이 있으면 서로 나누어 봅시다.

주전 5세기의 예언자 말라기의 시대는 정치, 사회, 종교, 경제적으로 참 암담한 상태에 있었습니다. 제사장들은 거룩한 제단을 더럽혔으며 백성들의 신앙은 크게 약화되었고, 십일조를 바치지 않아 성전 제사가 무너지고 있었으며, 이방인들과 뒤섞여 통혼이 성행하였습니다. 이런 때에 말라기는 하나님의 부르심을 받았습니다.

그런데 말라기서 속으로 들어가자마자 깜짝 놀랄만한 구절을 마주치게 됩니다. 1장 2절에서 하나님은 "내가 너희를 사랑하였노라"라고 말씀하시는데, 백성들은 "주께서 어떻게 우리를 사랑하셨나이까"라고 대답하였습니다. 안타깝게도 말라기서에는 백성들의 이러한 대답이 무려 일곱 번씩이나 등장하고 있습니다. 이 모든 대답들은 하나님의 거룩함을 훼손하며, 그 영광을 무시하는 처사입니다.

이런 중에 말라기 4장은 최후의 심판 날에 있게 될 의인과 악인의 대조적인 운명에 대해 알려주시며, 메시아의 날에 구원받는 의인이 될 것을 촉구하고 있습니다. 장차 용광로 불같은 날이 이를 때에 교만한 자와 악을 행하는 자는 다 지푸라기 같을 것이고, 이런 중에서도 하나님을 경외하는 사람들에게는 공의로운 해가 떠올라서 치료하는 광선을

비추시고 구원해 주신다는 것입니다. 진실로 하나님께로 돌이켜서 메시아의 날에 구원받는 성도가 될 수 있도록 날마다 하나님의 특별한 소유(세굴라)로 살아가시기 바랍니다.

6. 함께 기도하기   마무리하며 함께 기도합니다

하나님 아버지! 우리 자신을 깊이 돌아보며 하나님의 뜻 가운데 살지 못한 것을 돌이키게 하시고, 다시금 하나님과의 관계를 온전히 회복하는 저희들이 되게 하여 주시옵소서. 그래서 우리에게 주어진 남은 인생을 하나님의 특별한 소유로 살아가는 복된 인생이 되게 하여 주시옵소서. 예수님의 이름으로 기도드립니다. (아멘)

7. 함께 축복하기   찬양하며 서로를 축복합니다

[형제의 모습에 보이는]

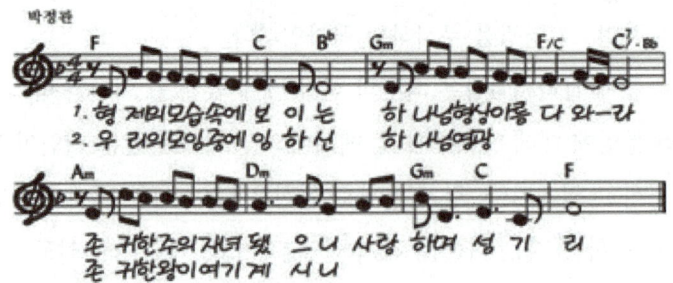

오늘의 암송구절　　　　말라기 4:4

너희는 내가 호렙에서 온 이스라엘을 위하여 내 종 모세에게 명령한 법 곧 율례와 법도를 기억하라

우리집 가정예배 일지

일 시		참석자	
기도제목 · 응답내용